COMMENTARII BELLI GALLICI

C. IULIUS CAESAR

Commentarii Belli Gallici

*Vollständiger, kritisch geprüfter Text
(einschließlich des 8. Buches von A. Hirtius)*

Herausgegeben von
GEORG HORNIG

Verlag Moritz Diesterweg
Frankfurt am Main · Berlin · München

INHALTSVERZEICHNIS

Text .... Seite 5—145
Buch I .... Seite 5— 26
Buch II .... Seite 26— 37
Buch III .... Seite 37— 47
Buch IV .... Seite 47— 59
Buch V .... Seite 59— 79
Buch VI .... Seite 80— 94
Buch VII .... Seite 95—127
Buch VIII .... Seite 127—145
Bemerkungen zur Textgestaltung .... Seite 146
Das Heerwesen zur Zeit Caesars .... Seite 151
Namenverzeichnis .... Seite 162
Karten und Skizzen .... Seite 173—175
Befestigungen Caesars vor Alesia .... Seite 173
Plan von Gergovia .... Seite 174
Plan von Alesia .... Seite 175
Gallien zur Zeit Caesars

ISBN 3-425-04315-3

9. Auflage

© 1974 Verlag Moritz Diesterweg GmbH & Co., Frankfurt am Main.
Alle Rechte vorbehalten. Die Vervielfältigung auch einzelner Teile, Texte oder Bilder
– mit Ausnahme der in §§ 53, 54 URG ausdrücklich genannten Sonderfälle –
gestattet das Urheberrecht nur, wenn sie mit dem Verlag vorher vereinbart wurde.

Umschlagbild: Caesar-Kopf aus dem Münzbild eines im Jahre 44 v. Chr. geprägten Denars.
Druck: Wiesbadener Graphische Betriebe GmbH, Wiesbaden
Einband: Großbuchbinderei Hiort

COMMENTARIORUM BELLI GALLICI

LIBER PRIMUS

Gallia est omnis divisa in partes tres, quarum unam incolunt Belgae, **1**
aliam Aquitani, tertiam, qui ipsorum lingua Celtae, nostra Galli
appellantur. hi omnes lingua, institutis, legibus inter se differunt. Gallos 2
ab Aquitanis Garunna flumen, a Belgis Matrona et Sequana dividit.
horum omnium fortissimi sunt Belgae, propterea quod a cultu atque 3
humanitate provinciae longissime absunt minimeque ad eos mercatores
saepe commeant atque ea, quae ad effeminandos animos pertinent,
important proximique sunt Germanis, qui trans Rhenum incolunt,
quibuscum continenter bellum gerunt. qua de causa Helvetii quoque 4
reliquos Gallos virtute praecedunt, quod fere cotidianis proeliis cum
Germanis contendunt, cum aut suis finibus eos prohibent aut ipsi in
eorum finibus bellum gerunt. [eorum una pars, quam Gallos obtinere 5
dictum est, initium capit a flumine Rhodano, continetur Garunna flumine, Oceano, finibus Belgarum, attingit etiam ab Sequanis et Helvetiis
flumen Rhenum, vergit ad septentriones. Belgae ab extremis Galliae 6
finibus oriuntur, pertinent ad inferiorem partem fluminis Rheni, spectant in septentrionem et orientem solem. Aquitania a Garunna flumine 7
ad Pyrenaeos montes et eam partem Oceani, quae est ad Hispaniam,
pertinet; spectat inter occasum solis et septentriones.]

Apud Helvetios longe nobilissimus fuit et ditissimus Orgetorix. is 1 **2**
M. Messala M. Pisone consulibus regni cupiditate inductus coniurationem
nobilitatis fecit et civitati persuasit, ut de finibus suis cum omnibus
copiis exirent: perfacile esse, cum virtute omnibus praestarent, totius 2
Galliae imperio potiri. id hoc facilius iis persuasit, quod undique loci 3
natura Helvetii continentur: una ex parte flumine Rheno latissimo atque
altissimo, qui agrum Helvetium a Germanis dividit, altera ex parte
monte Iura altissimo, qui est inter Sequanos et Helvetios, tertia lacu
Lemanno et flumine Rhodano, qui provinciam nostram ab Helvetiis
dividit. his rebus fiebat, ut et minus late vagarentur et minus facile 4
finitimis bellum inferre possent; qua ex parte homines bellandi cupidi
magno dolore afficiebantur. pro multitudine autem hominum et pro 5
gloria belli atque fortitudinis angustos se fines habere arbitrabantur; qui
in longitudinem milia passuum CCXL, in latitudinem CLXXX patebant.

His rebus adducti et auctoritate Orgetorigis permoti constituerunt ea, 1 **3**
quae ad proficiscendum pertinerent, comparare, iumentorum et carrorum
quam maximum numerum coemere, sementes quam maximas facere, ut in

itinere copia frumenti suppeteret, cum proximis civitatibus pacem et
2 amicitiam confirmare. ad eas res conficiendas biennium sibi satis esse
3 duxerunt; in tertium annum profectionem lege confirmant. ad eas res
4 conficiendas Orgetorix deligitur. legationem ad civitates suscipit. in eo
itinere persuadet Castico, Catamantaloedis filio, Sequano, cuius pater
regnum in Sequanis multos annos obtinuerat et ab senatu populi Romani
amicus appellatus erat, ut regnum in civitate sua occuparet, quod pater
5 ante habuerit; itemque Dumnorigi Haeduo, fratri Diviciaci, qui eo tempore principatum in civitate obtinebat ac maxime plebi acceptus erat, ut
idem conaretur, persuadet eique filiam suam in matrimonium dat.
6 perfacile factu esse illis probat conata perficere, propterea quod ipse suae
7 civitatis imperium obtenturus esset: non esse dubium, quin totius
Galliae plurimum Helvetii possent; se suis copiis suoque exercitu illis regna
8 conciliaturum confirmat. hac oratione adducti inter se fidem et ius
iurandum dant et regno occupato per tres potentissimos ac firmissimos
populos totius Galliae imperio sese potiri posse sperant.

4 1 Ea res est Helvetiis per indicium enuntiata. moribus suis Orgetorigem
ex vinculis causam dicere coegerunt; damnatum poenam sequi oportebat,
2 ut igni cremaretur. die constituta causae dictionis Orgetorix ad iudicium
omnem suam familiam, ad hominum milia decem, undique coegit et
omnes clientes obaeratosque suos, quorum magnum numerum habebat,
3 eodem conduxit; per eos, ne causam diceret, se eripuit. cum civitas ob
eam rem incitata armis ius suum exsequi conaretur multitudinemque
4 hominum ex agris magistratus cogerent, Orgetorix mortuus est; neque
abest suspicio, ut Helvetii arbitrantur, quin ipse sibi mortem consciverit.

5 1 Post eius mortem nihilo minus Helvetii id, quod constituerant, facere
2 conantur, ut e finibus suis exeant. ubi iam se ad eam rem paratos esse arbi-
trati sunt, oppida sua omnia, numero ad duodecim, vicos ad quadringen-
3 tos, reliqua privata aedificia incendunt, frumentum omne, praeter quod
secum portaturi erant, comburunt, ut domum reditionis spe sublata parati-
ores ad omnia pericula subeunda essent; trium mensum molita cibaria sibi
4 quemque domo efferre iubent. persuadent Rauracis et Tulingis et Lato-
brigis finitimis, uti eodem usi consilio oppidis suis vicisque exustis una
cum iis proficiscantur, Boiosque, qui trans Rhenum incoluerant et in
agrum Noricum transierant Noreiamque oppugnabant, receptos ad se
socios sibi adsciscunt.

6 1 Erant omnino itinera duo, quibus itineribus domo exire possent: unum
per Sequanos, angustum et difficile, inter montem Iuram et flumen Rhodanum, vix qua singuli carri ducerentur; mons autem altissimus impendebat,
2 ut facile perpauci iter prohibere possent; alterum per provinciam nostram,

multo facilius atque expeditius, propterea quod inter fines Helvetiorum et Allobrogum, qui nuper pacati erant, Rhodanus fluit isque nonnullis locis vado transitur. extremum oppidum Allobrogum est proximumque 3 Helvetiorum finibus Genava. ex eo oppido pons ad Helvetios pertinet. Allobrogibus sese vel persuasuros, quod nondum bono animo in populum Romanum viderentur, existimabant vel vi coacturos, ut per suos fines eos ire paterentur. omnibus rebus ad profectionem comparatis diem dicunt, 4 qua die ad ripam Rhodani omnes conveniant. is dies erat a. d. V kal. April. L. Pisone A. Gabinio consulibus.

Caesari cum id nuntiatum esset eos per provinciam nostram iter facere 1 **7** conari, maturat ab urbe proficisci et quam maximis potest itineribus in Galliam ulteriorem contendit et ad Genavam pervenit. provinciae toti 2 quam maximum potest militum numerum imperat — erat omnino in Gallia ulteriore legio una —, pontem, qui erat ad Genavam, iubet rescindi. ubi de eius adventu Helvetii certiores facti sunt, legatos ad eum mittunt 3 nobilissimos civitatis, (cuius legationis Nammeius et Verucloetius principem locum obtinebant,) qui dicerent sibi esse in animo sine ullo maleficio iter per provinciam facere, propterea quod aliud iter haberent nullum: rogare, ut eius voluntate id sibi facere liceat. Caesar, quod memoria 4 tenebat L. Cassium consulem occisum exercitumque eius ab Helvetiis pulsum et sub iugum missum, concedendum non putabat; neque homines 5 inimico animo data facultate per provinciam itineris faciendi temperaturos ab iniuria et maleficio existimabat. tamen, ut spatium intercedere posset, 6 dum milites, quos imperaverat, convenirent, legatis respondit diem se ad deliberandum sumpturum; si quid vellent, ad id. April. reverterentur.

Interea ea legione, quam secum habebat, militibusque, qui ex provincia 1 **8** convenerant, a lacu Lemanno, qui in flumen Rhodanum influit, ad montem Iuram, qui fines Sequanorum ab Helvetiis dividit, milia passuum XIX murum in altitudinem pedum XVI fossamque perducit. eo opere 2 perfecto praesidia disponit, castella communit, quo facilius, si se invito transire conarentur, prohibere possit. ubi ea dies, quam constituerat cum 3 legatis, venit et legati ad eum reverterunt, negat se more et exemplo populi Romani posse iter ulli per provinciam dare et, si vim facere conentur, prohibiturum ostendit. Helvetii ea spe deiecti navibus iunctis ratibusque 4 compluribus factis, alii vadis Rhodani, qua minima altitudo fluminis erat, nonnumquam interdiu, saepius noctu, si perrumpere possent, conati operis munitione et militum concursu et telis repulsi hoc conatu destiterunt.

Relinquebatur una per Sequanos via, qua Sequanis invitis propter 1 **9** angustias ire non poterant. his cum sua sponte persuadere non possent, 2 legatos ad Dumnorigem Haeduum mittunt, ut eo deprecatore a Sequanis

3 impetrarent. Dumnorix gratia et largitione apud Sequanos plurimum poterat et Helvetiis erat amicus, quod ex ea civitate Orgetorigis filiam in matrimonium duxerat, et cupiditate regni adductus novis rebus studebat 4 et quam plurimas civitates suo beneficio habere obstrictas volebat. itaque rem suscipit et a Sequanis impetrat, ut per fines suos Helvetios ire patiantur, obsidesque uti inter sese dent, perficit: Sequani, ne itinere Helvetios prohibeant, Helvetii, ut sine maleficio et iniuria transeant.

10 1 Caesari nuntiatur Helvetiis esse in animo per agrum Sequanorum et Haeduorum iter in Santonum fines facere, qui non longe a Tolosatium 2 finibus absunt, quae civitas est in provincia. id si fieret, intellegebat magno cum periculo provinciae futurum, ut homines bellicosos, populi Romani inimicos, locis patentibus maximeque frumentariis finitimos 3 haberet. ob eas causas ei munitioni, quam fecerat, T. Labienum legatum praefecit; ipse in Italiam magnis itineribus contendit duasque ibi legiones conscribit et tres, quae circum Aquileiam hiemabant, ex hibernis educit et, qua proximum iter in ulteriorem Galliam per Alpes erat, cum his quinque 4 legionibus ire contendit. ibi Ceutrones et Graioceli et Caturiges locis 5 superioribus occupatis itinere exercitum prohibere conantur. compluribus his proeliis pulsis ab Ocelo, quod est ⟨oppidum⟩ citerioris provinciae extremum, in fines Vocontiorum ulterioris provinciae die septimo pervenit; inde in Allobrogum fines, ab Allobrogibus in Segusiavos exercitum ducit. hi sunt extra provinciam trans Rhodanum primi.

11 1 Helvetii iam per angustias et fines Sequanorum suas copias traduxerant 2 et in Haeduorum fines pervenerant eorumque agros populabantur. Haedui, cum se suaque ab iis defendere non possent, legatos ad Caesarem mittunt 3 rogatum auxilium: ita se omni tempore de populo Romano meritos esse, ut paene in conspectu exercitus nostri ⟨sui⟩ agri vastari, liberi in servitutem 4 abduci, oppida expugnari non debuerint. eodem tempore Ambarri, necessarii et consanguinei Haeduorum, Caesarem certiorem faciunt sese 5 depopulatis agris non facile ab oppidis vim hostium prohibere. item Allobroges, qui trans Rhodanum vicos possessionesque habebant, fuga se ad Caesarem recipiunt et demonstrant sibi praeter agri solum nihil esse 6 reliqui. quibus rebus adductus Caesar non exspectandum sibi statuit, dum omnibus fortunis sociorum consumptis in Santonos Helvetii pervenirent.

12 1 Flumen est Arar, quod per fines Haeduorum et Sequanorum in Rhodanum influit, incredibili lenitate, ita ut oculis, in utram partem fluat, 2 iudicari non possit. id Helvetii ratibus ac lintribus iunctis transibant. ubi per exploratores Caesar certior factus est tres iam partes copiarum Helvetios id flumen traduxisse, quartam vero partem citra flumen Ararim reliquam esse, de tertia vigilia cum legionibus tribus e castris profectus ad eam

partem pervenit, quae nondum flumen transierat. eos impeditos et inopinan- 3
tes adgressus magnam partem eorum concidit; reliqui sese fugae man-
darunt atque in proximas silvas abdiderunt. is pagus appellabatur Tigurinus; 4
nam omnis civitas Helvetia in quattuor pagos divisa est. hic pagus unus, 5
cum domo exisset, patrum nostrorum memoria L. Cassium consulem
interfecerat et eius exercitum sub iugum miserat. ita sive casu sive consilio 6
deorum immortalium, quae pars civitatis Helvetiae insignem calamitatem
populo Romano intulerat, ea princeps poenas persolvit. qua in re Caesar 7
non solum publicas, sed etiam privatas iniurias ultus est, quod eius soceri
L. Pisonis avum, L. Pisonem legatum, Tigurini eodem proelio, quo
Cassium, interfecerant.

Hoc proelio facto reliquas copias Helvetiorum ut consequi posset, 1 **13**
pontem in Arari faciendum curat atque ita exercitum traducit. Helvetii 2
repentino eius adventu commoti, cum id, quod ipsi diebus XX aegerrime
confecerant, ut flumen transirent, illum uno die fecisse intellegerent,
legatos ad eum mittunt; cuius legationis Divico princeps fuit, qui bello
Cassiano dux Helvetiorum fuerat. is ita cum Caesare egit: si pacem 3
populus Romanus cum Helvetiis faceret, in eam partem ituros atque
ibi futuros Helvetios, ubi eos Caesar constituisset atque esse voluisset; sin bello persequi perseveraret, reminisceretur et veteris incommodi 4
populi Romani et pristinae virtutis Helvetiorum. quod improviso unum 5
pagum adortus esset, cum ii, qui flumen transissent, suis auxilium ferre
non possent, ne ob eam rem aut suae magnopere virtuti tribueret aut
ipsos despiceret. se ita a patribus maioribusque suis didicisse, ut magis 6
virtute quam dolo contenderent aut insidiis niterentur. quare ne commit- 7
teret, ut is locus, ubi constitissent, ex calamitate populi Romani et inter-
necione exercitus nomen caperet aut memoriam proderet.

His Caesar ita respondit: eo sibi minus dubitationis dari, quod eas res, 1 **14**
quas legati Helvetii commemorassent, memoria teneret, atque eo gravius
ferre, quo minus merito populi Romani accidissent; qui si alicuius iniuriae 2
sibi conscius fuisset, non fuisse difficile cavere; sed eo deceptum, quod
neque commissum a se intellegeret, quare timeret, neque sine causa
timendum putaret. quodsi veteris contumeliae oblivisci vellet, num etiam 3
recentium iniuriarum, quod eo invito iter per provinciam per vim
temptassent, quod Haeduos, quod Ambarros, quod Allobroges vexassent,
memoriam deponere posse? quod sua victoria tam insolenter gloriarentur 4
quodque tam diu se impune iniurias tulisse admirarentur, eodem pertinere.
consuesse enim deos immortales, quo gravius homines ex commutatione 5
rerum doleant, quos pro scelere eorum ulcisci velint, his secundiores
interdum res et diuturniorem impunitatem concedere. cum ea ita sint, 6

tamen, si obsides ab iis sibi dentur, uti ea, quae polliceantur, facturos intellegat, et si Haeduis de iniuriis, quas ipsis sociisque eorum intulerint, 7 item si Allobrogibus satisfaciant, sese cum iis pacem esse facturum. Divico respondit: ita Helvetios a maioribus suis institutos esse, uti obsides accipere, non dare consuerint; eius rei populum Romanum esse testem. hoc responso dato discessit.

15 1 Postero die castra ex eo loco movent. idem facit Caesar equitatumque omnem, ad numerum quattuor milium, quem ex omni provincia et Haeduis atque eorum sociis coactum habebat, praemittit, qui videant, 2 quas in partes hostes iter faciant. qui cupidius novissimum agmen insecuti alieno loco cum equitatu Helvetiorum proelium committunt; et pauci de 3 nostris cadunt. quo proelio sublati Helvetii, quod quingentis equitibus tantam multitudinem equitum propulerant, audacius subsistere nonnum- 4 quam et novissimo agmine proelio nostros lacessere coeperunt. Caesar suos a proelio continebat ac satis habebat in praesentia hostem rapinis 5 populationibusque prohibere. ita dies circiter quindecim iter fecerunt, uti inter novissimum hostium agmen et nostrum primum non amplius quinis aut senis milibus passuum interesset.

16 1 Interim cotidie Caesar Haeduos frumentum, quod essent publice polliciti, 2 flagitare. nam propter frigora, [quod Gallia sub septentrionibus, ut ante dictum est, posita est,] non modo frumenta in agris matura non erant, 3 sed ne pabuli quidem satis magna copia suppetebat; eo autem frumento, quod flumine Arari navibus subvexerat, propterea minus uti poterat, quod 4 iter ab Arari Helvetii averterant, a quibus discedere nolebat. diem ex die 5 ducere Haedui: conferri, comportari, adesse dicere. ubi se diutius duci intellexit et diem instare, quo die frumentum militibus metiri oporteret, convocatis eorum principibus, quorum magnam copiam in castris habebat, in his Diviciaco et Lisco, qui summo magistratui praeerat, quem vergobretum appellant Haedui, qui creatur annuus et vitae necisque in suos 6 habet potestatem, graviter eos accusat, quod, cum neque emi neque ex agris sumi possit, tam necessario tempore, tam propinquis hostibus ab iis non sublevetur, praesertim cum magna ex parte eorum precibus adductus bellum susceperit. multo etiam gravius, quod sit destitutus, queritur.

17 1 Tum demum Liscus oratione Caesaris adductus, quod antea tacuerat, proponit: esse nonnullos, quorum auctoritas apud plebem plurimum 2 valeat, qui privatim plus possint quam ipsi magistratus. hos seditiosa atque improba oratione multitudinem deterrere, ne frumentum conferant, 3 quod debeant: praestare, si iam principatum Galliae obtinere non possint, 4 Gallorum quam Romanorum imperia perferre; neque dubitari debere, quin, si Helvetios superaverint, Romani una cum reliqua Gallia Haeduis

libertatem sint erepturi, ab isdem nostra consilia, quaeque in castris 5
gerantur, hostibus enuntiari; hos a se coerceri non posse. quin etiam, 6
quod necessariam rem coactus Caesari enuntiarit, intellegere sese, quanto
id cum periculo fecerit, et ob eam causam, quamdiu potuerit, tacuisse.
 Caesar hac oratione Lisci Dumnorigem, Diviciaci fratrem, designari 1 **18**
sentiebat, sed quod pluribus praesentibus eas res iactari nolebat, celeriter
concilium dimittit, Liscum retinet. quaerit ex solo ea, quae in conventu 2
dixerat. dicit liberius atque audacius. eadem secreto ab aliis quaerit;
reperit esse vera: ipsum esse Dumnorigem, summa audacia, magna apud 3
plebem propter liberalitatem gratia, cupidum rerum novarum. complures
annos portoria reliquaque omnia Haeduorum vectigalia parvo pretio
redempta habere, propterea quod illo licente contra liceri audeat nemo.
his rebus et suam rem familiarem auxisse et facultates ad largiendum 4
magnas comparasse; magnum numerum equitatus suo sumptu semper 5
alere et circum se habere; neque solum domi, sed etiam apud finitimas 6
civitates largiter posse, atque huius potentiae causa matrem in Biturigibus
homini illic nobilissimo ac potentissimo conlocasse; ipsum ex Helvetiis 7
uxorem habere, sororem ex matre et propinquas suas nuptum in alias
civitates conlocasse. favere et cupere Helvetiis propter eam adfinitatem, 8
odisse etiam suo nomine Caesarem et Romanos, quod eorum adventu
potentia eius deminuta et Diviciacus frater in antiquum locum gratiae
atque honoris sit restitutus. si quid accidat Romanis, summam in spem 9
per Helvetios regni obtinendi venire; imperio populi Romani non modo
de regno, sed etiam de ea, quam habeat, gratia desperare. reperiebat etiam 10
in quaerendo Caesar, quod proelium equestre adversum paucis ante
diebus esset factum, initium eius fugae factum ab Dumnorige atque eius
equitibus — nam equitatui, quem auxilio Caesari Haedui miserant,
Dumnorix praeerat —; eorum fuga reliquum esse equitatum perterritum.
 Quibus rebus cognitis, cum ad has suspiciones certissimae res accederent, 1 **19**
quod per fines Sequanorum Helvetios traduxisset, quod obsides inter eos
dandos curasset, quod ea omnia non modo iniussu suo et civitatis, sed
etiam inscientibus ipsis fecisset, quod a magistratu Haeduorum accusaretur,
satis esse causae arbitrabatur, quare in eum aut ipse animadverteret aut
civitatem animadvertere iuberet. his omnibus rebus unum repugnabat, 2
quod Diviciaci fratris summum in populum Romanum studium, summam
in se voluntatem, egregiam fidem, iustitiam, temperantiam cognoverat;
nam, ne eius supplicio Diviciaci animum offenderet, verebatur. itaque 3
priusquam quicquam conaretur, Diviciacum ad se vocari iubet et cotidianis
interpretibus remotis per C. Valerium Troucillum, principem Galliae
provinciae, familiarem suum, cui summam omnium rerum fidem habebat,

4 cum eo conloquitur; simul commonefacit, quae ipso praesente in concilio Gallorum de Dumnorige sint dicta, et ostendit, quae separatim quisque de 5 eo apud se dixerit; petit atque hortatur, ut sine eius offensione animi vel ipse de eo causa cognita statuat vel civitatem statuere iubeat.

20 1 Diviciacus multis cum lacrimis Caesarem complexus obsecrare coepit, 2 ne quid gravius in fratrem statueret: scire se illa esse vera, neque quemquam ex eo plus quam se doloris capere, propterea quod, cum ipse gratia plurimum domi atque in reliqua Gallia, ille minimum propter adulescentiam posset, per se crevisset, quibus opibus ac nervis non solum ad 3 minuendam gratiam, sed paene ad perniciem suam uteretur. sese tamen et 4 amore fraterno et existimatione vulgi commoveri. quodsi quid ei a Caesare gravius accidisset, cum ipse eum locum amicitiae apud eum teneret, neminem existimaturum non sua voluntate factum; qua ex re futurum, 5 uti totius Galliae animi a se averterentur. haec cum pluribus verbis flens a Caesare peteret, Caesar eius dextram prendit; consolatus rogat, finem orandi faciat; tanti eius apud se gratiam esse ostendit, uti et rei publicae 6 iniuriam et suum dolorem eius voluntati ac precibus condonet. Dumnorigem ad se vocat, fratrem adhibet; quae in eo reprehendat, ostendit; quae ipse intellegat, quae civitas queratur, proponit; monet, ut in reliquum tempus omnes suspiciones vitet; praeterita se Diviciaco fratri condonare dicit. Dumnorigi custodes ponit, ut, quae agat, quibuscum loquatur, scire possit.

21 1 Eodem die ab exploratoribus certior factus hostes sub monte consedisse milia passuum ab ipsius castris octo, qualis esset natura montis et qualis in 2 circuitu ascensus, qui cognoscerent, misit. renuntiatum est facilem esse. de tertia vigilia T. Labienum, legatum pro praetore, cum duabus legionibus et iis ducibus, qui iter cognoverant, summum iugum montis ascendere 3 iubet; quid sui consilii sit, ostendit. ipse de quarta vigilia eodem itinere, quo hostes ierant, ad eos contendit equitatumque omnem ante se mittit. 4 P. Considius, qui rei militaris peritissimus habebatur et in exercitu L. Sullae et postea in M. Crassi fuerat, cum exploratoribus praemittitur.

22 1 Prima luce, cum summus mons a Labieno teneretur, ipse ab hostium castris non longius M et D passibus abesset, neque, ut postea ex captivis 2 comperit, aut ipsius adventus aut Labieni cognitus esset, Considius equo admisso ad eum accurrit, dicit montem, quem a Labieno occupari voluerit, ab hostibus teneri: id se a Gallicis armis atque insignibus cognovisse. 3 Caesar suas copias in proximum collem subducit, aciem instruit. Labienus, ut erat ei praeceptum a Caesare, ne proelium committeret, nisi ipsius copiae prope hostium castra visae essent, ut undique uno tempore in hostes impetus fieret, monte occupato nostros exspectabat proelioque

abstinebat. multo denique die per exploratores Caesar cognovit et montem 4
a suis teneri et Helvetios castra movisse et Considium timore perterritum,
quod non vidisset, pro viso sibi renuntiavisse. eo die, quo consueverat in- 5
tervallo, hostes sequitur et milia passuum tria ab eorum castris castra ponit.
Postridie eius diei, quod omnino biduum supererat, cum exercitui 1 **23**
frumentum metiri oporteret, et quod a Bibracte, oppido Haeduorum longe
maximo et copiosissimo, non amplius milibus passuum XVIII aberat,
rei frumentariae prospiciendum existimavit: iter ab Helvetiis avertit ac
Bibracte ire contendit. ea res per fugitivos L. Aemilii, decurionis equitum 2
Gallorum, hostibus nuntiatur. Helvetii, seu quod timore perterritos 3
Romanos discedere a se existimarent, eo magis, quod pridie superioribus
locis occupatis proelium non commisissent, sive eo, quod re frumentaria
intercludi posse confiderent, commutato consilio atque itinere converso
nostros ab novissimo agmine insequi ac lacessere coeperunt.

Postquam id animum advertit, copias suas Caesar in proximum collem 1 **24**
subduxit equitatumque, qui sustineret hostium impetum, misit. ipse 2
interim in colle medio triplicem aciem instruxit legionum quattuor
veteranarum; in summo iugo duas legiones, quas in Gallia citeriore 3
proxime conscripserat, et omnia auxilia conlocavit, ita uti supra se totum
montem hominibus compleret; interea sarcinas in unum locum conferri
et eum ab iis, qui in superiore acie constiterant, muniri iussit. Helvetii 4
cum omnibus suis carris secuti impedimenta in unum locum contulerunt;
ipsi confertissima acie reiecto nostro equitatu phalange facta sub primam 5
nostram aciem successerunt.

Caesar primum suo, deinde omnium ex conspectu remotis equis, ut 1 **25**
aequato periculo spem fugae tolleret, cohortatus suos proelium commisit.
milites e loco superiore pilis missis facile hostium phalangem perfregerunt. 2
ea disiecta gladiis destrictis in eos impetum fecerunt. Gallis magno ad 3
pugnam erat impedimento, quod pluribus eorum scutis uno ictu pilorum
tranfixis et conligatis, cum ferrum se inflexisset, neque evellere neque
sinistra impedita satis commode pugnare poterant, multi ut diu iactato 4
bracchio praeoptarent scutum manu emittere et nudo corpore pugnare.
tandem vulneribus defessi et pedem referre et, quod mons suberat circiter 5
mille passuum ⟨spatio⟩, eo se recipere coeperunt. capto monte et succe- 6
dentibus nostris Boi et Tulingi, qui hominum milibus circiter XV agmen
hostium claudebant et novissimis praesidio erant, ex itinere nostros ⟨ab⟩
latere aperto adgressi circumvenerunt. id conspicati Helvetii, qui in
montem sese receperant, rursus instare et proelium redintegrare coeperunt.
Romani conversa signa bipertito intulerunt: prima et secunda acies, ut 7
victis ac submotis resisteret, tertia, ut venientes sustineret.

26 1 Ita ancipiti proelio diu atque acriter pugnatum est. diutius cum sustinere nostrorum impetus non possent, alteri se, ut coeperant, in montem 2 receperunt, alteri ad impedimenta et carros suos se contulerunt. nam hoc toto proelio, cum ab hora septima ad vesperum pugnatum sit, aversum 3 hostem videre nemo potuit. ad multam noctem etiam ad impedimenta pugnatum est, propterea quod pro vallo carros obiecerant et e loco superiore in nostros venientes tela coniciebant et nonnulli inter carros 4 raedasque mataras ac tragulas subiciebant nostrosque vulnerabant. diu cum esset pugnatum, impedimentis castrisque nostri potiti sunt. ibi 5 Orgetorigis filia atque unus e filiis captus est. ex eo proelio circiter hominum milia CXXX superfuerunt eaque tota nocte continenter ierunt. nullam partem noctis itinere intermisso in fines Lingonum die quarto pervenerunt, cum et propter vulnera militum et propter sepulturam 6 occisorum nostri triduum morati eos sequi non potuissent. Caesar ad Lingones litteras nuntiosque misit, ne eos frumento neve alia re iuvarent: qui si iuvissent, se eodem loco quo Helvetios habiturum. ipse triduo intermisso cum omnibus copiis eos sequi coepit.

27 1 Helvetii omnium rerum inopia adducti legatos de deditione ad eum 2 miserunt. qui cum eum in itinere convenissent seque ad pedes proiecissent suppliciterque locuti flentes pacem petissent atque eos in eo loco, quo 3 tum essent, suum adventum exspectare iussisset, paruerunt. eo postquam Caesar pervenit, obsides, arma, servos, qui ad eos perfugissent, poposcit. 4 dum ea conquiruntur et conferuntur nocte intermissa, circiter hominum milia VI eius pagi, qui Verbigenus appellatur, sive timore perterriti, ne armis traditis supplicio adficerentur, sive spe salutis inducti, quod in tanta multitudine dediticiorum suam fugam aut occultari aut omnino ignorari posse existimarent, prima nocte e castris Helvetiorum egressi ad Rhenum finesque Germanorum contenderunt.

28 1 Quod ubi Caesar resciit, quorum per fines ierant, his, uti conquirerent 2 et reducerent, si sibi purgati esse vellent, imperavit; reductos in hostium numero habuit; reliquos omnes obsidibus, armis, perfugis traditis in 3 deditionem accepit. Helvetios, Tulingos, Latobrigos, ⟨Rauracos⟩ in fines suos, unde erant profecti, reverti iussit, et quod omnibus frugibus amissis domi nihil erat, quo famem tolerarent, Allobrogibus imperavit, ut iis frumenti copiam facerent; ipsos oppida vicosque, quos incenderant, 4 restituere iussit. id ea maxime ratione fecit, quod noluit eum locum, unde Helvetii discesserant, vacare, ne propter bonitatem agrorum Germani, qui trans Rhenum incolunt, e suis finibus in Helvetiorum fines transirent et 5 finitimi Galliae provinciae Allobrogibusque essent. Boios petentibus Haeduis, quod egregia virtute erant cogniti, ut in finibus suis conlocarent, concessit; quibus illi agros dederunt quosque postea in parem iuris libertatisque condicionem, atque ipsi erant, receperunt.

In castris Helvetiorum tabulae repertae sunt litteris Graecis confectae et 1 **29** ad Caesarem relatae, quibus in tabulis nominatim ratio confecta erat, qui numerus domo exisset eorum, qui arma ferre possent, et item separatim pueri, senes mulieresque. quarum omnium rerum summa erat capitum 2 Helvetiorum milium CCLXIII, Tulingorum milium XXXVI, Latobrigorum XIV, Rauracorum XXIII, Boiorum XXXII; ex his, qui arma ferre possent, ad milia XCII. summa omnium fuerunt ad milia CCCLXVIII. 3 eorum, qui domum redierunt, censu habito, ut Caesar imperaverat, repertus est numerus milium CX.

Bello Helvetiorum confecto totius fere Galliae legati, principes civitatum, 1 **30** ad Caesarem gratulatum convenerunt: intellegere sese, tametsi pro 2 veteribus Helvetiorum iniuriis populi Romani ab his poenas bello repetisset, tamen eam rem non minus ex usu terrae Galliae quam populi Romani accidisse, propterea quod eo consilio florentissimis rebus domos suas 3 Helvetii reliquissent, uti toti Galliae bellum inferrent imperioque potirentur locumque domicilio ex magna copia deligerent, quem ex omni Gallia opportunissimum ac fructuosissimum iudicassent, reliquasque civitates stipendiarias haberent. petierunt, uti sibi concilium totius Galliae in 4 diem certam indicere idque Caesaris voluntate facere liceret: sese habere quasdam res, quas ex communi consensu ab eo petere vellent. ea re 5 permissa diem concilio constituerunt et iure iurando, ne quis enuntiaret, nisi quibus communi consilio mandatum esset, inter se sanxerunt.

Eo concilio dimisso idem principes civitatum, qui ante adfuerant, ad 1 **31** Caesarem reverterunt petieruntque, uti sibi secreto in occulto de sua omniumque salute cum eo agere liceret. ea re impetrata sese omnes 2 flentes Caesari ad pedes proiecerunt: non minus se id contendere et laborare, ne ea, quae dixissent, enuntiarentur, quam uti ea, quae vellent, impetrarent, propterea quod, si enuntiatum esset, summum in cruciatum se venturos viderent. locutus est pro his Diviciacus Haeduus: Galliae 3 totius factiones esse duas; harum alterius principatum tenere Haeduos, alterius Arvernos. hi cum tantopere de potentatu inter se multos annos 4 contenderent, factum esse, uti ab Arvernis Sequanisque Germani mercede arcesserentur. horum primo circiter milia XV Rhenum transisse; 5 posteaquam agros et cultum et copias Gallorum homines feri ac barbari adamassent, traductos plures; nunc esse in Gallia ad CXX milium numerum. cum his Haeduos eorumque clientes semel atque iterum 6 armis contendisse; magnam calamitatem pulsos accepisse, omnem nobilitatem, omnem senatum, omnem equitatum amisisse. quibus proeliis 7

calamitatibusque fractos, qui et sua virtute et populi Romani hospitio atque amicitia plurimum ante in Gallia potuissent, coactos esse Sequanis obsides dare nobilissimos civitatis et iure iurando civitatem obstringere sese neque obsides repetituros neque auxilium a populo Romano imploraturos neque recusaturos, quominus perpetuo sub illorum dicione
8 atque imperio essent.] unum se esse ex omni civitate Haeduorum, qui
9 adduci non potuerit, ut iuraret aut liberos suos obsides daret. ob eam rem se ex civitate profugisse et Romam ad senatum venisse auxilium postulatum, quod solus neque iure iurando neque obsidibus teneretur.
10 sed peius victoribus Sequanis quam Haeduis victis accidisse, propterea quod Ariovistus, rex Germanorum, in eorum finibus consedisset tertiamque partem agri Sequani, qui esset optimus totius Galliae, occupavisset et nunc de altera parte tertia Sequanos decedere iuberet, propterea quod paucis mensibus ante Harudum milia hominum XXIV ad
11 eum venissent, quibus locus ac sedes pararentur. futurum esse paucis annis, uti omnes ex Galliae finibus pellerentur atque omnes Germani Rhenum transirent; neque enim conferendum esse Gallicum cum Germanorum agro neque hanc consuetudinem victus cum illa comparan-
12 dam. Ariovistum autem, ut semel Gallorum copias proelio vicerit, quod proelium factum sit ad Magetobrigam, superbe et crudeliter imperare, obsides nobilissimi cuiusque liberos poscere et in eos omnia exempla cruciatusque edere, si qua res non ad nutum aut ad voluntatem eius
13 facta sit. hominem esse barbarum, iracundum, temerarium: non posse
14 eius imperia diutius sustineri. nisi quid in Caesare populoque Romano sit auxilii, omnibus Gallis idem esse faciendum, quod Helvetii fecerint, ut domo emigrent, aliud domicilium, alias sedes, remotas a Germanis,
15 petant fortunamque, quaecumque accidat, experiantur. haec si enuntiata Ariovisto sint, non dubitare, quin de omnibus obsidibus, qui apud eum
16 sint, gravissimum supplicium sumat. Caesarem vel auctoritate sua atque exercitus vel recenti victoria vel nomine populi Romani deterrere posse, ne maior multitudo Germanorum Rhenum traducatur, Galliamque omnem ab Ariovisti iniuria posse defendere.

32 1 Hac oratione ab Diviciaco habita omnes, qui aderant, magno fletu
2 auxilium a Caesare petere coeperunt. animadvertit Caesar unos ex omnibus Sequanos nihil earum rerum facere, quas ceteri facerent, sed tristes capite demisso terram intueri. eius rei quae causa esset, miratus ex
3 ipsis quaesiit. nihil Sequani respondere, sed in eadem tristitia taciti permanere. cum ab his saepius quaereret neque ullam omnino vocem
4 exprimere posset, idem Diviciacus Haeduus respondit: hoc esse miseriorem et graviorem fortunam Sequanorum quam reliquorum, quod soli ne

I 35

in occulto quidem queri neque auxilium implorare auderent absentisque Ariovisti crudelitatem, velut si coram adesset, horrerent, propterea quod reliquis tamen fugae facultas daretur, Sequanis vero, qui intra fines suos Ariovistum recepissent, quorum oppida omnia in potestate eius essent, omnes cruciatus essent perferendi.

His rebus cognitis Caesar Gallorum animos verbis confirmavit pollicitusque est sibi eam rem curae futuram: magnam se habere spem et beneficio suo et auctoritate adductum Ariovistum finem iniuriis facturum. hac oratione habita concilium dimisit. et secundum ea multae res eum hortabantur, quare sibi eam rem cogitandam et suscipiendam putaret, in primis, quod Haeduos, fratres consanguineosque saepenumero a senatu appellatos, in servitute atque dicione videbat Germanorum teneri eorumque obsides esse apud Ariovistum ac Sequanos intellegebat; quod in tanto imperio populi Romani turpissimum sibi et rei publicae esse arbitrabatur. paulatim autem Germanos consuescere Rhenum transire et in Galliam magnam eorum multitudinem venire populo Romano periculosum videbat; neque sibi homines feros ac barbaros temperaturos existimabat, quin, cum omnem Galliam occupavissent, ut ante Cimbri Teutonique fecissent, in provinciam exirent atque inde in Italiam contenderent, praesertim cum Sequanos a provincia nostra Rhodanus divideret; quibus rebus quam maturrime occurrendum putabat. ipse autem Ariovistus tantos sibi spiritus, tantam adrogantiam sumpserat, ut ferendus non videretur.

Quam ob rem placuit ei, ut ad Ariovistum legatos mitteret, qui ab eo postularent, uti aliquem locum medium utrisque conloquio deligeret: velle sese de re publica et summis utriusque rebus cum eo agere. ei legationi Ariovistus respondit: si quid ipsi a Caesare opus esset, sese ad eum venturum fuisse; si quid ille se velit, illum ad se venire oportere. praeterea se neque sine exercitu in eas partes Galliae venire audere, quas Caesar possideret, neque exercitum sine magno commeatu atque molimento in unum locum contrahere posse. sibi autem mirum videri, quid in sua Gallia, quam bello vicisset, aut Caesari aut omnino populo Romano negotii esset.

His responsis ad Caesarem relatis iterum ad eum Caesar legatos cum his mandatis mittit: quoniam tanto suo populique Romani beneficio adfectus, cum in consulatu suo rex atque amicus a senatu appellatus esset, hanc sibi populoque Romano gratiam referret, ut in conloquium venire invitatus gravaretur neque de communi re discendum sibi et cognoscendum putaret, haec esse, quae ab eo postularet: primum, ne quam multitudinem hominum amplius trans Rhenum in Galliam traduceret; deinde

obsides, quos haberet ab Haeduis, redderet Sequanisque permitteret, ut, quos illi haberent, voluntate eius reddere illis liceret neve Haeduos
4 iniuria lacesseret neve his sociisque eorum bellum inferret. si id fecisset, sibi populoque Romano perpetuam gratiam atque amicitiam cum eo futuram; si non impetraret, sese, quoniam M. Messala M. Pisone consulibus senatus censuisset, uti, quicumque Galliam provinciam obtineret, quod commodo rei publicae facere posset, Haeduos ceterosque amicos populi Romani defenderet, se Haeduorum iniurias non neglecturum.
36 1 Ad haec Ariovistus respondit: ius esse belli, ut, qui vicissent, iis, quos vicissent, quem ad modum vellent, imperarent. item populum Romanum victis non ad alterius praescriptum, sed ad suum arbitrium imperare
2 consuesse. si ipse populo Romano non praescriberet, quem ad modum suo iure uteretur, non oportere se a populo Romano in suo iure impediri.
3 Haeduos sibi, quoniam belli fortunam temptassent et armis congressi ac
4 superati essent, stipendiarios esse factos. magnam Caesarem iniuriam
5 facere, qui suo adventu vectigalia sibi deteriora faceret. Haeduis se obsides redditurum non esse neque his neque eorum sociis iniuria bellum inlaturum, si in eo manerent, quod convenisset, stipendiumque quotannis penderent; si id non fecissent, longe his fraternum nomen populi
6 Romani afuturum. quod sibi Caesar denuntiaret se Haeduorum iniurias
7 non neglecturum, neminem secum sine sua pernicie contendisse. cum vellet, congrederetur: intellecturum, quid invicti Germani, exercitatissimi in armis, qui inter annos XIV tectum non subissent, virtute possent.
37 1 Haec eodem tempore Caesari mandata referebantur et legati ab
2 Haeduis et a Treveris veniebant: Haedui questum, quod Harudes, qui nuper in Galliam transportati essent, fines eorum popularentur: sese ne
3 obsidibus quidem datis pacem Ariovisti redimere potuisse; Treveri autem: pagos centum Sueborum ad ripas Rheni consedisse, qui Rhenum
4 transire conarentur; his praeesse Nasuam et Cimberium fratres. quibus rebus Caesar vehementer commotus maturandum sibi existimavit, ne, si nova manus Sueborum cum veteribus copiis Ariovisti sese coniunxisset,
5 minus facile resisti posset. itaque re frumentaria, quam celerrime potuit, comparata magnis itineribus ad Ariovistum contendit.
38 1 Cum tridui viam processisset, nuntiatum est ei Ariovistum cum suis omnibus copiis ad occupandum Vesontionem, quod est oppidum maximum Sequanorum, contendere triduique viam a suis finibus pro-
2 cessisse. id ne accideret, magnopere sibi praecavendum Caesar existima-
3 bat. namque omnium rerum, quae ad bellum usui erant, summa erat in
4 eo oppido facultas, idemque natura loci sic muniebatur, ut magnam ad ducendum bellum daret facultatem, propterea quod flumen Dubis ut

circino circumductum paene totum oppidum cingit; reliquum spatium, 5 quod est non amplius pedum ⟨mille⟩ sescentorum, qua flumen intermittit, mons continet magna altitudine, ita ut radices eius montis ex utraque parte ripae fluminis contingant. hunc murus circumdatus arcem efficit 6 et cum oppido coniungit. huc Caesar magnis nocturnis diurnisque itine- 7 ribus contendit occupatoque oppido ibi praesidium conlocat.

Dum paucos dies ad Vesontionem rei frumentariae commeatusque 1 **39** causa moratur, ex percontatione nostrorum vocibusque Gallorum ac mercatorum, qui ingenti magnitudine corporum Germanos, incredibili virtute atque exercitatione in armis esse praedicabant — saepe numero sese cum his congressos ne vultum quidem atque aciem oculorum dicebant ferre potuisse —, tantus subito timor omnem exercitum occupavit, ut non mediocriter omnium mentes animosque perturbaret. hic 2 primum ortus est a tribunis militum, praefectis reliquisque, qui ex urbe amicitiae causa Caesarem secuti non magnum in re militari usum habebant: quorum alius alia causa inlata, quam sibi ad proficiscendum 3 necessariam esse diceret, petebat, ut eius voluntate discedere liceret; nonnulli pudore adducti, ut timoris suspicionem vitarent, remanebant. hi neque vultum fingere neque interdum lacrimas tenere poterant; 4 abditi in tabernaculis aut suum fatum querebantur aut cum familiaribus suis commune periculum miserabantur. vulgo totis castris testamenta 5 obsignabantur. horum vocibus ac timore paulatim etiam ii, qui magnum in castris usum habebant, milites centurionesque quique equitatui praeerant, perturbabantur. qui se ex his minus timidos existimari volebant, 6 non se hostem vereri, sed angustias itineris et magnitudinem silvarum, quae intercederent inter ipsos atque Ariovistum, aut rem frumentariam, ut satis commode supportari posset, timere dicebant. nonnulli etiam 7 Caesari nuntiabant, cum castra moveri ac signa ferri iussisset, non fore dicto audientes milites neque propter timorem signa laturos.

Haec cum animadvertisset, convocato consilio omniumque ordinum 1 **40** ad id consilium adhibitis centurionibus, vehementer eos incusavit: primum, quod, aut quam in partem aut quo consilio ducerentur, sibi quaerendum aut cogitandum putarent. Ariovistum se consule cupidissime 2 populi Romani amicitiam adpetisse: cur hunc tam temere quisquam ab officio discessurum iudicaret? sibi quidem persuaderi cognitis suis 3 postulatis atque aequitate condicionum perspecta eum neque suam neque populi Romani gratiam repudiaturum. quodsi furore atque amentia 4 impulsus bellum intulisset, quid tandem vererentur? aut cur de sua virtute aut de ipsius diligentia desperarent? factum eius hostis periculum 5 patrum nostrorum memoria, cum Cimbris et Teutonis a Gaio Mario pulsis non minorem laudem exercitus quam ipse imperator meritus videretur; factum etiam nuper in Italia servili tumultu, quos tamen 6 aliquid usus ac disciplina, quam a nobis accepissent, sublevarent. ex quo iudicari posse, quantum haberet in se boni constantia, propterea quod, quos aliquamdiu inermes sine causa timuissent, hos postea 7 armatos ac victores superassent. denique hos esse eosdem, quibuscum saepe numero Helvetii congressi non solum in suis, sed etiam in illorum finibus plerumque superassent, qui tamen pares esse nostro exercitui 8 non potuerint. si quos adversum proelium et fuga Gallorum commoveret, hos, si quaererent, reperire posse diuturnitate belli defatigatis Gallis Ariovistum, cum multos menses castris se ac paludibus tenuisset neque sui potestatem fecisset, desperantes iam de pugna et dispersos subito 9 adortum magis ratione et consilio quam virtute vicisse. cui rationi contra homines barbaros atque imperitos locus fuisset, hac ne ipsum quidem 10 sperare nostros exercitus capi posse. qui suum timorem in rei frumentariae simulationem angustiasque itineris conferrent, facere arroganter, cum aut de officio imperatoris desperare viderentur aut praescribere 11 auderent. haec sibi esse curae; frumentum Sequanos, Leucos, Lingones subministrare, iamque esse in agris frumenta matura; de itinere ipsos 12 brevi tempore iudicaturos. quod non fore dicto audientes neque signa laturi dicantur, nihil se ea re commoveri: scire enim, quibuscumque exercitus dicto audiens non fuerit, aut male re gesta fortunam defuisse 13 aut aliquo facinore comperto avaritiam esse convictam, suam innocen- 14 tiam perpetua vita, felicitatem Helvetiorum bello esse perspectam. itaque se, quod in longiorem diem conlaturus fuisset, repraesentaturum et proxima nocte de quarta vigilia castra moturum, ut quam primum intellegere posset, utrum apud eos pudor atque officium an timor plus 15 valeret. quodsi praeterea nemo sequatur, tamen se cum sola decima legione iturum, de qua non dubitaret, sibique eam praetoriam cohortem futuram. huic legioni Caesar et indulserat praecipue et propter virtutem confidebat maxime.

41 1   Hac oratione habita mirum in modum conversae sunt omnium mentes 2 summaque alacritas et cupiditas belli gerendi iniecta est, princepsque decima legio per tribunos militum ei gratias egit, quod de se optimum iudicium fecisset, seque esse ad bellum gerendum paratissimam confir- 3 mavit. deinde reliquae legiones cum tribunis militum et primorum ordinum centurionibus egerunt, uti per eos Caesari satisfacerent: se neque umquam dubitasse neque timuisse neque de summa belli suum iudicium, 4 sed imperatoris esse existimavisse. eorum satisfactione accepta et itinere exquisito per Diviciacum, quod ex Gallis ei maximam fidem habebat, ut milium amplius L circuitu locis apertis exercitum duceret, de quarta vigilia, ut dixerat, profectus est. septimo die, cum iter non intermitteret, 5 ab exploratoribus certior factus est Ariovisti copias a nostris milia passuum quattuor et viginti abesse.

Cognito Caesaris adventu Ariovistus legatos ad eum mittit: quod 1 **42** antea de conloquio postulasset, id per se fieri licere, quoniam propius accessisset seque id sine periculo facere posse existimaret. non respuit 2 condicionem Caesar iamque eum ad sanitatem reverti arbitrabatur, cum id, quod antea petenti denegasset, ultro polliceretur, magnamque in 3 spem veniebat pro suis tantis populique Romani in eum beneficiis cognitis suis postulatis fore, uti pertinacia desisteret. dies conloquio dictus est ex eo die quintus. interim saepe ultro citroque cum legati 4 inter eos mitterentur, Ariovistus postulavit, ne quem peditem ad conloquium Caesar adduceret: vereri se, ne per insidias ab eo circumveniretur; uterque cum equitatu veniret; alia ratione sese non esse venturum. Caesar, quod neque conloquium interposita causa tolli volebat neque 5 salutem suam Gallorum equitatui committere audebat, commodissimum esse statuit omnibus equis Gallis equitibus detractis eo legionarios milites legionis decimae, cui maxime confidebat, imponere, ut praesidium quam amicissimum, si quid opus facto esset, haberet. quod cum 6 fieret, non inridicule quidam ex militibus decimae legionis dixit plus, quam pollicitus esset, Caesarem facere: pollicitum se in cohortis praetoriae loco decimam legionem habiturum ad equum rescribere.

Planities erat magna et in ea tumulus terrenus satis grandis. hic locus 1 **43** aequum fere spatium a castris utriusque aberat. eo, ut erat dictum, ad 2 conloquium venerunt. legionem Caesar, quam equis devexerat, passibus ducentis ab eo tumulo constituit. item equites Ariovisti pari intervallo constiterunt. Ariovistus, ex equis ut conloquerentur et praeter se denos 3 ad conloquium adducerent, postulavit. ubi eo ventum est, Caesar initio 4 orationis sua senatusque in eum beneficia commemoravit, quod rex appellatus esset a senatu, quod amicus, quod munera amplissime missa; quam rem et paucis contigisse et pro magnis hominum officiis consuesse tribui docebat; illum, cum neque aditum neque causam postulandi 5 iustam haberet, beneficio ac liberalitate sua ac senatus ea praemia consecutum. docebat etiam, quam veteres quamque iustae causae necessitu- 6 dinis ipsis cum Haeduis intercederent, quae senatus consulta, quotiens 7 quamque honorifica in eos facta essent, ut omni tempore totius Galliae principatum Haedui tenuissent, prius etiam, quam nostram amicitiam adpetissent. populi Romani hanc esse consuetudinem, ut socios atque 8 amicos non modo sui nihil deperdere, sed gratia, dignitate, honore auc-

tiores velit esse; quod vero ad amicitiam populi Romani attulissent,
9 id iis eripi quis pati posset? postulavit deinde eadem, quae legatis in
mandatis dederat: ne aut Haeduis aut eorum sociis bellum inferret;
obsides redderet; si nullam partem Germanorum domum remittere
posset, at ne quos amplius Rhenum transire pateretur.

44 1 Ariovistus ad postulata Caesaris pauca respondit, de suis virtutibus
2 multa praedicavit: transisse Rhenum sese non sua sponte, sed rogatum et
arcessitum a Gallis; non sine magna spe magnisque praemiis domum pro-
pinquosque reliquisse; sedes habere in Gallia ab ipsis concessas, obsides
ipsorum voluntate datos; stipendium capere iure belli, quod victores victis
3 imponere consuerint. non sese Gallis, sed Gallos sibi bellum intulisse:
omnes Galliae civitates ad se oppugnandum venisse ac contra se castra
4 habuisse; eas omnes copias uno a se proelio pulsas ac superatas esse. si
iterum experiri velint, se paratum esse decertare; si pace uti velint, iniquum esse de stipendio recusare, quod sua voluntate ad id tempus pe-
5 penderint. amicitiam populi Romani sibi ornamento et praesidio, non detrimento esse oportere, idque se hac spe petisse. si per populum Romanum
stipendium remittatur et dediticii subtrahantur, non minus se libenter re-
6 cusaturum populi Romani amicitiam, quam adpetierit. quod multitudinem
Germanorum in Galliam traducat, id se sui muniendi, non Galliae op-
pugnandae causa facere: eius rei testimonium esse, quod nisi rogatus non
venerit et quod bellum non intulerit, sed defenderit. se prius in Galliam
7 venisse quam populum Romanum; numquam ante hoc tempus exercitum
8 populi Romani Galliae fines ingressum. quid sibi vellet? cur in suas pos-
sessiones veniret? provinciam suam hanc esse Galliam, sicut illam nostram.
ut ipsi concedi non oporteret, si in nostros fines impetum faceret, sic item
9 nos esse iniquos, quod in suo iure se interpellaremus. quod a se⟨natu⟩ fratres Haeduos appellatos diceret, non se tam barbarum neque tam imperi-
tum esse rerum, ut non sciret neque bello Allobrogum proximo Haeduos
Romanis auxilium tulisse neque ipsos in his contentionibus, quas Haedui
secum et cum Sequanis habuissent, auxilio populi Romani usos esse.
10 debere se suspicari simulata Caesarem amicitia, quod exercitum in Gallia
11 habeat, sui opprimendi causa habere. qui nisi decedat atque exercitum
deducat ex his regionibus, sese illum non pro amico, sed pro hoste habi-
12 turum. quodsi eum interfecerit, multis se nobilibus principibusque populi
Romani gratum esse facturum (id se ab ipsis per eorum nuntios compertum habere), quorum omnium gratiam atque amicitiam eius morte
13 redimere posset. quodsi decessisset et liberam possessionem Galliae sibi
tradidisset, magno se illum praemio remuneraturum et, quaecumque
bella geri vellet, sine ullo eius labore et periculo confecturum.

I 48

Multa a Caesare in eam sententiam dicta sunt, quare negotio desistere 1 **45**
non posset; neque suam neque populi Romani consuetudinem pati, uti
optime meritos socios desereret, neque se iudicare Galliam potius esse
Ariovisti quam populi Romani. bello superatos esse Arvernos et Rutenos 2
a Q. Fabio Maximo, quibus populus Romanus ignovisset neque in
provinciam redegisset neque stipendium imposuisset. quodsi anti- 3
quissimum quodque tempus spectari oporteret, populi Romani iustissimum esse in Gallia imperium; si iudicium senatus observari oporteret,
liberam debere esse Galliam, quam bello victam suis legibus uti voluisset.

Dum haec in conloquio geruntur, Caesari nuntiatum est equites 1 **46**
Ariovisti propius tumulum accedere et ad nostros adequitare, lapides
telaque in nostros conicere. Caesar loquendi finem fecit seque ad suos 2
recepit suisque imperavit, ne quod omnino telum in hostes reicerent.
nam etsi sine ullo periculo legionis delectae cum equitatu proelium fore 3
videbat, tamen committendum non putabat, ut pulsis hostibus dici
posset eos ab se per fidem in conloquio circumventos. posteaquam in 4
vulgus militum elatum est, qua adrogantia in conloquio Ariovistus usus
omni Gallia Romanis interdixisset, impetumque ⟨ut⟩ in nostros eius
equites fecissent eaque res conloquium diremisset, multo maior alacritas
studiumque pugnandi maius exercitui iniectum est.

Biduo post Ariovistus ad Caesarem legatos misit: velle se de iis rebus, 1 **47**
quae inter eos agi coeptae neque perfectae essent, agere cum eo; uti
aut iterum conloquio diem constitueret aut, si id minus vellet, ex suis
legatis aliquem ad se mitteret. conloquendi Caesari causa visa non est, 2
et eo magis, quod pridie eius diei Germani retineri non potuerant, quin
tela in nostros conicerent. legatum ex suis sese magno cum periculo ad 3
eum missurum et hominibus feris obiecturum existimabat. commo- 4
dissimum visum est C. Valerium Procillum, C. Valerii Caburi filium,
summa virtute et humanitate adulescentem, cuius pater a C. Valerio
Flacco civitate donatus erat, et propter fidem et propter linguae Gallicae
scientiam, qua multa iam Ariovistus longinqua consuetudine utebatur,
et quod in eo peccandi Germanis causa non esset, ad eum mittere, et una
M. Metium, qui hospitio Ariovisti utebatur. his mandavit, ut, quae 5
diceret Ariovistus, cognoscerent et ad se referrent. quos cum apud se in 6
castris Ariovistus conspexisset, exercitu suo praesente conclamavit: quid
ad se venirent? an speculandi causa? conantes dicere prohibuit et in
catenas coniecit.

Eodem die castra promovit et milibus passuum sex a Caesaris castris 1 **48**
sub monte consedit. postridie eius diei praeter castra Caesaris suas 2
copias traduxit et milibus passuum duobus ultra eum castra fecit eo

consilio, uti frumento commeatuque, qui ex Sequanis et Haeduis sup-
3 portaretur, Caesarem intercluderet. ex eo die dies continuos quinque
Caesar pro castris suas copias produxit et aciem instructam habuit, ut,
4 si vellet Ariovistus proelio contendere, ei potestas non deesset. Ariovistus his omnibus diebus exercitum castris continuit, equestri proelio
5 cotidie contendit. genus hoc erat pugnae, quo se Germani exercuerant:
equitum milia erant sex, totidem numero pedites velocissimi ac fortissimi, quos ex omni copia singuli singulos suae salutis causa delegerant.
6 cum his in proeliis versabantur; ad eos se equites recipiebant; hi, si quid
7 erat durius, concurrebant; si qui graviore vulnere accepto equo deci-
derat, circumsistebant; si quo erat longius prodeundum aut celerius
recipiendum, tanta erat horum exercitatione celeritas, ut iubis sublevati
equorum cursum adaequarent.

49 1 Ubi eum castris se tenere Caesar intellexit, ne diutius commeatu
prohiberetur, ultra eum locum, quo in loco Germani consederant,
circiter passus DC ab his, castris idoneum locum delegit acieque triplici
2 instructa ad eum locum venit. primam et secundam aciem in armis esse,
3 tertiam castra munire iussit. is locus ab hoste circiter passus DC, uti
dictum est, aberat. eo circiter hominum numero sedecim milia expedita
cum omni equitatu Ariovistus misit, quae copiae nostros terrerent et
4 munitione prohiberent. nihilo setius Caesar, ut ante constituerat, duas
5 acies hostem propulsare, tertiam opus perficere iussit. munitis castris
duas ibi legiones reliquit et partem auxiliorum, quattuor reliquas legiones
in castra maiora reduxit.

50 1 Proximo die instituto suo Caesar ex castris utrisque copias suas eduxit
paulumque a maioribus castris progressus aciem instruxit hostibusque
2 pugnandi potestatem fecit. ubi ne tum quidem eos prodire intellexit,
circiter meridie exercitum in castra reduxit. tum demum Ariovistus
3 partem suarum copiarum, quae castra minora oppugnaret, misit. acriter
utrimque usque ad vesperum pugnatum est. solis occasu suas copias
4 Ariovistus multis et inlatis et acceptis vulneribus in castra reduxit. cum
ex captivis quaereret Caesar, quam ob rem Ariovistus proelio non
decertaret, hanc reperiebat causam, quod apud Germanos ea consuetudo
esset, ut matres familiae eorum sortibus et vaticinationibus declararent,
5 utrum proelium committi ex usu esset necne; eas ita dicere: non esse fas
Germanos superare, si ante novam lunam proelio contendissent.

51 1 Postridie eius diei Caesar praesidio utrisque castris, quod satis esse
visum est, reliquit; alarios omnes in conspectu hostium pro castris
minoribus constituit, quod minus multitudine militum legionariorum
pro hostium numero valebat, ut ad speciem alariis uteretur; ipse triplici

instructa acie usque ad castra hostium accessit. tum demum necessario 2
Germani suas copias castris eduxerunt generatimque constituerunt paribus intervallis, Harudes, Marcomanos, Tribocos, Vangiones, Nemetes, Sedusios, Suebos, omnemque aciem suam raedis et carris circumdederunt, ne qua spes in fuga relinqueretur. eo mulieres imposuerunt, quae ad 3 proelium proficiscentes passis manibus flentes implorabant, ne se in servitutem Romanis traderent.

Caesar singulis legionibus singulos legatos et quaestorem praefecit, 1 52
uti eos testes suae quisque virtutis haberet; ipse a dextro cornu, quod 2 eam partem minime firmam hostium esse animadverterat, proelium commisit. ita nostri acriter in hostes signo dato impetum fecerunt, 3 itaque hostes repente celeriterque procurrerunt, ut spatium pila in hostes coniciendi non daretur. relictis pilis comminus gladiis pugnatum 4 est. at Germani celeriter ex consuetudine sua phalange facta impetus gladiorum exceperunt. reperti sunt complures nostri milites, qui in 5 phalangem insilirent et scuta manibus revellerent et desuper vulnerarent. cum hostium acies a sinistro cornu pulsa atque in fugam coniecta esset, 6 a dextro cornu vehementer multitudine suorum nostram aciem premebant. id cum animadvertisset P. Crassus adulescens, qui equitatui 7 praeerat, quod expeditior erat quam ii, qui inter aciem versabantur, tertiam aciem laborantibus nostris subsidio misit.

Ita proelium restitutum est, atque omnes hostes terga verterunt nec 1 53
prius fugere destiterunt, quam ad flumen Rhenum milia passuum ex eo loco circiter quinque pervenerunt. ibi perpauci aut viribus confisi tranare 2 contenderunt aut lintribus inventis sibi salutem reppererunt. in his fuit 3 Ariovistus, qui naviculam deligatam ad ripam nactus ea profugit; reliquos omnes consecuti equites nostri interfecerunt. duae fuerunt Ariovisti 4 uxores, una Sueba natione, quam domo secum duxerat, altera Norica, regis Voccionis soror, quam in Gallia duxerat a fratre missam: utraque in ea fuga periit; duae filiae: harum altera occisa, altera capta est. C. 5 Valerius Procillus, cum a custodibus in fuga trinis catenis vinctus traheretur, in ipsum Caesarem hostes equitatu persequentem incidit. quae quidem res Caesari non minorem quam ipsa victoria voluptatem 6 attulit, quod hominem honestissimum provinciae Galliae, suum familiarem et hospitem, ereptum ex manibus hostium sibi restitutum videbat neque eius calamitate de tanta voluptate et gratulatione quicquam fortuna deminuerat. is se praesente de se ter sortibus consultum dicebat, 7 utrum igni statim necaretur an in aliud tempus reservaretur: sortium beneficio se esse incolumem. item M. Metius repertus et ad eum reduc- 8 tus est.

54 1 Hoc proelio trans Rhenum nuntiato Suebi, qui ad ripas Rheni venerant, domum reverti coeperunt; quos ubi, qui proximi Rhenum incolunt, perterritos senserunt, insecuti magnum ex his numerum occiderunt. 2 Caesar una aestate duobus maximis bellis confectis maturius paulo, quam tempus anni postulabat, in hiberna in Sequanos exercitum deduxit; 3 hibernis Labienum praeposuit; ipse in citeriorem Galliam ad conventus agendos profectus est.

LIBER SECUNDUS

1 1 Cum esset Caesar in citeriore Gallia ⟨legionesque essent conlocatae⟩ in hibernis, ita uti supra demonstravimus, crebri ad eum rumores adferebantur litterisque item Labieni certior fiebat omnes Belgas, quam tertiam esse Galliae partem dixeramus, contra populum Romanum 2 coniurare obsidesque inter se dare. coniurandi has esse causas: primum, quod vererentur, ne omni pacata Gallia ad eos exercitus noster addu-3 ceretur; deinde, quod ab nonnullis Gallis sollicitarentur, partim qui, ut Germanos diutius in Gallia versari noluerant, ita populi Romani exercitum hiemare atque inveterascere in Gallia moleste ferebant, partim qui 4 mobilitate et levitate animi novis imperiis studebant; ab nonnullis etiam, quod in Gallia a potentioribus atque iis, qui ad conducendos homines facultates habebant, vulgo regna occupabantur; qui minus facile eam rem imperio nostro consequi poterant.

2 1 His nuntiis litterisque commotus Caesar duas legiones in citeriore Gallia novas conscripsit et, ineunte aestate in ulteriorem Galliam qui 2 deduceret, Quintum Pedium legatum misit. ipse, cum primum pabuli 3 copia esse inciperet, ad exercitum venit. dat negotium Senonibus reliquisque Gallis, qui finitimi Belgis erant, uti ea, quae apud eos gerantur, 4 cognoscant seque de his rebus certiorem faciant. hi constanter omnes 5 nuntiaverunt manus cogi, exercitum in unum locum conduci. tum vero 6 dubitandum non existimavit, quin ad eos proficisceretur. re frumentaria provisa castra movet diebusque circiter XV ad fines Belgarum pervenit.

3 1 Eo cum de improviso celeriusque omnium opinione venisset, Remi, qui proximi Galliae ex Belgis sunt, ad eum legatos Iccium et Andebro-2 gium, primos civitatis, miserunt, qui dicerent se suaque omnia in fidem atque potestatem populi Romani permittere, neque se cum reliquis Bel-3 gis consensisse neque contra populum Romanum coniurasse, paratosque esse et obsides dare et imperata facere et oppidis recipere et frumento

ceterisque rebus iuvare; reliquos omnes Belgas in armis esse Germanos- 4
que, qui cis Rhenum incolant, sese cum his coniunxisse tantumque esse 5
eorum omnium furorem, ut ne Suessiones quidem, fratres consanguineosque suos, qui eodem iure et isdem legibus utantur, unum imperium
unumque magistratum cum ipsis habeant, deterrere potuerint, quin cum
iis consentirent.

Cum ab his quaereret, quae civitates quantaeque in armis essent et quid 1 4
in bello possent, sic reperiebat: plerosque Belgas esse ortos a Germanis 2
Rhenumque antiquitus traductos propter loci fertilitatem ibi consedisse
Gallosque, qui ea loca incolerent, expulisse solosque esse, qui patrum
nostrorum memoria omni Gallia vexata Teutonos Cimbrosque intra suos
fines ingredi prohibuerint; qua ex re fieri, uti earum rerum memoria 3
magnam sibi auctoritatem magnosque spiritus in re militari sumerent.
de numero eorum omnia se habere explorata Remi dicebant, propterea 4
quod propinquitatibus affinitatibusque coniuncti, quantam quisque multitudinem in communi Belgarum concilio ad id bellum pollicitus sit,
cognoverint. plurimum inter eos Bellovacos et virtute et auctoritate et 5
hominum numero valere: hos posse conficere armata milia C; pollicitos
ex eo numero electa milia LX totiusque belli imperium sibi postulare.
Suessiones suos esse finitimos; fines latissimos feracissimosque agros 6
possidere. apud eos fuisse regem nostra etiam memoria Diviciacum, 7
totius Galliae potentissimum, qui cum magnae partis harum regionum,
tum etiam Britanniae imperium obtinuerit; nunc esse regem Galbam; ad
hunc propter iustitiam prudentiamque summam totius belli omnium
voluntate deferri; oppida habere numero XII, polliceri milia armata L; 8
totidem Nervios, qui maxime feri inter ipsos habeantur longissimeque
absint; XV milia Atrebates, Ambianos X milia, Morinos XXV milia, 9
Menapios IX milia, Caletos X milia, Veliocasses et Viromanduos totidem, Atuatucos XIX milia; Condrusos, Eburones, Caerosos, Caemanos, 10
qui uno nomine Germani appellantur, arbitrari sese posse conficere ad
XL milia.

Caesar Remos cohortatus liberaliterque oratione prosecutus omnem 1 5
senatum ad se convenire principumque liberos obsides ad se adduci
iussit. quae omnia ab his diligenter ad diem facta sunt. ipse Diviciacum 2
Haeduum magnopere cohortatus docet, quantopere rei publicae communisque salutis intersit manus hostium distineri, ne cum tanta multitudine uno tempore confligendum sit. id fieri posse, si suas copias Haedui 3
in fines Bellovacorum introduxerint et eorum agros populari coeperint.
his ⟨datis⟩ mandatis eum a se dimittit. postquam omnes Belgarum copias 4
in unum locum coactas ad se venire neque iam longe abesse ab iis, quos

miserat, exploratoribus et ab Remis cognovit, flumen Axonam, quod est in extremis Remorum finibus, exercitum traducere maturavit atque ibi 5 castra posuit. quae res et latus unum castrorum ripis fluminis muniebat et, post eum quae erant, tuta ab hostibus reddebat et, commeatus ab Remis reliquisque civitatibus ut sine periculo ad eum supportari possent, 6 efficiebat. in eo flumine pons erat. ibi praesidium ponit et in altera parte fluminis Q. Titurium Sabinum legatum cum sex cohortibus relinquit; castra in altitudinem pedum XII vallo fossaque duodeviginti pedum muniri iubet.

6 1   Ab his castris oppidum Remorum nomine Bibrax aberat milia passuum octo. id ex itinere magno impetu Belgae oppugnare coeperunt. aegre 2 eo die sustentatum est. Gallorum eadem atque Belgarum oppugnatio est haec: ubi circumiecta multitudine hominum totis moenibus undique in murum lapides iaci coepti sunt murusque defensoribus nudatus est, 3 testudine facta portas succendunt murumque subruunt. quod tum facile fiebat. nam cum tanta multitudo lapides ac tela coicerent, in muro con- 4 sistendi potestas erat nulli. cum finem oppugnandi nox fecisset, Iccius Remus, summa nobilitate et gratia inter suos, qui tum oppido praeerat, unus ex iis, qui legati de pace ad Caesarem venerant, nuntios ad eum mittit: nisi subsidium sibi submittatur, sese diutius sustinere non posse.

7 1   Eo de media nocte Caesar isdem ducibus usus, qui nuntii ab Iccio venerant, Numidas et Cretas [sagittarios et funditores] Baleraesque subsidio 2 oppidanis mittit; quorum adventu et Remis cum spe defensionis studium propugnandi accessit et hostibus eadem de causa spes potiundi oppidi 3 discessit. itaque paulisper apud oppidum morati agrosque Remorum depopulati omnibus vicis aedificiisque, quo adire potuerant, incensis ad castra Caesaris omnibus copiis contenderunt et a milibus passuum minus 4 duobus castra posuerunt; quae castra, ut fumo atque ignibus significabatur, amplius milibus passuum octo in latitudinem patebant.

8 1   Caesar primo et propter multitudinem hostium et propter eximiam 2 opinionem virtutis proelio supersedere statuit; cotidie tamen equestribus proeliis, quid hostis virtute posset et quid nostri auderent, periclitabatur. 3 ubi nostros non esse inferiores intellexit, loco pro castris ad aciem instruendam natura opportuno atque idoneo, quod is collis, ubi castra posita erant, paululum ex planitie editus tantum adversus in latitudinem patebat, quantum loci acies instructa tenere poterat, atque ex utraque parte lateris deiectus habebat et in fronte leniter fastigatus paulatim ad 4 planitiem redibat, ab utroque latere eius collis transversam fossam duxit circiter passuum quadringentorum et ad extremas fossas castella constituit ibique tormenta conlocavit, ne, cum aciem instruxisset, hostes, quod

II 11

tantum multitudine poterant, ab lateribus pugnantes suos circumvenire possent. hoc facto duabus legionibus, quas proxime conscripserat, in castris relictis, ut, si quo opus esset, subsidio duci possent, reliquas sex legiones pro castris in acie constituit. hostes item suas copias ex castris eductas instruxerunt.

Palus erat non magna inter nostrum atque hostium exercitum. hanc si nostri transirent, hostes exspectabant; nostri autem, si ab illis initium transeundi fieret, ut impeditos adgrederentur, parati in armis erant. interim proelio equestri inter duas acies contendebatur. ubi neutri transeundi initium faciunt, secundiore equitum proelio nostris Caesar suos in castra reduxit. hostes protinus ex eo loco ad flumen Axonam contenderunt, quod esse post nostra castra demonstratum est. ibi vadis repertis partem suarum copiarum traducere conati sunt eo consilio, ut, si possent, castellum, cui praeerat Q. Titurius legatus, expugnarent pontemque interscinderent, si minus potuissent, agros Remorum popularentur, qui magno nobis usui ad bellum gerendum erant, commeatuque nostros prohiberent.

⟨Caesar⟩ certior factus ab Titurio omnem equitatum et levis armaturae Numidas, funditores sagittariosque pontem traducit atque ad eos contendit. acriter in eo loco pugnatum est. hostes impeditos nostri in flumine adgressi magnum eorum numerum occiderunt; per eorum corpora reliquos audacissime transire conantes multitudine telorum reppulerunt primosque, qui transierant, equitatu circumventos interfecerunt. hostes, ubi et de expugnando oppido et de flumine transeundo spem se fefellisse intellexerunt neque nostros in locum iniquiorem progredi pugnandi causa viderunt atque ipsos res frumentaria deficere coepit, concilio convocato constituerunt optimum esse domum suam quemque reverti et, quorum in fines primum Romani exercitum introduxissent, ad eos defendendos undique convenire, ut potius in suis quam in alienis finibus decertarent et domesticis copiis rei frumentariae uterentur. ad eam sententiam cum reliquis causis haec quoque ratio eos deduxit, quod Diviciacum atque Haeduos finibus Bellovacorum adpropinquare cognoverant. his persuaderi, ut diutius morarentur neque suis auxilium ferrent, non poterat.

Ea re constituta secunda vigilia magno cum strepitu ac tumultu castris egressi nullo certo ordine neque imperio, cum sibi quisque primum itineris locum peteret et domum pervenire properaret, fecerunt, ut consimilis fugae profectio videretur. hac re statim Caesar per speculatores cognita insidias veritus, quod, qua de causa discederent, nondum perspexerat, exercitum equitatumque castris continuit. prima luce confirmata re ab exploratoribus omnem equitatum, qui novissimum agmen moraretur,

praemisit. his Q. Pedium et L. Aurunculeium Cottam legatos praefecit;
4 T. Labienum legatum cum legionibus tribus subsequi iussit. hi novissimos adorti et multa milia passuum prosecuti magnam multitudinem eorum fugientium conciderunt, cum ab extremo agmine, ad quos ventum erat, consisterent fortiterque impetum nostrorum militum susti-
5 nerent, priores, quod abesse a periculo viderentur neque ulla necessitate neque imperio continerentur, exaudito clamore perturbatis ordinibus
6 omnes in fuga sibi praesidium ponerent. ita sine ullo periculo tantam eorum multitudinem nostri interfecerunt, quantum fuit diei spatium; sub occasum solis sequi destiterunt seque in castra, ut erat imperatum, receperunt.

12 1 Postridie eius diei Caesar, priusquam se hostes ex terrore ac fuga reciperent, in fines Suessionum, qui proximi Remis erant, exercitum duxit et
2 magno itinere [confecto] ad oppidum Noviodunum contendit. id ex itinere oppugnare conatus, quod vacuum ab defensoribus esse audiebat, propter latitudinem fossae murique altitudinem paucis defendentibus
3 expugnare non potuit. castris munitis vineas agere, quaeque ad oppug-
4 nandum usui erant, comparare coepit. interim omnis ex fuga Suessionum
5 multitudo in oppidum proxima nocte convenit. celeriter vineis ad oppidum actis, aggere iacto turribusque constitutis magnitudine operum, quae neque viderant ante Galli neque audierant, et celeritate Romanorum permoti legatos ad Caesarem de deditione mittunt et petentibus Remis, ut conservarentur, impetrant.

13 1 Caesar obsidibus acceptis primis civitatis atque ipsius Galbae regis duobus filiis armisque omnibus ex oppido traditis in deditionem Sues-
2 siones accepit exercitumque in Bellovacos ducit. qui cum se suaque omnia in oppidum Bratuspantium contulissent atque ab eo oppido Caesar cum exercitu circiter milia passuum quinque abesset, omnes maiores natu ex oppido egressi manus ad Caesarem tendere et voce significare coeperunt sese in eius fidem ac potestatem venire neque contra populum
3 Romanum armis contendere. item, cum ad oppidum accessisset castraque ibi poneret, pueri mulieresque ex muro passis manibus suo more pacem ab Romanis petierunt.

14 1 Pro his Diviciacus — nam post discessum Belgarum dimissis Haeduo-
2 rum copiis ad eum reverterat — facit verba: Bellovacos omni tempore in
3 fide atque amicitia civitatis Haeduae fuisse; impulsos ab suis principibus, qui dicerent Haeduos a Caesare in servitutem redactos omnes indignitates contumeliasque perferre, et ab Haeduis defecisse et populo Romano
4 bellum intulisse. qui eius consilii principes fuissent, quod intellegerent,
5 quantam calamitatem civitati intulissent, in Britanniam profugisse. petere

non solum Bellovacos, sed etiam pro iis Haeduos, ut sua clementia ac mansuetudine in eos utatur. quod si fecerit, Haeduorum auctoritatem apud omnes Belgas amplificaturum, quorum auxiliis atque opibus, si qua bella inciderint, sustentare consuerint.

15 Caesar honoris Diviciaci atque Haeduorum causa sese eos in fidem 1 recepturum et conservaturum dixit et, quod erat civitas magna inter Belgas auctoritate atque hominum multitudine praestabat, sescentos obsides poposcit. his traditis omnibusque armis ex oppido conlatis ab eo 2 loco in fines Ambianorum pervenit, qui se suaque omnia sine mora dediderunt. eorum fines Nervii attingebant; quorum de natura moribusque 3 Caesar, cum quaereret, sic reperiebat: nullum esse aditum ad eos mercatoribus; nihil pati vini reliquarumque rerum ad luxuriam pertinentium inferri, quod his rebus relanguescere animos virtutemque remitti existimarent; esse homines feros magnaeque virtutis; increpitare atque incusare reliquos Belgas, qui se populo Romano dedidissent patriamque virtutem proiecissent; confirmare sese neque legatos missuros neque ullam 6 condicionem pacis accepturos.

16 Cum per eorum fines triduo iter fecisset, inveniebat ex captivis Sabim 1 flumen a castris suis non amplius milibus passuum X abesse; trans id 2 flumen omnes Nervios consedisse adventumque ibi Romanorum exspectare una cum Atrebatibus et Viromanduis, finitimis suis — nam his 3 utrisque persuaserant, uti eandem belli fortunam experirentur —; exspectari etiam ab iis Atuatucorum copias atque esse in itinere; mulieres quique per aetatem ad pugnam inutiles viderentur, in eum locum coniecisse, quo propter paludes exercitui aditus non esset.

17 His rebus cognitis exploratores centurionesque praemittit, qui locum 1 castris idoneum deligant. cum ex dediticiis Belgis reliquisque Gallis complures Caesarem secuti una iter facerent, quidam ex his, ut postea ex captivis cognitum est, eorum dierum consuetudine itineris nostri exercitus perspecta nocte ad Nervios pervenerunt atque his demonstrarunt inter singulas legiones impedimentorum magnum numerum intercedere, neque esse quicquam negotii, cum prima legio in castra venisset reliquaeque legiones magnum spatium abessent, hanc sub sarcinis adoriri; qua 3 pulsa impedimentisque direptis futurum, ut reliquae contra consistere non auderent. adiuvabat etiam eorum consilium, qui rem deferebant, 4 quod Nervii antiquitus, cum equitatu nihil possent — neque enim ad hoc tempus ei rei student, sed quicquid possunt, pedestribus valent copiis —, quo facilius finitimorum equitatum, si praedandi causa ad eos venissent, impedirent, teneris arboribus incisis atque in latitudinem ramis inflexis crebrisque rubis sentibusque interiectis effecerant, ut instar muri

hae saepes munimentum praeberent, quo non modo non intrari, sed ne
perspici quidem posset. his rebus cum iter agminis nostri impediretur,
non omittendum sibi consilium Nervii existimaverunt.

18 1 Loci natura erat haec, quem locum nostri castris delegerant. collis ab
summo aequaliter declivis ad flumen Sabim, quod supra nominavimus,
2 vergebat. ab eo flumine pari acclivitate collis nascebatur adversus huic
et contrarius, passus circiter ducentos ab infimo apertus, ab superiore
3 parte silvestris, ut non facile introrsus perspici posset. intra eas silvas
hostes in occulto sese continebant; in aperto loco secundum flumen paucae stationes equitum videbantur. fluminis erat altitudo pedum circiter
trium.

19 1 Caesar equitatu praemisso subsequebatur omnibus copiis; sed ratio
2 ordoque agminis aliter se habebat, ac Belgae ad Nervios detulerant. nam
quod hostibus adpropinquabat, consuetudine sua Caesar sex legiones
3 expeditas ducebat; post eas totius exercitus impedimenta conlocarat;
inde duae legiones, quae proxime conscriptae erant, totum agmen clau-
4 debant praesidioque impedimentis erant. equites nostri cum funditoribus
sagittariisque flumen transgressi cum hostium equitatu proelium commi-
5 serunt. cum se illi identidem in silvas ad suos reciperent ac rursus ex silva
in nostros impetum facerent neque nostri longius quam quem ad finem
porrecta [ac] loca aperta pertinebant, cedentes insequi auderent, interim
legiones sex, quae primae venerant, opere dimenso castra munire coepe-
6 runt. ubi prima impedimenta nostri exercitus ab iis, qui in silvis abditi
latebant, visa sunt, quod tempus inter eos committendi proelii convenerat, ita ut intra silvas aciem ordinesque constituerant atque ipsi se confirmaverant, subito omnibus copiis provolaverunt impetumque in
7 nostros equites fecerunt. his facile pulsis ac proturbatis incredibili celeritate ad flumen decucurrerunt, ut paene uno tempore ad silvas et in
8 flumine hostes viderentur. eadem autem celeritate adverso colle ad
nostra castra atque eos, qui in opere occupati erant, contenderunt.

20 1 Caesari omnia uno tempore erant agenda: vexillum proponendum,
quod erat insigne, cum ad arma concurri oporteret, [signum tuba dandum]
ab opere revocandi milites, qui paulo longius aggeris petendi causa pro-
2 cesserant, arcessendi, acies instruenda, milites cohortandi, signum ⟨tuba⟩
dandum. quarum rerum magnam partem temporis brevitas et incursus
3 hostium impediebat. his difficultatibus duae res erant subsidio, scientia
atque usus militum, quod superioribus proeliis exercitati, quid fieri
oporteret, non minus commode ipsi sibi praescribere quam ab aliis doceri
poterant, et quod ab opere singulisque legionibus singulos legatos Caesar
4 discedere nisi munitis castris vetuerat. hi propter propinquitatem et

celeritatem hostium nihil iam Caesaris imperium exspectabant, sed per se, quae videbantur, administrabant.

Caesar necessariis rebus imperatis ad cohortandos milites,quam [in] par- 1 **21** tem fors obtulit, decucurrit et ad legionem decimam devenit. milites non 2 longiore oratione cohortatus, quam uti suae pristinae virtutis memoriam retinerent neu perturbarentur animo hostiumque impetum fortiter sustinerent, quod non longius hostes aberant, quam quo telum adigi 3 posset, proelii committendi signum dedit. atque in alteram partem item 4 cohortandi causa profectus pugnantibus occurrit. temporis tanta fuit 5 exiguitas hostiumque tam paratus ad dimicandum animus, ut non modo ad insignia accommodanda, sed etiam ad galeas induendas scutisque tegimenta detrahenda tempus defuerit. quam quisque ab opere in partem 6 casu devenit quaeque prima signa conspexit, ad haec constitit, ne in quaerendis suis pugnandi tempus dimitteret.

Instructo exercitu, magis ut loci natura et necessitas temporis, quam ut 1 **22** rei militaris ratio atque ordo postulabat, cum diversae legiones aliae alia in parte hostibus resisterent saepibusque densissimis, ut ante demonstravimus, interiectis prospectus impediretur, neque certa subsidia conlocari neque, quid in quaque parte opus esset, provideri neque ab uno omnia imperia administrari poterant. itaque in tanta rerum iniquitate fortunae 2 quoque eventus varii sequebantur.

Legionis nonae et decimae milites, ut in sinistra parte aciei constiterant, 1 **23** pilis emissis cursu ac lassitudine exanimatos vulneribusque confectos Atrebates — nam his ea pars obvenerat — celeriter ex loco superiore in flumen compulerunt et transire conantes insecuti gladiis magnam partem eorum impeditam interfecerunt. ipsi transire flumen non dubitaverunt et in 2 locum iniquum progressi rursus resistentes hostes redintegrato proelio in fugam dederunt. item alia in parte diversae duae legiones, undecima et 3 octava, profligatis Viromanduis, quibuscum erant congressi, ex loco superiore in ipsis fluminis ripis proeliabantur. at totis fere castris a fronte 4 et a sinistra parte nudatis, cum in dextro cornu legio duodecima et non magno ab ea intervallo septima constitisset, omnes Nervii confertissimo agmine duce Boduognato, qui summam imperii tenebat, ad eum locum contenderunt; quorum pars ⟨ab⟩ aperto latere legiones circumvenire, pars 5 summum castrorum locum petere coepit.

Eodem tempore equites nostri levisque armaturae pedites, qui cum iis 1 **24** una fuerant, quos primo hostium impetu pulsos dixeram, cum se in castra reciperent, adversis hostibus occurrebant ac rursus aliam in partem fugam petebant, et calones, qui ab decumana porta ac summo iugo collis nostros 2 victores flumen transisse conspexerant, praedandi causa egressi, cum

respexissent et hostes in nostris castris versari vidissent, praecipites
3 fugae sese mandabant. simul eorum, qui cum impedimentis veniebant,
clamor fremitusque oriebatur, aliique aliam in partem perterriti fere-
4 bantur. quibus omnibus rebus permoti equites Treveri, quorum inter
Gallos virtutis opinio est singularis, qui auxilii causa a civitate missi
ad Caesarem venerant, cum multitudine hostium castra compleri, legiones premi et paene circumventas teneri, calones, equites, funditores,
Numidas dispersos dissipatosque in omnes partes fugere vidissent,
5 desperatis nostris rebus domum contenderunt; Romanos pulsos superatosque, castris impedimentisque eorum hostes potitos civitati renuntiaverunt.

25 1 Caesar ab decimae legionis cohortatione ad dextrum cornu profectus, ubi suos urgeri signisque in unum locum conlatis duodecimae legionis confertos milites sibi ipsos ad pugnam esse impedimento vidit, quartae cohortis omnibus centurionibus occisis signiferoque interfecto, signo amisso, reliquarum cohortium omnibus fere centurionibus aut vulneratis aut occisis, in his primipilo P. Sextio Baculo, fortissimo viro, multis gravibusque vulneribus confecto, ut iam se sustinere non posset, reliquos esse tardiores et nonnullos ab novissimis desertores proelio excedere ac tela vitare, hostes neque a fronte ex inferiore loco subeuntes intermittere et ab utroque latere instare et rem esse in angusto vidit neque ullum
2 esse subsidium, quod submitti posset: scuto ab novissimis uni militi detracto, quod ipse eo sine scuto venerat, in primam aciem processit centurionibusque nominatim appellatis reliquos cohortatus milites signa in-
3 ferre et manipulos laxare iussit, quo facilius gladiis uti possent. cuius adventu spe inlata militibus ac redintegrato animo, cum pro se quisque in conspectu imperatoris etiam in extremis suis rebus operam navare cuperet, paulum hostium impetus tardatus est.

26 1 Caesar, cum septimam legionem, quae iuxta constiterat, item urgeri ab hoste vidisset, tribunos militum monuit, ut paulatim sese legiones con-
2 iungerent et conversa signa in hostes inferrent. quo facto cum aliis alii subsidium ferrent neque timerent, ne aversi ab hoste circumvenirentur,
3 audacius resistere ac fortius pugnare coeperunt. interim milites legionum duarum, quae in novissimo agmine praesidio impedimentis fuerant,
4 proelio nuntiato cursu incitato in summo ab hostibus colle conspiciebantur, et T. Labienus castris hostium potitus et ex loco superiore, quae res in nostris castris gererentur, conspicatus decimam legionem subsidio nostris
5 misit. qui cum ex equitum et calonum fuga, quo in loco res esset quantoque in periculo et castra et legiones et imperator versaretur, cognovissent, nihil ad celeritatem sibi reliqui fecerunt.

Horum adventu tanta rerum commutatio est facta, ut nostri, etiam qui 1 **27**
vulneribus confecti procubuissent, scutis innixi proelium redintegrarent,
calones perterritos hostes conspicati etiam inermes armatis occurrerent, 2
equites vero, ut turpitudinem fugae virtute delerent, omnibus in locis
pugnae se legionariis militibus praeferrent. at hostes etiam in extrema spe 3
salutis tantam virtutem praestiterunt, ut, cum primi eorum cecidissent,
proximi iacentibus insisterent atque ex eorum corporibus pugnarent, his 4
deiectis et coacervatis cadaveribus, qui superessent, ut ex tumulo tela in
nostros coicerent pilaque intercepta remitterent: ut non nequiquam 5
tantae virtutis homines iudicari deberet ausos esse transire latissimum
flumen, ascendere altissimas ripas, subire iniquissimum locum; quae
facilia ex difficillimis animi magnitudo redegerat.

Hoc proelio facto et prope ad internecionem gente ac nomine Nervio- 1 **28**
rum redacto maiores natu, quos una cum pueris mulieribusque in aestua-
ria ac paludes coniectos dixeramus, hac pugna nuntiata, cum victoribus
nihil impeditum, victis nihil tutum arbitrarentur, omnium, qui supererant, consensu legatos ad Caesarem miserunt seque ei dediderunt et in 2
commemoranda civitatis calamitate ex sescentis ad tres senatores, ex
hominum milibus LX vix ad quingentos, qui arma ferre possent, sese
redactos esse dixerunt. quos Caesar, ut in miseros ac supplices usus 3
misericordia videretur, diligentissime conservavit suisque finibus atque
oppidis uti iussit et finitimis imperavit, ut ab iniuria et maleficio se
suosque prohiberent.

Atuatuci, de quibus supra diximus, cum omnibus copiis auxilio Nerviis 1 **29**
venirent, hac pugna nuntiata ex itinere domum reverterunt; cunctis 2
oppidis castellisque desertis sua omnia in unum oppidum egregie natura
munitum contulerunt. quod cum ex omnibus in circuitu partibus altissi- 3
mas rupes deiectusque haberet, una ex parte leniter acclivis aditus in
latitudinem non amplius pedum ducentorum relinquebatur; quem locum
duplici altissimo muro munierant; tum magni ponderis saxa et praeacutas
trabes in muro conlocabant. ipsi erant ex Cimbris Teutonisque prognati, 4
qui, cum iter in provinciam nostram atque Italiam facerent, iis impedimentis, quae secum agere ac portare non poterant, citra flumen Rhenum
depositis custodiam ac praesidium sex milia hominum una reliquerunt.
hi post eorum obitum multos annos a finitimis exagitati, cum alias bellum 5
inferrent, alias inlatum defenderent, consensu eorum omnium pace facta
hunc sibi domicilio locum delegerunt.

Ac primo adventu exercitus nostri crebras ex oppido excursiones facie- 1 **30**
bant parvulisque proeliis cum nostris contendebant; postea vallo pedum 2
XII in circuitu XV milium crebrisque castellis circummuniti oppido se

3 continebant. ubi vineis actis, aggere exstructo turrim procul constitui viderunt, primum inridere ex muro atque increpitare vocibus, quod
4 tanta machinatio a tanto spatio institueretur. quibusnam manibus aut quibus viribus praesertim homines tantulae staturae — nam plerumque omnibus Gallis prae magnitudine corporum suorum brevitas nostra contemptui est — tanti oneris turrim in muro se ⟨pos⟩se conlocare confiderent?

31 1 Ubi vero moveri et adpropinquare moenibus viderunt, nova atque inusitata specie commoti legatos ad Caesarem de pace miserunt, qui ad
2 hunc modum locuti: non se existimare Romanos sine ope divina bellum gerere, qui tantae altitudinis machinationes tanta celeritate promovere
3/4 possent; se suaque omnia eorum potestati permittere dixerunt. unum petere ac deprecari: si forte pro sua clementia ac mansuetudine, quam ipsi ab aliis audirent, statuisset Atuatucos esse conservandos, ne se armis
5 despoliaret. sibi omnes fere finitimos esse inimicos ac suae virtuti in-
6 videre, a quibus se defendere traditis armis non possent. sibi praestare, si in eum casum deducerentur, quamvis fortunam a populo Romano pati quam ab iis per cruciatum interfici, inter quos dominari consuessent.

32 1 Ad haec Caesar respondit: se magis consuetudine sua quam merito eorum civitatem conservaturum, si, priusquam murum aries attigisset, se dedi-
2 dissent; sed deditionis nullam esse condicionem nisi armis traditis. se id, quod in Nerviis fecisset, facturum finitimisque imperaturum, ne quam
3 dediticiis populi Romani iniuriam inferrent. ⟨re⟩ renuntiata ad suos illi se,
4 quae imperarentur, facere dixerunt. armorum magna multitudine de muro in fossam, quae erat ante oppidum, iacta, sic ut prope summam muri aggerisque altitudinem acervi armorum adaequarent, et tamen circiter parte tertia, ut postea perspectum est, celata atque in oppido retenta portis patefactis eo die pace sunt usi.

33 1 Sub vesperum Caesar portas claudi militesque ex oppido exire iussit,
2 ne quam noctu oppidani a militibus iniuriam acciperent. illi ante inito, ut intellectum est, consilio, quod deditione facta nostros praesidia deducturos aut denique indiligentius servaturos crediderant, partim cum iis, quae retinuerant et celaverant, armis, partim scutis ex cortice factis aut viminibus contextis, quae subito, ut temporis exiguitas postulabat, pellibus induxerant, tertia vigilia, qua minime arduus ad nostras munitiones ascensus videbatur, omnibus copiis repente ex oppido eruptionem fece-
3 runt. celeriter, ut ante Caesar imperaverat, ignibus significatione facta ex
4 proximis castellis eo concursum est, pugnatumque ab hostibus ita acriter est, ut a viris fortibus in extrema spe salutis iniquo loco contra eos, qui ex vallo turribusque tela iacerent, pugnari debuit, cum in una virtute

omnis spes consisteret. occisis ad hominum milibus quattuor reliqui in 5
oppidum reiecti sunt. postridie eius diei refractis portis, cum iam defen- 6
deret nemo, atque intromissis militibus nostris sectionem eius oppidi
universam Caesar vendidit. ab iis, qui emerant, capitum numerus ad eum 7
relatus est milium quinquaginta trium.

Eodem tempore a P. Crasso, quem cum legione VII miserat ad Vene- 1 **34**
tos, Venellos, Osismos, Coriosolitas, Essuvios, Aulercos, Redones, quae
sunt maritimae civitates Oceanumque attingunt, certior factus est omnes
eas civitates in dicionem potestatemque populi Romani redactas esse.

His rebus gestis omni Gallia pacata tanta huius belli ad barbaros 1 **35**
opinio perlata est, uti ab iis nationibus, quae trans Rhenum incolerent,
legati ad Caesarem mitterentur, qui se obsides daturas, imperata facturas
pollicerentur. quas legationes Caesar, quod in Italiam Illyricumque 2
properabat, initio proximae aestatis ad se reverti iussit. ipse in Carnutes, 3
Andes, Turonos, quaeque civitates propinquae his locis erant, ubi
bellum gesserat, legionibus in hiberna deductis in Italiam profectus est.
ob easque res ex litteris Caesaris in dies quindecim supplicatio decreta 4
est, quod ante id tempus accidit nulli.

LIBER TERTIUS

Cum in Italiam proficisceretur, Caesar Ser. Galbam cum legione XII 1 **1**
et parte equitatus in Nantuates, Veragros Sedunosque misit, qui a
finibus Allobrogum et lacu Lemanno et flumine Rhodano ad summas
Alpes pertinent. causa mittendi fuit, quod iter per Alpes, quo magno 2
cum periculo magnisque portoriis mercatores ire consuerant, patefieri
volebat. huic permisit, si opus esse arbitraretur, uti in his locis legionem 3
hiemandi causa conlocaret. Galba secundis aliquot proeliis factis castellis- 4
que compluribus eorum expugnatis, missis ad eum undique legatis
obsidibusque datis et pace facta constituit cohortes duas in Nantuatibus
conlocare et ipse cum reliquis eius legionis cohortibus in vico Veragrorum, qui appellatur Octodurus, hiemare; qui vicus positus in valle 5
non magna adiecta planitie altissimis montibus undique continetur. cum 6
hic in duas partes flumine divideretur, alteram partem eius vici Gallis
concessit, alteram vacuam ab his relictam cohortibus ⟨ad hiemandum⟩
attribuit. eum locum vallo fossaque munivit.

Cum dies hibernorum complures transissent frumentumque eo com- 1 **2**
portari iussisset, subito per exploratores certior factus est ex ea parte vici,

quam Gallis concesserat, omnes noctu discessisse montesque, qui
2 impenderent, a maxima multitudine Sedunorum et Veragrorum teneri. id
aliquot de causis acciderat, ut subito Galli belli renovandi legionisque
3 opprimendae consilium caperent: primum, quod legionem unam neque
eam plenissimam detractis cohortibus duabus et compluribus singillatim,
qui commeatus petendi causa missi erant, absentibus propter paucitatem
4 despiciebant; tum etiam, quod propter iniquitatem loci, cum ipsi ex
montibus in vallem decurrerent et tela conicerent, ne primum quidem
5 impetum suum posse sustineri existimabant. accedebat, quod suos ab se
liberos abstractos obsidum nomine dolebant et Romanos non solum
itinerum causa, sed etiam perpetuae possessionis culmina Alpium occupare conari et ea loca finitimae provinciae adiungere sibi persuasum
habebant.
3 1   His nuntiis acceptis Galba, cum neque opus hibernorum munitionesque plene essent perfectae neque de frumento reliquoque commeatu satis
esset provisum, quod deditione facta obsidibusque acceptis nihil de bello
timendum existimaverat, consilio celeriter convocato sententias exqui-
2 rere coepit. quo in consilio, cum tantum repentini periculi praeter opinionem accidisset ac iam omnia fere superiora loca multitudine armatorum
completa conspicerentur neque subsidio veniri neque commeatus sup-
3 portari interclusis itineribus possent, prope iam desperata salute nonnullae eius modi sententiae dicebantur, ut impedimentis relictis eruptione
facta isdem itineribus, quibus eo pervenissent, ad salutem contenderent.
4 maiori tamen parti placuit hoc reservato ad extremum casum consilio
interim rei eventum experiri et castra defendere.
4 1   Brevi spatio interiecto, vix ut iis rebus, quas constituissent, conlocandis atque administrandis tempus daretur, hostes ex omnibus parti-
2 bus signo dato decurrere, lapides gaesaque in vallum conicere. nostri
primo integris viribus fortiter repugnare neque ullum frustra telum ex
loco superiore mittere, ut quaeque pars castrorum nudata defensoribus
3 premi videbatur, eo occurrere et auxilium ferre, sed hoc superari, quod
diuturnitate pugnae hostes defessi proelio excedebant, alii integris viribus
4 succedebant; quarum rerum a nostris propter paucitatem fieri nihil
poterat, ac non modo defesso ex pugna excedendi, sed ne saucio quidem
eius loci, ubi constiterat, relinquendi ac sui recipiendi facultas dabatur.
5 1   Cum iam amplius horis sex continenter pugnaretur ac non solum vires,
sed etiam tela nostros deficerent atque hostes acrius instarent languidioribusque nostris vallum scindere et fossas complere coepissent resque
2 esset iam ad extremum perducta casum, P. Sextius Baculus, primi pili
centurio, quem Nervico proelio compluribus confectum vulneribus

III 8

diximus, et item C. Volusenus, tribunus militum, vir et consilii magni et virtutis, ad Galbam adcurrunt atque unam esse spem salutis docent, si eruptione facta extremum auxilium experirentur. itaque convocatis 3 centurionibus celeriter milites certiores facit, paulisper intermitterent proelium ac tantummodo tela missa exciperent seque ex labore reficerent, post dato signo ex castris erumperent atque omnem spem salutis in virtute ponerent.

Quod iussi sunt, faciunt ac subito omnibus portis eruptione facta 1 **6** neque cognoscendi, quid fieret, neque sui colligendi hostibus facultatem relinquunt. ita commutata fortuna eos, qui in spem potiundorum castro- 2 rum venerant, undique circumventos intercipiunt et ex hominum milibus amplius XXX, quem numerum barbarorum ad castra venisse constabat, plus tertia parte interfecta reliquos perterritos in fugam coniciunt ac ne in locis quidem superioribus consistere patiuntur. sic omnibus hostium 3 copiis fusis armisque exutis se intra munitiones suas recipiunt. quo 4 proelio facto, quod saepius fortunam temptare Galba nolebat atque alio se in hiberna consilio venisse meminerat, aliis occurrisse rebus videbat, maxime frumenti commeatusque inopia permotus postero die omnibus eius vici aedificiis incensis in provinciam reverti contendit ac nullo hoste 5 prohibente aut iter demorante incolumem legionem in Nantuates, inde in Allobroges perduxit ibique hiemavit.

His rebus gestis cum omnibus de causis Caesar pacatam Galliam 1 **7** existimaret, superatis Belgis, expulsis Germanis, victis in Alpibus Sedunis, atque ita hieme in Illyricum profectus esset, quod eas quoque nationes adire et regiones cognoscere volebat, subitum bellum in Gallia coortum est. eius belli haec fuit causa. P. Crassus adulescens cum legione 2 septima proximus mare Oceanum in Andibus hiemabat. is, quod in his 3 locis inopia frumenti erat, praefectos tribunosque militum complures in finitimas civitates frumenti commeatusque petendi causa dimisit; quo in 4 numero est T. Terrasidius missus in Essuvios, M. Trebius Gallus in Coriosolitas, Q. Velanius cum T. Sillio in Venetos.

Huius est civitatis longe amplissima auctoritas omnis orae maritimae 1 **8** regionum earum, quod et naves habent Veneti plurimas, quibus in Britanniam navigare consuerunt, et scientia atque usu nauticarum rerum reliquos antecedunt et in magno impetu maris atque aperto ⟨Oceano⟩ paucis portibus interiectis, quos tenent ipsi, omnes fere, qui eo mari uti consuerunt, habent vectigales. ab his fit initium retinendi Sillii atque 2 Velanii, quod per eos suos se obsides, quos Crasso dedissent, recuperaturos existimabant. horum auctoritate finitimi adducti, ut sunt Gallorum 3 subita et repentina consilia, eadem de causa Trebium Terrasidiumque

III 8

retinent et celeriter missis legatis per suos principes inter se coniurant nihil nisi communi consilio ⟨sese⟩ acturos eundemque omnes fortunae
4 exitum esse laturos, reliquasque civitates sollicitant, ut in ea libertate, quam a maioribus acceperint, permanere quam Romanorum servitutem
5 perferre malint. omni ora maritima celeriter ad suam sententiam perducta communem legationem ad P. Crassum mittunt: si velit suos recuperare, obsides sibi remittat.

9 1 Quibus de rebus Caesar a Crasso certior factus, quod ipse aberat longius, naves interim longas aedificari in flumine Ligeri, quod influit in Oceanum, remiges ex provincia institui, nautas gubernatoresque
2 comparari iubet. his rebus celeriter administratis ipse, cum primum per
3 anni tempus potuit, ad exercitum contendit. Veneti reliquaeque item civitates cognito Caesaris adventu, simul quod, quantum in se facinus admisissent, intellegebant — legatos, quod nomen apud omnes nationes sanctum inviolatumque semper fuisset, retentos ab se et in vincula coniectos —, pro magnitudine periculi bellum parare et maxime ea, quae ad usum navium pertinent, providere instituunt, hoc maiore spe,
4 quod multum natura loci confidebant. pedestria esse itinera concisa aestuariis, navigationem impeditam propter inscientiam locorum pau-
5 citatemque portuum sciebant; neque nostros exercitus propter frumenti
6 inopiam diutius apud se morari posse confidebant; ac iam ut omnia contra opinionem acciderent, tamen se plurimum navibus posse, Romanos neque ullam facultatem habere navium neque eorum locorum,
7 ubi bellum gesturi essent, vada, portus, insulas novisse; ac longe aliam esse navigationem in concluso mari atque in apertissimo Oceano per-
8 spiciebant. his initis consiliis oppida muniunt, frumenta ex agris in oppida
9 comportant; naves in Venetiam, ubi Caesarem primum bellum gesturum
10 constabat, quam plurimas possunt, cogunt. socios sibi ad id bellum Osismos, Lexovios, Namnetes, Ambiliatos, Morinos, Diablintes, Menapios adsciscunt; auxilia ex Britannia, quae contra eas regiones posita est, arcessunt.

10 1 Erant hae difficultates belli gerendi, quas supra ostendimus, sed
2 tamen multa Caesarem ad id bellum incitabant: iniuria retentorum equitum Romanorum, rebellio facta post deditionem, defectio datis obsidibus, tot civitatum coniuratio, in primis ne hac parte neglecta
3 reliquae nationes sibi idem licere arbitrarentur. itaque cum intellegeret omnes fere Gallos novis rebus studere et ad bellum mobiliter celeriterque excitari, omnes autem homines natura libertati studere et condicionem servitutis odisse, priusquam plures civitates conspirarent, partiendum sibi ac latius distribuendum exercitum putavit.

Itaque T. Labienum legatum in Treveros, qui proximi flumini Rheno 1 **11** sunt, cum equitatu mittit. huic mandat, Remos reliquosque Belgas adeat 2 atque in officio contineat Germanosque, qui auxilio a Gallis arcessiti dicebantur, si per vim navibus flumen transire conentur, prohibeat. P. 3 Crassum cum cohortibus legionariis XII et magno numero equitatus in Aquitaniam proficisci iubet, ne ex his nationibus auxilia in Galliam mittantur ac tantae nationes coniungantur. Q.Titurium Sabinum legatum 4 cum legionibus tribus in Venellos, Coriosolitas Lexoviosque mittit, qui eam manum distinendam curet. D. Brutum adulescentem classi Gallicisque 5 navibus, quas ex Pictonibus et Santonis reliquisque pacatis regionibus convenire iusserat, praeficit et, cum primum posset, in Venetos proficisci iubet. ipse eo pedestribus copiis contendit.

Erant eiusmodi fere situs oppidorum, ut posita in extremis lingulis 1 **12** promunturiisque neque pedibus aditum haberent, cum ex alto se aestus incitavisset, quod accidit semper horarum duodenarum spatio, neque navibus, quod rursus minuente aestu naves in vadis adflictarentur. ita 2 utraque re oppidorum oppugnatio impediebatur; ac si quando, magnitu- 3 dine operis forte superati, extruso mari aggere ac molibus atque his oppidi moenibus adaequatis, desperare fortunis suis coeperant, magno numero navium adpulso, cuius rei summam facultatem habebant, sua omnia deportabant seque in proxima oppida recipiebant; ibi se rursus 4 isdem loci opportunitatibus defendebant. haec eo facilius magnam par- 5 tem aestatis faciebant, quod nostrae naves tempestatibus detinebantur summaque erat vasto atque aperto mari, magnis aestibus, raris ac prope nullis portibus difficultas navigandi.

Namque ipsorum naves ad hunc modum factae armataeque erant: 1 **13** carinae aliquanto planiores quam nostrarum navium, quo facilius vada ac decessum aestus excipere possent; prorae admodum erectae atque item 2 puppes ad magnitudinem fluctuum tempestatumque adcommodatae; na- 3 ves totae factae ex robore ad quamvis vim et contumeliam perferendam; transtra ex pedalibus in altitudinem trabibus, confixa clavis ferreis digiti 4 pollicis crassitudine; ancorae pro funibus ferreis catenis revinctae; pelles 5/6 pro velis alutaeque tenuiter confectae, sive propter lini inopiam atque eius usus inscientiam, sive eo — quod est magis veri simile — quod tantas tempestates Oceani tantosque impetus ventorum sustineri ac tanta onera navium regi velis non satis commode posse arbitrabantur. cum his 7 navibus nostrae classi eius modi congressus erat, ut una celeritate et pulsu remorum praestaret, reliqua pro loci natura, pro vi tempestatum illis essent aptiora et adcommodatiora. neque enim iis nostrae rostro 8 nocere poterant (tanta in iis erat firmitudo) neque propter altitudinem

facile telum adigebatur, et eadem de causa minus commode copulis
9 continebantur. accedebat, ut, cum se vento dedissent, tempestatem
ferrent facilius et in vadis consisterent tutius et ab aestu relictae nihil
saxa et cotes timerent; quarum rerum omnium nostris navibus casus
erant extimescendi.

14 1 Compluribus expugnatis oppidis Caesar, ubi intellexit frustra tantum
laborem sumi neque hostium fugam captis oppidis reprimi neque iis
2 noceri posse, statuit exspectandam classem. quae ubi convenit ac primum
ab hostibus visa est, circiter CCXX naves eorum paratissimae atque
omni genere armorum ornatissimae ex portu profectae nostris adver-
3 sae constiterunt; neque satis Bruto, qui classi praeerat, vel tribunis
militum centurionibusque, quibus singulae naves erant attributae,
4 constabat, quid agerent aut quam rationem pugnae insisterent. rostro
enim noceri non posse cognoverant; turribus autem excitatis tamen has
altitudo puppium ex barbaris navibus superabat, ut neque ex inferiore
loco satis commode tela adigi possent et missa a Gallis gravius acciderent.
5 una erat magno usui res praeparata a nostris, falces praeacutae insertae
6 adfixaeque longuriis, non absimili forma muralium falcium. his cum funes,
qui antemnas ad malos destinabant, comprehensi adductique erant,
7 navigio remis incitato praerumpebantur. quibus abscisis antemnae
necessario concidebant, ut, cum omnis Gallicis navibus spes in velis
armamentisque consisteret, his ereptis omnis usus navium uno tempore
8 eriperetur. reliquum erat certamen positum in virtute, qua nostri milites
facile superabant, atque eo magis, quod in conspectu Caesaris atque
omnis exercitus res gerebatur, ut nullum paulo fortius factum latere
9 posset; omnes enim colles ac loca superiora, unde erat propinquus
despectus in mare, ab exercitu tenebantur.

15 1 Deiectis, ut diximus, antemnis, cum singulas binae ac ternae naves
circumsteterant, milites summa vi transcendere in hostium naves conten-
2 debant. quod postquam fieri barbari animadverterunt, expugnatis compluribus navibus, cum ei rei nullum reperiretur auxilium, fuga salutem
3 petere contendebant. ac iam conversis in eam partem navibus, quo ventus
ferebat, tanta subito malacia ac tranquillitas exstitit, ut se ex loco movere
4 non possent. quae quidem res ad negotium conficiendum maximae fuit
5 opportunitati; nam singulas nostri consectati expugnaverunt, ut perpaucae ex omni numero noctis interventu ad terram pervenirent, cum
ab hora fere quarta usque ad solis occasum pugnaretur.

16 1 Quo proelio bellum Venetorum totiusque orae maritimae confectum
2 est. nam cum omnis iuventus, omnes etiam gravioris aetatis, in quibus
aliquid consilii aut dignitatis fuit, eo convenerant, tum, navium quod

ubique fuerat, in unum locum coegerant; quibus amissis reliqui neque 3 quo se reciperent, neque quem ad modum oppida defenderent, habebant. itaque se suaque omnia Caesari dediderunt. in quos eo gravius Caesar 4 vindicandum statuit, quo diligentius in reliquum tempus a barbaris ius legatorum conservaretur. itaque omni senatu necato reliquos sub corona vendidit.

Dum haec in Venetis geruntur, Q. Titurius Sabinus cum iis copiis, 1 **17** quas a Caesare acceperat, in fines Venellorum pervenit. his praeerat 2 Viridovix ac summam imperii tenebat earum omnium civitatum, quae defecerant, ex quibus exercitum ⟨conscripserat⟩ magnasque copias coegerat; atque his paucis diebus Aulerci, Eburovices Lexoviique senatu 3 suo interfecto, quod auctores belli esse nolebant, portas clauserunt seque cum Viridovice coniunxerunt; magnaque praeterea multitudo undique 4 ex Gallia perditorum hominum latronumque convenerat, quos spes praedandi studiumque bellandi ab agri cultura et cotidiano labore revocabat. Sabinus idoneo omnibus rebus loco castris se tenebat, cum Viri- 5 dovix contra eum duorum milium spatio consedisset cotidieque productis copiis pugnandi potestatem faceret, ut iam non solum hostibus in contemptionem Sabinus veniret, sed etiam nostrorum militum vocibus nonnihil carperetur; tantamque opinionem timoris praebuit, ut iam ad 6 vallum castrorum hostes accedere auderent. id ea de causa faciebat, quod 7 cum tanta multitudine hostium, praesertim eo absente, qui summam imperii teneret, nisi aequo loco aut opportunitate aliqua data legato dimicandum non existimabat.

Hac confirmata opinione timoris idoneum quendam hominem et 1 **18** callidum delegit, Gallum ex iis, quos auxilii causa secum habebat. huic 2 magnis praemiis pollicitationibusque persuadet, uti ad hostes transeat, et, quid fieri velit, edocet. qui ubi pro perfuga ad eos venit, timorem 3 Romanorum proponit, quibus angustiis ipse Caesar a Venetis prematur, docet, neque longius abesse, quin proxima nocte Sabinus clam ex castris 4 exercitum educat et ad Caesarem auxilii ferendi causa proficiscatur. quod 5 ubi auditum est, conclamant omnes occasionem negotii bene gerendi amittendam non esse, ad castra iri oportere. multae res ad hoc consilium 6 Gallos hortabantur: superiorum dierum Sabini cunctatio, perfugae confirmatio, inopia cibariorum, cui rei parum diligenter ab iis erat provisum, spes Venetici belli et quod fere libenter homines id, quod volunt, credunt. his rebus adducti non prius Viridovicem reliquosque duces ex concilio 7 dimittunt, quam ab his sit concessum, arma uti capiant et ad castra contendant. qua re concessa laeti, ut explorata victoria, sarmentis virgultis- 8 que collectis, quibus fossas compleant, ad castra ⟨Romanorum⟩ pergunt.

19 1   Locus erat castrorum editus et paulatim ab imo adclivis circiter passus mille. huc magno cursu contenderunt, ut quam minimum spatii ad se colligendos armandosque Romanis daretur, exanimatique pervenerunt. 2 Sabinus suos hortatus cupientibus signum dat. impeditis hostibus propter ea, quae ferebant, onera subito duabus portis eruptionem fieri iubet. 3 factum est opportunitate loci, hostium inscientia ac defatigatione, virtute militum et superiorum pugnarum exercitatione, ut ne unum 4 quidem nostrorum impetum ferrent ac statim terga verterent. quos integris viribus milites nostri consecuti magnum numerum eorum occiderunt; reliquos equites consectati paucos, qui ex fuga evaserant, 5 reliquerunt. sic uno tempore et de navali pugna Sabinus et de Sabini victoria Caesar est certior factus, civitatesque omnes se statim Titurio 6 dediderunt. nam ut ad bella suscipienda Gallorum alacer ac promptus est animus, sic mollis ac minime resistens ad calamitates ferendas mens eorum est.

20 1   Eodem fere tempore P. Crassus, cum in Aquitaniam pervenisset, quae pars, ut ante dictum est, et regionum latitudine et multitudine hominum ex tertia parte Galliae est aestimanda, cum intellegeret in iis locis sibi bellum gerendum, ubi paucis ante annis L. Valerius Praeconinus legatus exercitu pulso interfectus esset atque unde L. Manlius proconsul impedimentis amissis profugisset, non mediocrem sibi diligentiam 2 adhibendam intellegebat. itaque re frumentaria provisa, auxiliis equitatuque comparato, multis praeterea viris fortibus Tolosa et Carcasone et Narbone, quae sunt civitates Galliae provinciae finitimae his regionibus, 3 nominatim evocatis in Sotiatium fines exercitum introduxit. cuius adventu cognito Sotiates magnis copiis coactis equitatuque, quo plurimum valebant, ⟨praemisso⟩ in itinere agmen nostrum adorti primum 4 equestre proelium commiserunt, deinde equitatu suo pulso atque insequentibus nostris subito pedestres copias, quas in convalle in insidiis conlocaverant, ostenderunt. hi nostros disiectos adorti proelium renovaverunt.

21 1   Pugnatum est diu atque acriter, cum Sotiates superioribus victoriis freti in sua virtute totius Aquitaniae salutem positam putarent, nostri autem, quid sine imperatore et sine reliquis legionibus adulescentulo duce efficere possent, perspici cuperent; tandem confecti vulneribus 2 hostes terga verterunt. quorum magno numero interfecto Crassus ex itinere oppidum Sotiatium oppugnare coepit. quibus fortiter resistentibus 3 vineas turresque egit. illi alias eruptione temptata, alias cuniculis ad aggerem vineasque actis, (cuius rei sunt longe peritissimi Aquitani, propterea quod multis locis apud eos aerariae secturaeque sunt,) ubi diligentia nostrorum nihil his rebus profici posse intellexerunt, legatos ad Crassum mittunt seque in deditionem ut recipiat, petunt. qua re impetrata arma tradere iussi faciunt.

Atque in ea⟨m⟩ re⟨m⟩ omnium nostrorum intentis animis alia ex 1 **22** parte oppidi Adiatuanus, qui summam imperii tenebat, cum DC devotis, quos illi soldurios appellant, (quorum haec est condicio, ut omnibus in 2 vita commodis una cum iis fruantur, quorum se amicitiae dediderint; si quid his per vim accidat, aut eundem casum una ferant aut sibi mortem consciscant; neque adhuc hominum memoria repertus est quisquam, qui 3 eo interfecto, cuius se amicitiae devovisset, mortem recusaret): cum his 4 Adiatuanus eruptionem facere conatus clamore ab ea parte munitionis sublato, cum ad arma milites concurrissent vehementerque ibi pugnatum esset, repulsus in oppidum tamen, uti eadem deditionis condicione uteretur, a Crasso impetravit.

Armis obsidibusque acceptis Crassus in fines Vocatium et Tarusatium 1 **23** profectus est. tum vero barbari commoti, quod oppidum et natura loci 2 et manu munitum paucis diebus, quibus eo ventum erat, expugnatum cognoverant, legatos quoque versus dimittere, coniurare, obsides inter se dare, copias parare coeperunt. mittuntur etiam ad eas civitates legati, 3 quae sunt citerioris Hispaniae finitimae Aquitaniae: inde auxilia ducesque arcessuntur. quorum adventu magna cum alacritate et magna 4 hominum multitudine bellum gerere conantur. duces vero ii deliguntur, 5 qui una cum Q. Sertorio omnes annos fuerant summamque scientiam rei militaris habere existimabantur. hi consuetudine populi Romani loca 6 capere, castra munire, commeatibus nostros intercludere instituunt. quod 7 ubi Crassus animadvertit suas copias propter exiguitatem non facile diduci, hostem et vagari et vias obsidere et castris satis praesidii relinquere, ob eam causam minus commode frumentum commeatumque sibi supportari, in dies hostium numerum augeri, non cunctandum existimavit, quin pugna decertaret. hac re ad consilium delata, ubi omnes 8 idem sentire intellexit, posterum diem pugnae constituit.

Prima luce productis omnibus copiis, duplici acie instituta, auxiliis in 1 **24** mediam aciem coniectis, quid hostes consilii caperent, exspectabat. illi, 2 etsi propter multitudinem et veterem belli gloriam paucitatemque nostrorum se tuto dimicaturos existimabant, tamen tutius esse arbitrabantur obsessis viis commeatu intercluso sine vulnere victoria potiri et, 3 si propter inopiam rei frumentariae Romani se recipere coepissent, impeditos in agmine et sub sarcinis inferiore⟨s aequo⟩ animo adoriri cogitabant. hoc consilio probato ab ducibus productis Romanorum copiis 4 sese castris tenebant. hac re perspecta Crassus, cum sua cunctatione 5 atque opinione timoris hostes nostros milites alacriores ad pugnandum effecissent atque omnium voces audirentur exspectari diutius non oportere, quin ad castra iretur, cohortatus suos omnibus cupientibus ad hostium castra contendit.

25 1 Ibi cum alii fossas complerent, alii multis telis coniectis defensores vallo munitionibusque depellerent auxiliaresque, quibus ad pugnam non multum Crassus confidebat, lapidibus telisque subministrandis et ad aggerem caespitibus comportandis speciem atque opinionem pugnantium praeberent, cum item ab hostibus constanter ac non timide pugnaretur 2 telaque ex loco superiore missa non frusta acciderent, equites circumitis hostium castris Crasso renuntiaverunt non eadem esse diligentia ab decumana porta castra munita facilemque aditum habere.

26 1 Crassus equitum praefectos cohortatus, ut magnis praemiis polli- 2 citationibusque suos excitarent, quid fieri vellet, ostendit. illi, ut erat imperatum, eductis iis cohortibus, quae praesidio castris relictae integrae ab labore erant, et longiore itinere circumductis, ne ex hostium castris conspici possent, omnium oculis mentibusque ad pugnam intentis cele- 3 riter ad eas, quas diximus, munitiones pervenerunt atque his prorutis prius in hostium castris constiterunt, quam plane ab his videri aut, quid 4 rei gereretur, cognosci posset. tum vero clamore ab ea parte audito nostri redintegratis viribus, quod plerumque in spe victoriae accidere 5 consuevit, acrius impugnare coeperunt. hostes undique circumventi desperatis omnibus rebus se per munitiones eicere et fuga salutem petere 6 contenderunt. quos equitatus apertissimis campis consectatus ex numero milium L, quae ex Aquitania Cantabrisque convenisse constabat, vix quarta parte relicta multa nocte se in castra recepit.

27 1 Hac audita pugna maxima pars Aquitaniae sese Crasso dedidit obsidesque ultro misit; quo in numero fuerunt Tarbelli, Bigerriones, Ptianii, Vocates, Tarusates, Elusates, Gates, Ausci, Garunni, Sibulates, Coco- 2 sates; paucae ultimae nationes anni tempore confisae, quod hiems suberat, id facere neglexerunt.

28 1 Eodem fere tempore Caesar, etsi prope exacta iam aestas erat, tamen, quod omni Gallia pacata Morini Menapiique supererant, qui in armis essent neque ad eum umquam legatos de pace misissent, arbitratus id bellum celeriter confici posse eo exercitum duxit. qui longe alia ratione 2 ac reliqui Galli bellum gerere instituerunt. nam quod intellegebant maximas nationes, quae proelio contendissent, pulsas superatasque esse continentesque silvas ac paludes habebant, eo se suaque omnia contu- 3 lerunt. ad quarum initium silvarum cum Caesar pervenisset castraque munire instituisset neque hostis interim visus esset, dispersis in opere

IV 1

nostris subito ex omnibus partibus silvae evolaverunt et in nostros impetum fecerunt. nostri celeriter arma ceperunt eosque in silvas reppu- 4 lerunt et compluribus interfectis longius impeditioribus locis secuti paucos ex suis deperdiderunt.

Reliquis deinceps diebus Caesar silvas caedere instituit et, ne quis 1 **29** inermibus imprudentibusque militibus ab latere impetus fieri posset, omnem eam materiam, quae erat caesa, conversam ad hostem conlocabat et pro vallo ad utrumque latus exstruebat. incredibili celeritate magno 2 spatio paucis diebus confecto, cum iam pecus atque extrema impedimenta a nostris tenerentur, ipsi densiores silvas peterent, eius modi tempestates sunt consecutae, uti opus necessario intermitteretur et continuatione imbrium diutius sub pellibus milites contineri non possent. itaque 3 vastatis omnibus eorum agris, vicis aedificiisque incensis Caesar exercitum reduxit et in Aulercis, Lexoviis reliquisque item civitatibus, quae proxime bellum fecerant, in hibernis conlocavit.

LIBER QUARTUS

Ea, quae secuta est, hieme, qui fuit annus Cn. Pompeio M. Crasso 1 **1** consulibus, Usipetes Germani et item Tenctheri magna multitudine hominum flumen Rhenum transierunt non longe a mari, quo Rhenus influit. causa transeundi fuit, quod ab Suebis complures annos exagitati 2 bello premebantur et agri cultura prohibebantur. Sueborum gens est 3 longe maxima et bellicosissima Germanorum omnium. hi centum pagos 4 habere dicuntur, ex quibus quotannis singula milia armatorum bellandi causa ex finibus educunt. reliqui, qui domi manserunt, se atque illos 5 alunt; hi rursus invicem anno post in armis sunt, illi domi remanent. sic 6 neque agri cultura nec ratio atque usus belli intermittitur. sed privati ac 7 separati agri apud eos nihil est, neque longius anno remanere uno in loco colendi causa licet. neque multum frumento, sed maximam partem 8 lacte atque pecore vivunt multumque sunt in venationibus; quae res et 9 cibi genere et cotidiana exercitatione et libertate vitae, quod a pueris nullo officio aut disciplina adsuefacti nihil omnino contra voluntatem faciunt, et vires alit et immani corporum magnitudine homines efficit. atque in eam se consuetudinem adduxerunt, ut locis frigidissimis neque 10 vestitus praeter pelles habeant quicquam, quarum propter exiguitatem magna est corporis pars aperta, et laventur in fluminibus.

2 1 Mercatoribus est aditus magis eo, ut, quae bello ceperint, quibus 2 vendant, habeant, quam quo ullam rem ad se importari desiderent. quin etiam iumentis, quibus maxime Galli delectantur quaeque impenso parant pretio, Germani importatis non utuntur, sed quae sunt apud eos nata, parva atque deformia, haec cotidiana exercitatione, summi ut 3 sint laboris, efficiunt. equestribus proeliis saepe ex equis desiliunt ac pedibus proeliantur, equosque eodem remanere vestigio adsuefaciunt, ad 4 quos se celeriter, cum usus est, recipiunt; neque eorum moribus turpius 5 quicquam aut inertius habetur quam ephippiis uti. itaque ad quemvis 6 numerum ephippiatorum equitum quamvis pauci adire audent. vinum ad se omnino importari non patiuntur, quod ea re ad laborem ferendum remollescere homines atque effeminari arbitrantur.

3 1 Publice maximam putant esse laudem quam latissime a suis finibus vacare agros: hac re significari magnum numerum civitatum suam vim 2 sustinere non potuisse. itaque una ex parte a Suebis circiter milia passuum C 3 agri vacare dicuntur. ad alteram partem succedunt Ubii, quorum fuit civitas ampla atque florens, ut est captus Germanorum; et paulo sunt quam eiusdem generis ceteri humaniores, propterea quod Rhenum attingunt multumque ad eos mercatores ventitant et ipsi propter propin- 4 quitatem Gallicis sunt moribus adsuefacti. hos cum Suebi multis saepe bellis experti propter amplitudinem gravitatemque civitatis finibus expellere non potuissent, tamen vectigales sibi fecerunt ac multo humiliores infirmioresque redegerunt.

4 1 In eadem causa fuerunt Usipetes et Tenctheri, quos supra diximus; qui complures annos Sueborum vim sustinuerunt, ad extremum tamen agris expulsi et multis locis Germaniae triennium vagati ad Rhenum 2 pervenerunt, quas regiones Menapii incolebant. hi ad utramque ripam 3 fluminis agros, aedificia vicosque habebant; sed tantae multitudinis adventu perterriti ex iis aedificiis, quae trans flumen habuerant, demigraverant et cis Rhenum dispositis praesidiis Germanos transire prohibe- 4 bant. illi omnia experti, cum neque vi contendere propter inopiam navium neque clam transire propter custodias Menapiorum possent, 5 reverti se in suas sedes regionesque simulaverunt et tridui viam progressi rursus reverterunt atque omni hoc itinere una nocte confecto equitatu 6 inscios inopinantesque Menapios oppresserunt, qui de Germanorum discessu per exploratores certiores facti sine metu trans Rhenum in suos 7 vicos remigraverant. his interfectis navibusque eorum occupatis, priusquam ea pars Menapiorum, quae citra Rhenum erat, certior fieret, flumen transierunt atque omnibus eorum aedificiis occupatis reliquam partem hiemis se eorum copiis aluerunt.

IV 9

His de rebus Caesar certior factus et infirmitatem Gallorum veritus, 1 5
quod sunt in consiliis capiendis mobiles et novis plerumque rebus student, nihil his committendum existimavit. est autem hoc Gallicae con- 2
suetudinis, uti et viatores etiam invitos consistere cogant et, quid quisque
eorum de quaque re audierit aut cognoverit, quaerant et mercatores in
oppidis vulgus circumsistat, quibusque ex regionibus veniant quasque
ibi res cognoverint, pronuntiare cogat. his rebus atque auditionibus 3
permoti de summis saepe rebus consilia ineunt, quorum eos in vestigio
paenitere necesse est, cum incertis rumoribus serviant et plerique ad
voluntatem eorum ficta respondeant.

Qua consuetudine cognita Caesar, ne graviori bello occurreret, matu- 1 6
rius, quam consuerat, ad exercitum proficiscitur. eo cum venisset, ea, 2
quae fore suspicatus erat, facta cognovit: missas legationes ab nonnullis 3
civitatibus ad Germanos invitatosque eos, uti ab Rheno discederent:
omnia, quae postulassent, ab se fore parata. qua spe adducti Germani 4
latius iam vagabantur et in fines Eburonum et Condrusorum, qui sunt
Treverorum clientes, pervenerant. principibus Galliae evocatis Caesar ea, 5
quae cognoverat, dissimulanda sibi existimavit eorumque animis permulsis et confirmatis equitatuque imperato bellum cum Germanis gerere
constituit.

Re frumentaria comparata equitibusque delectis iter in ea loca facere 1 7
coepit, quibus in locis esse Germanos audiebat. a quibus cum paucorum 2
dierum iter abesset, legati ab his venerunt, quorum haec fuit oratio:
Germanos neque priores populo Romano bellum inferre neque tamen 3
recusare, si lacessantur, quin armis contendant, quod Germanorum consuetudo haec sit a maioribus tradita, quicumque bellum inferant, resistere
neque deprecari. haec tamen dicere: venisse invitos, eiectos domo; si 4
suam gratiam Romani velint, posse iis utiles esse amicos; vel sibi agros
attribuant vel patiantur eos tenere, quos armis possederint; sese unis
Suebis concedere, quibus ne dii quidem immortales pares esse possint;
reliquum quidem in terris esse neminem, quem non superare possint.

Ad haec Caesar, quae visum est, respondit; sed exitus fuit orationis: 1 8
sibi nullam cum iis amicitiam esse posse, si in Gallia remanerent; neque 2
verum esse, qui suos fines tueri non potuerint, alienos occupare; neque
ullos in Gallia vacare agros, qui dari tantae praesertim multitudini sine
iniuria possint; sed licere, si velint, in Ubiorum finibus considere, quo- 3
rum sint legati apud se et de Sueborum iniuriis querantur et ab se auxilium
petant: hoc se ab Ubiis impetraturum.

Legati haec se ad suos relaturos dixerunt et re deliberata post diem 1 9
tertium ad Caesarem reversuros; interea ne propius se castra moveret,

2/3 petiverunt. ne id quidem Caesar ab se impetrari posse dixit. cognoverat enim magnam partem equitatus ab iis aliquot diebus ante praedandi frumentandique causa ad Ambivaritos trans Mosam missam; hos exspectari equites atque eius rei causa moram interponi arbitrabatur.

10 1/2 [Mosa profluit ex monte Vosego, qui est in finibus Lingonum, et parte quadam ex Rheno recepta, quae appellatur Vacalus, insulam efficit Batavorum [in Oceanum influit] neque longius ab Oceano milibus passuum 3 LXXX in Rhenum influit. Rhenus autem oritur ex Lepontiis, qui Alpes incolunt, et longo spatio per fines Nantuatium, Helvetiorum, Sequa- 4 norum, Mediomatricorum, Tribocorum, Treverorum citatus fertur et, ubi Oceano adpropinquavit, in plures diffluit partes multis ingentibusque insulis effectis, quarum pars magna a feris barbarisque nationibus 5 incolitur, (ex quibus sunt, qui piscibus atque ovis avium vivere existimantur) multisque capitibus in Oceanum influit.]

11 1 Caesar cum ab hoste non amplius passuum XII milibus abesset, ut erat constitutum, ad eum legati revertuntur; qui in itinere congressi magno- 2 pere, ne longius progrederetur, orabant. cum id non impetrassent, petebant, uti ad eos equites, qui agmen antecessissent, praemitteret eosque pugna prohiberet, sibique uti potestatem faceret in Ubios legatos 3 mittendi; quorum si principes ac senatus sibi iure iurando fidem fecisset, ea condicione, quae a Caesare ferretur, se usuros ostendebant; ad has res 4 conficiendas sibi tridui spatium daret. haec omnia Caesar eodem illo pertinere arbitrabatur, ut tridui mora interposita equites eorum, qui abessent, reverterentur; tamen sese non longius milibus passuum quattuor 5 aquationis causa processurum eo die dixit: huc postero die quam frequen- 6 tissimi convenirent, ut de eorum postulatis cognosceret. interim ad praefectos, qui cum omni equitatu antecesserant, mittit, qui nuntiarent, ne hostes proelio lacesserent et, si ipsi lacesserentur, sustinerent, quoad ipse cum exercitu propius accessisset.

12 1 At hostes, ubi primum nostros equites conspexerunt, quorum erat V milium numerus, cum ipsi non amplius octingentos equites haberent, quod ii, qui frumentandi causa erant trans Mosam profecti, nondum redierant, nihil timentibus nostris, quod legati eorum paulo ante a Caesare discesserant atque is dies indutiis erat ab his petitus, impetu facto 2 celeriter nostros perturbaverunt; rursus his resistentibus consuetudine sua ad pedes desiluerunt subfossisque equis compluribusque nostris deiectis reliquos in fugam coniecerunt atque ita perterritos egerunt, ut non 3 prius fuga desisterent, quam in conspectum agminis nostri venissent. in 4 eo proelio ex equitibus nostris interficiuntur quattuor et septuaginta, in his vir fortissimus Piso Aquitanus, amplissimo genere natus, cuius avus

in civitate sua regnum obtinuerat, amicus a senatu nostro appellatus. hic 5
cum fratri intercluso ab hostibus auxilium ferret, illum ex periculo eripuit,
ipse equo vulnerato deiectus, quoad potuit, fortissime restitit; cum cir- 6
cumventus multis vulneribus acceptis cecidisset atque id frater, qui iam
proelio excesserat, procul animadvertisset, incitato equo se hostibus obtulit atque interfectus est.

Hoc facto proelio Caesar neque iam sibi legatos audiendos neque con- 1 **13**
diciones accipiendas arbitrabatur ab iis, qui per dolum atque insidias
petita pace ultro bellum intulissent; exspectare vero, dum hostium copiae 2
augerentur equitatusque reverteretur, summae dementiae esse iudicabat
et cognita Gallorum infirmitate, quantum iam apud eos hostes uno proelio 3
auctoritatis essent consecuti, sentiebat. quibus ad consilia capienda nihil
spatii dandum existimabat. his constitutis rebus et consilio cum legatis et 4
quaestore communicato, ne quem diem pugnae praetermitteret, opportunissime res accidit, quod postridie eius diei mane eadem et perfidia et
simulatione usi Germani frequentes omnibus principibus maioribusque
natu adhibitis ad eum in castra venerunt, simul, ut dicebatur, sui purgandi 5
causa, quod contra atque esset dictum et ipsi petissent, proelium pridie
commisissent, simul ut, si quid possent, de indutiis fallendo impetrarent.
quos sibi Caesar oblatos gavisus retineri iussit; ipse omnes copias castris 6
eduxit equitatumque, quod recenti proelio perterritum esse existimabat,
agmen subsequi iussit.

Acie triplici instituta et celeriter octo milium itinere confecto prius ad 1 **14**
hostium castra pervenit, quam, quid ageretur, Germani sentire possent.
qui omnibus rebus subito perterriti et celeritate adventus nostri et dis- 2
cessu suorum neque consilii habendi neque arma capiendi spatio dato
perturbabantur, copiasne adversus hostem ducere an castra defendere an
fuga salutem petere praestaret. quorum timor cum fremitu et concursu 3
significaretur, milites nostri pristini diei perfidia incitati in castra inruperunt. quo loco, qui celeriter arma capere potuerunt, paulisper nostris re- 4
stiterunt atque inter carros impedimentaque proelium commiserunt; at 5
reliqua multitudo puerorum mulierumque — nam cum omnibus suis
domo excesserant Rhenumque transierant — passim fugere coepit; ad
quos consectandos Caesar equitatum misit.

Germani post tergum clamore audito, cum suos interfici viderent, 1 **15**
armis abiectis signisque militaribus relictis se ex castris eiecerunt et, cum 2
ad confluentem Mosae et Rheni pervenissent reliqua fuga desperata,
magno numero interfecto reliqui se in flumen praecipitaverunt atque ibi
timore, lassitudine, vi fluminis oppressi perierunt. nostri ad unum omnes 3
incolumes perpaucis vulneratis ex tanti belli timore, cum hostium nume-

4 rus capitum CCCCXXX milium fuisset, se in castra receperunt. Caesar
5 iis, quos in castris retinuerat, discedendi potestatem fecit. illi supplicia cruciatusque Gallorum veriti, quorum agros vexaverant, remanere se apud eum velle dixerunt. his Caesar libertatem concessit.

16 1 Germanico bello confecto multis de causis Caesar statuit sibi Rhenum esse transeundum; quarum illa fuit iustissima, quod, cum videret Germanos tam facile impelli, ut in Galliam venirent, suis quoque rebus eos timere voluit, cum intellegerent et posse et audere populi Romani exerci-
2 tum Rhenum transire. accessit etiam, quod illa pars equitatus Usipetum et Tenctherorum, quam supra commemoravi praedandi frumentandique causa Mosam transisse neque proelio interfuisse, post fugam suorum se trans Rhenum in fines Sugambrorum receperat seque cum his coniun-
3 xerat. ad quos cum Caesar nuntios misisset, qui postularent, eos, qui sibi Galliaeque bellum intulissent, sibi dederent, responderunt: populi
4 Romani imperium Rhenum finire; si se invito Germanos in Galliam transire non aequum existimaret, cur sui quicquam esse imperii aut
5 potestatis trans Rhenum postularet? Ubii autem, qui uni ex Transrhenanis ad Caesarem legatos miserant, amicitiam fecerant, obsides dederant, magnopere orabant, ut sibi auxilium ferret, quod graviter ab Suebis
6 premerentur; vel, si id facere occupationibus rei publicae prohiberetur, exercitum modo Rhenum transportaret: id sibi ⟨ad praesens⟩ auxilium
7 spemque reliqui temporis satis futurum. tantum esse nomen atque opinionem eius exercitus Ariovisto pulso et hoc novissimo proelio facto etiam ad ultimas Germanorum nationes, uti opinione amicitiae populi
8 Romani tuti esse possint. navium magnam copiam ad transportandum exercitum pollicebantur.

17 1 Caesar his de causis, quas commemoravi, Rhenum transire decreverat; sed navibus transire neque satis tutum esse arbitrabatur neque suae neque
2 populi Romani dignitatis esse statuebat. itaque, etsi summa difficultas faciendi pontis proponebatur propter latitudinem, rapiditatem altitudinemque fluminis, tamen id sibi contendendum aut aliter non traducen-
3 dum exercitum existimabat. rationem pontis hanc instituit: tigna bina sesquipedalia paulum ab imo praeacuta dimensa ad altitudinem fluminis
4 intervallo pedum duorum inter se iungebat. haec cum machinationibus immissa in flumen defixerat festuculisque adegerat, non sublicae modo derecte ad perpendiculum, sed prone ac fastigate, ut secundum naturam
5 fluminis procumberent, his item contraria duo ad eundem modum iuncta intervallo pedum quadragenum ab inferiore parte contra vim atque
6 impetum fluminis conversa statuebat. haec utraque insuper bipedalibus trabibus immissis, quantum eorum tignorum iunctura distabat, binis

utrimque fibulis ab extrema parte distinebantur; quibus disclusis atque in 7
contrariam partem revinctis tanta erat operis firmitudo atque ea rerum
natura, ut, quo maior vis aquae se incitavisset, hoc artius inligata tenerentur. haec derecta materia iniecta contexebantur ac longuriis cratibusque 8
consternebantur; ac nihilo setius sublicae et ad inferiorem partem 9
fluminis oblique agebantur, quae pro anteride subiectae et cum omni
opere coniunctae vim fluminis exciperent, et aliae item supra pontem 10
mediocri spatio, ut, si arborum trunci sive trabes deiciendi operis causa
essent a barbaris immissae, his defensoribus earum rerum vis minueretur
neu ponti nocerent.

Diebus decem, quibus materia coepta erat comportari, omni opere 1 **18**
effecto exercitus traducitur. Caesar ad utramque partem pontis firmo 2
praesidio relicto in fines Sugambrorum contendit. interim a compluribus 3
civitatibus ad eum legati veniunt; quibus pacem atque amicitiam petentibus liberaliter respondet obsidesque ad se adduci iubet. at Sugambri ex eo 4
tempore, quo pons institui coeptus est, fuga comparata hortantibus iis,
quos ex Tenctheris atque Usipetibus apud se habebant, finibus suis excesserant suaque omnia exportaverant seque in solitudinem ac silvas
abdiderant.

Caesar paucos dies in eorum finibus moratus omnibus vicis aedificiis- 1 **19**
que incensis frumentisque succisis se in fines Ubiorum recepit atque his
auxilium suum pollicitus, si a Suebis premerentur, haec ab iis cognovit:
Suebos, posteaquam per exploratores pontem fieri comperissent, more 2
suo concilio habito nuntios in omnes partes dimisisse, uti de oppidis demigrarent, liberos, uxores suaque omnia in silvis deponerent atque omnes, qui arma ferre possent, unum in locum convenirent. hunc esse delec- 3
tum medium fere regionum earum, quas Suebi obtinerent; hic Romanorum adventum exspectare atque ibi decertare constituisse. quod ubi 4
Caesar comperit, omnibus iis rebus confectis, quarum rerum causa traducere exercitum constituerat, ut Germanis metum iniceret, ut Sugambros ulcisceretur, ut Ubios obsidione liberaret, diebus omnino XVIII
trans Rhenum consumptis satis et ad laudem et ad utilitatem ⟨populi
Romani⟩ profectum arbitratus se in Galliam recepit pontemque rescidit.

Exigua parte aestatis reliqua Caesar, etsi in his locis, quod omnis Gallia 1 **20**
ad septentrionem vergit, maturae sunt hiemes, tamen in Britanniam proficisci contendit, quod omnibus fere Gallicis bellis hostibus nostris inde
subministrata auxilia intellegebat et, si tempus [anni] ad bellum geren- 2
dum deficeret, tamen magno sibi usui fore arbitrabatur, si modo insulam
adisset, genus hominum perspexisset, loca, portus, aditus cognovisset;
quae omnia fere Gallis erant incognita. neque enim temere praeter 3

mercatores illo adit quisquam, neque iis ipsis quicquam praeter oram mari-
4 timam atque eas regiones, quae sunt contra Galliam, notum est. itaque
evocatis ad se undique mercatoribus, neque quanta esset insulae magnitudo, neque quae aut quantae nationes incolerent, neque quem usum belli
haberent aut quibus institutis uterentur neque qui essent ad maiorem
navium multitudinem idonei portus, reperire poterat.
21 1   Ad haec cognoscenda, priusquam periculum faceret, idoneum esse
2 arbitratus C. Volusenum cum navi longa praemittit. huic mandat, uti
3 exploratis omnibus rebus ad se quam primum revertatur. ipse cum omnibus copiis in Morinos proficiscitur, quod inde erat brevissimus in Bri-
4 tanniam traiectus. huc naves undique ex finitimis regionibus et, quam
superiore aestate ad Veneticum bellum fecerat, classem iubet convenire.
5 interim consilio eius cognito et per mercatores perlato ad Britannos a
compluribus eius insulae civitatibus ad eum legati veniunt, qui pollicean-
6 tur obsides dare atque imperio populi Romani obtemperare. quibus
auditis liberaliter pollicitus hortatusque, ut in ea sententia permanerent,
7 eos domum remittit et cum iis una Commium, quem ipse Atrebatibus
superatis regem ibi constituerat, cuius et virtutem et consilium probabat
et quem sibi fidelem esse arbitrabatur cuiusque auctoritas in his regioni-
8 bus magni habebatur, mittit. huic imperat, quas possit, adeat civitates
horteturque, ut populi Romani fidem sequantur, seque celeriter eo ven-
9 turum nuntiet. Volusenus perspectis regionibus, quantum ei facultatis
dari potuit, qui navi egredi ac se barbaris committere non auderet, quinto
die ad Caesarem revertitur, quaeque ibi perspexisset, renuntiat.
22 1   Dum in his locis Caesar navium parandarum causa moratur, ex magna
parte Morinorum ad eum legati venerunt, qui se de superioris temporis
consilio excusarent, quod homines barbari et nostrae consuetudinis imperiti bellum populo Romano fecissent, seque ea, quae imperasset,
2 facturos pollicerentur. hoc sibi Caesar satis opportune accidisse arbitratus,
quod neque post tergum hostem relinquere volebat neque belli gerendi
propter anni tempus facultatem habebat neque has tantularum rerum
occupationes Britanniae anteponendas iudicabat, magnum iis numerum
3 obsidum imperat. quibus adductis eos in fidem recipit. navibus circiter
LXXX onerariis coactis contractisque, quot satis esse ad duas transpor-
tandas legiones existimabat, quicquid praeterea navium longarum habe-
4 bat, id quaestori, legatis praefectisque distribuit. huc accedebant XVIII
onerariae naves, quae ex eo loco a milibus passuum VIII vento teneban-
5 tur, quominus in eundem portum venire possent: has equitibus tribuit.
reliquum exercitum Q. Titurio Sabino et L. Aurunculeio Cottae legatis
in Menapios atque in eos pagos Morinorum, a quibus ad eum legati

non venerant, ducendum dedit; P. Sulpicium Rufum legatum cum eo 6
praesidio, quod satis esse arbitrabatur, portum tenere iussit.

His constitutis rebus nactus idoneam ad navigandum tempestatem 1 23
tertia fere vigilia naves solvit equitesque in ulteriorem portum progredi
et naves conscendere et se sequi iussit. a quibus cum paulo tardius esset 2
administratum, ipse hora diei circiter quarta cum primis navibus Britanniam attigit atque ibi in omnibus collibus expositas hostium copias armatas conspexit. cuius loci haec erat natura atque ita montibus anguste mare 3
continebatur, uti ex locis superioribus in litus telum adigi posset. hunc 4
ad egrediendum nequaquam idoneum locum arbitratus, dum reliquae
naves eo convenirent, ad horam nonam in ancoris exspectavit. interim 5
legatis tribunisque militum convocatis, et quae ex Voluseno cognovisset
et quae fieri vellet, ostendit monuitque, uti rei militaris ratio maximeque ut maritimae res postularent, ut, quae celerem atque instabilem
motum haberent, ad nutum et ad tempus omnes res ab iis administrarentur. his dimissis et ventum et aestum uno tempore nactus secundum dato 6
signo et sublatis ancoris circiter milia passuum septem ab eo loco progressus aperto ac plano litore naves constituit.

At barbari consilio Romanorum cognito praemisso equitatu et esse- 1 24
dariis, quo plerumque genere in proeliis uti consuerunt, reliquis copiis
subsecuti nostros navibus egredi prohibebant. erat ob has causas summa 2
difficultas, quod naves propter magnitudinem nisi in alto constitui non
poterant, militibus autem ignotis locis, impeditis manibus, magno et gravi
onere armorum pressis simul et de navibus desiliendum et in fluctibus
consistendum et cum hostibus erat pugnandum, cum illi aut ex arido aut 3
paulum in aquam progressi omnibus membris expeditis, notissimis locis
audacter tela conicerent et equos insuefactos incitarent. quibus rebus
nostri perterriti atque huius omnino generis pugnae imperiti non eadem
alacritate ac studio, quo in pedestribus uti proeliis consuerant, utebantur.

Quod ubi Caesar animadvertit, naves longas, quarum et species erat 1 25
barbaris inusitatior et motus ad usum expeditior, paulum removeri ab
onerariis navibus et remis incitari et ad latus apertum hostium constitui
atque inde fundis, sagittis, tormentis hostes propelli ac submoveri iussit;
quae res magno usui nostris fuit. nam et navium figura et remorum motu 2
et inusitato genere tormentorum permoti barbari constiterunt ac paulum
modo pedem rettulerunt. at nostris militibus cunctantibus, maxime 3
propter altitudinem maris, qui decimae legionis aquilam ferebat, obtestatus deos, ut ea res legioni feliciter eveniret: „desilite", inquit, „commilitones, nisi vultis aquilam hostibus prodere; ego certe meum rei
publicae atque imperatori officium praestitero." hoc cum voce magna 4

5 dixisset, se ex navi proiecit atque in hostes aquilam ferre coepit. tum nostri cohortati inter se, ne tantum dedecus admitteretur, universi ex navi 6 desiluerunt. hos item ex proximis navibus cum conspexissent, subsecuti hostibus adpropinquaverunt.

26 1 Pugnatum est ab utrisque acriter. nostri tamen, quod neque ordines servare neque firmiter insistere neque signa subsequi poterant atque alius alia ex navi, quibuscumque signis occurrerat, se adgregabat, magnopere 2 perturbabantur; hostes vero notis omnibus vadis, ubi ex litore aliquos singulares ex navi egredientes conspexerant, incitatis equis impeditos 3 adoriebantur, plures paucos circumsistebant, alii ab latere aperto in 4 universos tela coniciebant. quod cum animadvertisset Caesar, scaphas longarum navium, item speculatoria navigia militibus compleri iussit et, 5 quos laborantes conspexerat, his subsidia submittebat. nostri, simul in arido constiterunt, suis omnibus consecutis in hostes impetum fecerunt atque eos in fugam dederunt; neque longius prosequi potuerunt, quod equites cursum tenere atque insulam capere non potuerant. hoc unum ad pristinam fortunam Caesari defuit.

27 1 Hostes proelio superati, simulatque se ex fuga receperunt, statim ad Caesarem legatos de pace miserunt: obsides daturos, quaeque imperasset, 2 sese facturos polliciti sunt. una cum his legatis Commius Atrebas venit, 3 quem supra demonstraveram a Caesare in Britanniam praemissum. hunc illi e navi egressum, cum ad eos oratoris modo Caesaris mandata deferret, 4 comprehenderant atque in vincula coniecerant; tum proelio facto remiserunt et in petenda pace eius rei culpam in multitudinem contule- 5 runt et, propter imprudentiam ut ignosceretur, petiverunt. Caesar questus, quod, cum ultro in continentem legatis missis pacem ab se petissent, bellum sine causa intulissent, ignoscere imprudentiae dixit 6 obsidesque imperavit; quorum illi partem statim dederunt, partem ex longinquioribus locis accersitam paucis diebus sese daturos dixerunt. 7 interea suos in agros remigrare iusserunt, principesque undique convenire et se civitatesque suas Caesari commendare coeperunt.

28 1 His rebus pace confirmata post diem quartum, quam est in Britanniam ventum, naves XVIII, de quibus supra demonstratum est, quae equites 2 sustulerant, ex superiore portu leni vento solverunt. quae cum adpropinquarent Britanniae et ex castris viderentur, tanta tempestas subito coorta est, ut nulla earum cursum tenere posset, sed aliae eodem, unde erant profectae, referrentur, aliae ad inferiorem partem insulae, quae est propius solis occasum, magno suo cum periculo deicerentur; quae 3 tamen ancoris iactis cum fluctibus complerentur, necessario adversa nocte in altum provectae continentem petierunt.

IV 32

Eadem nocte accidit, ut esset luna plena, qui dies maritimos aestus 1 **29** maximos in Oceano efficere consuevit, nostrisque id erat incognitum. ita 2 uno tempore et longas naves, quibus Caesar exercitum transportandum curaverat quasque in aridum subduxerat, aestus complebat et onerarias, quae ad ancoras erant deligatae, tempestas adflictabat, neque ulla nostris facultas aut administrandi aut auxiliandi dabatur. compluribus navibus 3 fractis reliquae cum essent funibus, ancoris reliquisque armamentis amissis ad navigandum inutiles, magna, id quod necesse erat accidere, totius exercitus perturbatio facta est. neque enim naves erant aliae, quibus 4 reportari possent, et omnia deerant, quae ad reficiendas naves erant usui, et, quod omnibus constabat hiemari in Gallia oportere, frumentum in his locis in hiemem provisum non erat.

Quibus rebus cognitis principes Britanniae, qui post proelium ad 1 **30** Caesarem convenerant, inter se conlocuti, cum et equites et naves et frumentum Romanis deesse intellegerent et paucitatem militum ex castrorum exiguitate cognoscerent, quae hoc erant etiam angustiora, quod sine impedimentis Caesar legiones transportaverat, optimum factu 2 esse duxerunt rebellione facta frumento commeatuque nostros prohibere et rem in hiemem producere, quod his superatis aut reditu interclusis neminem postea belli inferendi causa in Britanniam transiturum confidebant. itaque [rursus coniuratione facta] paulatim ex castris discedere 3 et suos clam ex agris deducere coeperunt.

At Caesar, etsi nondum eorum consilia cognoverat, tamen et ex 1 **31** eventu navium suarum et ex eo, quod obsides dare intermiserant, fore id, quod accidit, suspicabatur. itaque ad omnes casus subsidia comparabat. 2 nam et frumentum ex agris cotidie in castra conferebat et, quae gravissime adflictae erant naves, earum materia atque aere ad reliquas reficiendas utebatur et, quae ad eas res erant usui, ex continenti comparari iubebat. itaque, cum summo studio a militibus administraretur, XII navibus 3 amissis, reliquis ut navigari ⟨satis⟩ commode posset, effecit.

Dum ea geruntur, legione ex consuetudine una frumentatum missa, 1 **32** quae appellabatur septima, neque ulla ad id tempus belli suspicione interposita, cum pars hominum in agris remaneret, pars etiam in castra ventitaret, ii, qui pro portis castrorum in statione erant, Caesari nuntiaverunt pulverem maiorem, quam consuetudo ferret, in ea parte videri, quam in partem legio iter fecisset. Caesar id, quod erat, suspicatus 2 aliquid novi a barbaris initum consilii, cohortes, quae in stationibus erant, secum in eam partem proficisci, ex reliquis duas in stationem succedere, reliquas armari et confestim se subsequi iussit. cum paulo 3 longius a castris processisset, suos ab hostibus premi atque aegre susti-

nere et conferta legione ex omnibus partibus tela conici animadvertit.
4 nam quod omni ex reliquis partibus demesso frumento una pars erat
reliqua, suspicati hostes huc nostros esse venturos noctu in silvis
5 delituerant; tum dispersos depositis armis in metendo occupatos subito
adorti paucis interfectis reliquos incertis ordinibus perturbaverant, simul
equitatu atque essedis circumdederant.

33 1 Genus hoc est ex essedis pugnae: primo per omnes partes perequitant
et tela coniciunt atque ipso terrore equorum et strepitu rotarum ordines
plerumque perturbant, et cum se inter equitum turmas insinuaverunt, ex
2 essedis desiliunt et pedibus proeliantur. aurigae interim paulum ex
proelio excedunt atque ita currus conlocant, ut, si illi a multitudine
3 hostium premantur, expeditum ad suos receptum habeant. ita mobilitatem equitum, stabilitatem peditum in proeliis praestant ac tantum usu
cotidiano et exercitatione efficiunt, uti in declivi ac praecipiti loco incitatos
equos sustinere et brevi moderari ac flectere et per temonem percurrere
et in iugo insistere et se inde in currus citissime recipere consuerint.

34 1 Quibus rebus perturbatis nostris [novitate pugnae] tempore opportunissimo Caesar auxilium tulit; namque eius adventu hostes constiterunt,
2 nostri se ex timore receperunt. quo facto ad lacessendum hostem et
committendum proelium alienum esse tempus arbitratus suo se loco
3 continuit et brevi tempore intermisso in castra legiones reduxit. dum
haec geruntur, nostris omnibus occupatis, qui erant in agris reliqui,
4 discesserunt. secutae sunt continuos complures dies tempestates, quae et
5 nostros in castris continerent et hostem a pugna prohiberent. interim
barbari nuntios in omnes partes dimiserunt paucitatemque nostrorum
militum suis praedicaverunt et, quanta praedae faciendae atque in
perpetuum sui liberandi facultas daretur, si Romanos castris expulissent,
6 demonstraverunt. his rebus celeriter magna multitudine peditatus
equitatusque coacta ad castra venerunt.

35 1 Caesar, etsi idem, quod superioribus diebus acciderat, fore videbat, ut,
si essent hostes pulsi, celeritate periculum effugerent, tamen nactus
equites circiter XXX, quos Commius Atrebas, de quo ante dictum est,
2 secum transportaverat, legiones in acie pro castris constituit. commisso
proelio diutius nostrorum militum impetum hostes ferre non potuerunt
3 ac terga verterunt. quos tanto spatio secuti, quantum cursu et viribus
efficere potuerunt, complures ex iis occiderunt, deinde omnibus longe
lateque aedificiis incensis se in castra receperunt.

36 1/2 Eodem die legati ab hostibus missi ad Caesarem de pace venerunt. his
Caesar numerum obsidum, quem ante imperaverat, duplicavit eosque
in continentem adduci iussit, quod propinquo die aequinoctii infirmis

navibus hiemi navigationem subiciendam non existimabat. ipse idoneam 3
tempestatem nactus paulo post mediam noctem naves solvit; quae omnes
incolumes ad continentem pervenerunt; sed ex iis onerariae duae 4
eosdem, quos reliquae, portus capere non potuerunt et paulo infra
delatae sunt.

Quibus ex navibus cum essent expositi milites circiter trecenti atque 1 **37**
in castra contenderent, Morini, quos Caesar in Britanniam proficiscens
pacatos reliquerat, spe praedae adducti primo non ita magno suorum
numero circumsteterunt ac, si se interfici nollent, arma ponere iusserunt.
cum illi orbe facto sese defenderent, celeriter ad clamorem hominum 2
circiter milia sex convenerunt. qua re nuntiata Caesar omnem ex castris
equitatum suis auxilio misit. interim nostri milites impetum hostium
sustinuerunt atque amplius horis quattuor fortissime pugnaverunt et
paucis vulneribus acceptis complures ex his occiderunt. postea vero 3
quam equitatus noster in conspectum venit, hostes abiectis armis terga
verterunt magnusque eorum numerus est occisus.

Caesar postero die T. Labienum legatum cum iis legionibus, quas ex 1 **38**
Britannia reduxerat, in Morinos, qui rebellionem fecerant, misit. qui cum 2
propter siccitates paludum, quo se reciperent, non haberent, quo per-
fugio superiore anno erant usi, omnes fere in potestatem Labieni venerunt. at Q. Titurius et L. Cotta legati, qui in Menapiorum fines legiones 3
duxerant, omnibus eorum agris vastatis, frumentis succisis aedificiisque
incensis, quod Menapii se omnes in densissimas silvas abdiderant, se ad
Caesarem receperunt. Caesar in Belgis omnium legionum hiberna 4
constituit. eo duae omnino civitates ex Britannia obsides miserunt,
reliquae neglexerunt. his rebus gestis ex litteris Caesaris dierum viginti 5
supplicatio ab senatu decreta est.

LIBER QUINTUS

L. Domitio Ap. Claudio consulibus discedens ab hibernis Caesar in 1 **1**
Italiam, ut quotannis facere consueverat, legatis imperat, quos legionibus praefecerat, uti, quam plurimas possent, hieme naves aedificandas
veteresque reficiendas curarent. earum modum formamque demonstrat.
ad celeritatem onerandi subductionisque paulo facit humiliores, quam 2
quibus in nostro mari uti consuevimus, atque id eo magis, quod propter
crebras commutationes aestuum minus magnos ibi fluctus fieri cognoverat,
ad onera ac multitudinem iumentorum transportandam paulo latiores,

V 1

3 quam quibus in reliquis utimur maribus. has omnes actuarias imperat 4 fieri, quam ad rem humilitas multum adiuvat. ea, quae sunt usui ad 5 armandas naves, ex Hispania apportari iubet. ipse conventibus Galliae citerioris peractis in Illyricum proficiscitur, quod a Pirustis finitimam 6 partem provinciae incursionibus vastari audiebat. eo cum venisset, 7 civitatibus milites imperat certumque in locum convenire iubet. qua re nuntiata Pirustae legatos ad eum mittunt, qui doceant nihil earum rerum publico factum consilio seseque paratos esse demonstrent omnibus 8 rationibus de iniuriis satisfacere. accepta oratione eorum Caesar obsides imperat eosque ad certam diem adduci iubet; nisi ita fecerint, sese bello 9 civitatem persecuturum demonstrat. his ad diem adductis, ut imperaverat, arbitros inter civitates dat, qui litem aestiment poenamque constituant.

2 1 His confectis rebus conventibusque peractis in citeriorem Galliam 2 revertitur atque inde ad exercitum proficiscitur. eo cum venisset, circumitis omnibus hibernis singulari militum studio in summa omnium rerum inopia circiter sescentas eius generis, cuius supra demonstravimus, naves et longas XXVIII invenit instructas neque multum abesse ab eo, 3 quin paucis diebus deduci possint. conlaudatis militibus atque iis, qui negotio praefuerant, quid fieri velit, ostendit atque omnes ad portum Itium convenire iubet, quo ex portu commodissimum in Britanniam traiectum esse cognoverat, circiter milium passuum XXX transmissum 4 a continenti; huic rei, quod satis esse visum est militum, relinquit. ipse cum legionibus expeditis IV et equitibus DCCC in fines Treverorum proficiscitur, quod hi neque ad concilia veniebant neque imperio parebant Germanosque Transrhenanos sollicitare dicebantur.

3 1 Haec civitas longe plurimum totius Galliae equitatu valet magnasque 2 habet copias peditum Rhenumque, ut supra demonstravimus, tangit. in ea civitate duo de principatu inter se contendebant, Indutiomarus et 3 Cingetorix; ex quibus alter, simulatque de Caesaris legionumque adventu cognitum est, ad eum venit, se suosque omnes in officio futuros neque ab amicitia populi Romani defecturos confirmavit, quaeque in Treveris 4 gererentur, ostendit. at Indutiomarus equitatum peditatumque cogere iisque, qui per aetatem in armis esse non poterant, in silvam Arduennam abditis, quae ingenti magnitudine per medios fines Treverorum a 5 flumine Rheno ad initium Remorum pertinet, bellum parare instituit. sed posteaquam nonnulli principes ex ea civitate et auctoritate Cingetorigis adducti et adventu nostri exercitus perterriti ad Caesarem venerunt et de suis privatis rebus ab eo petere coeperunt, quoniam civitati consulere non possent, Indutiomarus veritus, ne ab omnibus desereretur, legatos ad

V 6

Caesarem mittit: sese idcirco ab suis discedere atque ad eum venire 6 noluisse, quo facilius civitatem in officio contineret, ne omnis nobilitatis discessu plebs propter imprudentiam laberetur; itaque civitatem in sua 7 potestate esse, seque, si Caesar permitteret, ad eum in castra venturum et suas civitatisque fortunas eius fidei permissurum.

Caesar, etsi intellegebat, qua de causa ea dicerentur quaeque eum res 1 **4** ab instituto consilio deterreret, tamen, ne aestatem in Treveris consumere cogeretur omnibus rebus ad Britannicum bellum comparatis, Indutiomarum ad se cum CC obsidibus venire iussit. his adductis, in iis filio 2 propinquisque eius omnibus, quos nominatim evocaverat, consolatus Indutiomarum hortatusque est, uti in officio maneret; nihilo tamen 3 setius principibus Treverorum ad se convocatis hos singillatim Cingetorigi conciliavit, quod cum merito eius ab se fieri intellegebat, tum magni interesse arbitrabatur eius auctoritatem inter suos quam plurimum valere, cuius tam egregiam in se voluntatem perspexisset. id 4 factum graviter tulit Indutiomarus suam gratiam inter suos minui, et qui iam ante inimico in nos animo fuisset, multo gravius hoc dolore exarsit.

His rebus constitutis Caesar ad portum Itium cum legionibus perve- 1 **5** nit. ibi cognoscit LX naves, quae in Meldis factae erant, tempestate 2 reiectas cursum tenere non potuisse atque eodem, unde erant profectae, revertisse; reliquas paratas ad navigandum atque omnibus rebus instructas invenit. eodem equitatus totius Galliae convenit, numero milia 3 quattuor, principesque ex omnibus civitatibus; ex quibus perpaucos, 4 quorum in se fidem perspexerat, relinquere in Gallia, reliquos obsidum loco secum ducere decreverat, quod, cum ipse abesset, motum Galliae verebatur.

Erat una cum ceteris Dumnorix Haeduus, de quo ante a nobis dictum 1 **6** est. hunc secum habere in primis constituerat, quod eum cupidum rerum novarum, cupidum imperii, magni animi, magnae inter Gallos auctoritatis cognoverat. accedebat huc, quod in concilio Haeduorum 2 Dumnorix dixerat sibi a Caesare regnum civitatis deferri; quod dictum Haedui graviter ferebant neque recusandi aut deprecandi causa legatos ad Caesarem mittere audebant. id factum ex suis hospitibus Caesar 3 cognoverat. ille omnibus primo precibus petere contendit, ut in Gallia relinqueretur, partim quod insuetus navigandi mare timeret, partim quod religionibus impediri sese diceret. posteaquam id obstinate sibi 4 negari vidit, omni spe impetrandi adempta principes Galliae sollicitare, sevocare singulos hortarique coepit, uti in continenti remanerent: non 5 sine causa fieri, ut Gallia omni nobilitate spoliaretur; id esse consilium

V 6

Caesaris, ut, quos in conspectu Galliae interficere vereretur, hos omnes
6 in Britanniam traductos necaret. fidem reliquis interponere, ius iurandum poscere, ut, quod esse ex usu Galliae intellexissent, com-
7 muni consilio administrarent. haec a compluribus ad Caesarem deferebantur.

7 1 Qua re cognita Caesar, quod tantum civitati Haeduae dignitatis tribuebat, coercendum atque deterrendum, quibuscumque rebus posset,
2 Dumnorigem statuebat ⟨et⟩, quod longius eius amentiam progredi vide-
3 bat, prospiciendum, ne quid sibi ac rei publicae nocere posset. itaque dies circiter XXV in eo loco commoratus, quod Corus ventus navigationem impediebat, qui magnam partem omnis temporis in his locis flare consuevit, dabat operam, ut in officio Dumnorigem contineret,
4 nihilo tamen setius omnia eius consilia cognosceret. tandem idoneam
5 nactus tempestatem milites equitesque conscendere naves iubet. at impeditis omnium animis Dumnorix cum equitibus Haeduorum a
6 castris insciente Caesare domum discedere coepit. qua re nuntiata Caesar intermissa profectione atque omnibus rebus postpositis magnam partem
7 equitatus ad eum insequendum mittit retrahique imperat; si vim faciat neque pareat, interfici iubet, nihil eum se absente pro sano facturum
8 arbitratus, qui praesentis imperium neglexisset. ille autem revocatus resistere ac se manu defendere suorumque fidem implorare coepit, saepe
9 clamitans liberum se esse liberaeque civitatis. illi, ut erat imperatum, circumsistunt hominem atque interficiunt; at equites Haedui ad Caesarem omnes revertuntur.

8 1 His rebus gestis, Labieno in continenti cum tribus legionibus et equitum milibus duobus relicto, ut portus tueretur et rei frumentariae provideret, quaeque in Gallia agerentur, cognosceret consiliumque pro
2 tempore et pro re caperet, ipse cum quinque legionibus et pari numero equitum, quem in continenti relinquebat, solis occasu naves solvit et leni Africo provectus media circiter nocte vento intermisso cursum non tenuit et longius delatus aestu orta luce sub sinistra Britanniam relictam
3 conspexit. tum rursus aestus commutationem secutus remis contendit, ut eam partem insulae caperet, qua optimum esse egressum superiore
4 aestate cognoverat. qua in re admodum fuit militum virtus laudanda, qui vectoriis gravibusque navigiis non intermisso remigandi labore lon-
5 garum navium cursum adaequaverint. accessum est ad Britanniam omnibus navibus meridiano fere tempore, neque in eo loco hostis est
6 visus; sed, ut postea Caesar ex captivis cognovit, cum magnae manus eo convenissent, multitudine navium perterritae, quae cum annotinis privatisque, quas sui quisque commodi causa fecerat, amplius octingentae

uno erant visae tempore, a litore discesserant ac se in superiora loca abdiderant.

Caesar exposito exercitu et loco castris idoneo capto, ubi ex captivis cognovit, quo in loco hostium copiae consedissent, cohortibus decem ad mare relictis et equitibus trecentis, qui praesidio navibus essent, de tertia vigilia ad hostes contendit eo minus veritus navibus, quod in litore molli atque aperto deligatas ad ancoras relinquebat. ei praesidio navibusque Q. Atrium praefecit. ipse noctu progressus milia passuum circiter XII hostium copias conspicatus est. illi equitatu atque essedis ad flumen progressi ex loco superiore nostros prohibere et proelium committere coeperunt. repulsi ab equitatu se in silvas abdiderunt, locum nacti egregie et natura et opere munitum, quem domestici belli, ut videbatur, causa iam ante praeparaverant; nam crebris arboribus succisis omnes introitus erant praeclusi. ipsi ex silvis rari propugnabant nostrosque intra munitiones ingredi prohibebant. at milites legionis septimae testudine facta et aggere ad munitiones adiecto locum ceperunt eosque ex silvis expulerunt paucis vulneribus acceptis. sed eos fugientes longius Caesar prosequi vetuit, et quod loci naturam ignorabat, et quod magna parte diei consumpta munitioni castrorum tempus relinqui volebat.

Postridie eius diei mane tripertito milites equitesque in expeditionem misit, ut eos, qui fugerant, persequerentur. his aliquantum itineris progressis, cum iam extremi essent in prospectu, equites a Q. Atrio ad Caesarem venerunt, qui nuntiarent superiore nocte maxima coorta tempestate prope omnes naves adflictas atque in litus eiectas esse, quod neque ancorae funesque subsisterent neque nautae gubernatoresque vim tempestatis pati possent; itaque ex eo concursu navium magnum esse incommodum acceptum.

His rebus cognitis Caesar legiones equitatumque revocari atque in itinere resistere iubet, ipse ad naves revertitur; eadem fere, quae ex nuntiis litterisque cognoverat, coram perspicit, sic ut amissis circiter XL navibus reliquae tamen refici posse magno negotio viderentur. itaque ex legionibus fabros deligi et ex continenti alios arcessi iubet; Labieno scribit, ut, quam plurimas possit, iis legionibus, quae sint apud eum, naves instituat. ipse, etsi res erat multae operae ac laboris, tamen commodissimum esse statuit omnes naves subduci et cum castris una munitione coniungi. in his rebus circiter dies X consumit ne nocturnis quidem temporibus ad laborem militum intermissis. subductis navibus castrisque egregie munitis easdem copias, quas ante, praesidio navibus relinquit, ipse eodem, unde redierat, proficiscitur. eo cum venisset, maiores iam undique in eum locum copiae Britannorum convenerant

summa imperii bellique administrandi communi consilio permissa Cassivellauno, cuius fines a maritimis civitatibus flumen dividit, quod appel-
9 latur Tamesis, a mari circiter milia passum LXXX. huic superiore
tempore cum reliquis civitatibus continentia bella intercesserant;
sed nostro adventu permoti Britanni hunc toti bello imperioque prae-
fecerant.

12 1 Britanniae pars interior ab iis incolitur, quos natos in insula ipsi
2 memoria proditum dicunt, maritima pars ab iis, qui praedae ac belli
inferendi causa ex Belgio transierunt — qui omnes fere iisdem nominibus
civitatum appellantur, quibus orti ex civitatibus eo pervenerunt — et
3 bello inlato ibi remanserunt atque agros colere coeperunt. hominum est
infinita multitudo creberrimaque aedificia fere Gallicis consimilia, pecoris
4 magnus numerus. utuntur aut aere aut nummo aureo aut taleis ferreis
5 ad certum pondus examinatis pro nummo. nascitur ibi plumbum album
in mediterraneis regionibus, in maritimis ferrum, sed eius exigua est
copia; aere utuntur importato. materia cuiusque generis ut in Gallia est
6 praeter fagum atque abietem. leporem et gallinam et anserem gustare
fas non putant; haec tamen alunt animi voluptatisque causa. loca sunt
temperatiora quam in Gallia remissioribus frigoribus.

13 1 Insula natura triquetra, cuius unum latus est contra Galliam. huius
lateris alter angulus, qui est ad Cantium, quo fere omnes ex Gallia naves
adpelluntur, ad orientem solem, inferior ad meridiem spectat. hoc latus
2 pertinet circiter milia passuum quingenta. alterum vergit ad Hispaniam
atque occidentem solem. qua ex parte est Hibernia insula, dimidio
minor, ut existimatur, quam Britannia, sed pari spatio transmissus atque
3 ex Gallia est in Britanniam. in hoc medio cursu est insula, quae appellatur
Mona; complures praeterea minores obiectae insulae existimantur; de
quibus insulis nonnulli scripserunt dies continuos XXX sub brumam
4 esse noctem. nos nihil de eo percontationibus reperiebamus, nisi certis
ex aqua mensuris breviores esse quam in continenti noctes videbamus.
5 huius est longitudo lateris, ut fert illorum opinio, septingentorum
6 milium. tertium est contra septentriones; cui parti nulla est obiecta
terra, sed eius angulus alter maxime ad Germaniam spectat. hoc milia
7 passuum octingenta in longitudinem esse existimatur. ita omnis insula
est in circuitu vicies centum milium passuum.

14 1 Ex his omnibus longe sunt humanissimi, qui Cantium incolunt, quae
regio est maritima omnis, neque multum a Gallica differunt consuetu-
2 dine. interiores plerique frumenta non serunt, sed lacte et carne vivunt
pellibusque sunt vestiti. omnes vero se Britanni vitro inficiunt, quod
caeruleum efficit colorem, atque hoc horribiliores sunt in pugna aspectu;

capilloque sunt promisso atque omni parte corporis rasa praeter caput 3 et labrum superius. uxores habent deni duodenique inter se communes 4 et maxime fratres cum fratribus parentesque cum liberis; sed qui sunt 5 ex iis nati, eorum habentur liberi, quo primum virgo quaeque deducta est.

15 Equites hostium essedariique acriter proelio cum equitatu nostro in 1 itinere conflixerunt, ita tamen, ut nostri omnibus partibus superiores fuerint atque eos in silvas collesque compulerint. sed compluribus inter- 2 fectis cupidius insecuti nonnullos ex suis amiserunt. at illi intermisso 3 spatio imprudentibus nostris atque occupatis in munitione castrorum subito se ex silvis eiecerunt impetuque in eos facto, qui erant in statione pro castris conlocati, acriter pugnaverunt, duabusque missis subsidio 4 cohortibus a Caesare atque his primis legionum duarum, cum eae perexiguo intermisso loci spatio inter se constitissent, novo genere pugnae perterritis nostris per medios audacissime perruperunt seque inde incolumes receperunt. eo die Q. Laberius Durus tribunus militum inter- 5 ficitur. illi pluribus submissis cohortibus repelluntur.

16 Toto hoc in genere pugnae, cum sub oculis omnium ac pro castris 1 dimicaretur, intellectum est nostros propter gravitatem armorum, quod neque insequi cedentes possent neque ab signis discedere auderent, minus aptos esse ad huius generis hostem, equites autem magno cum 2 periculo proelio dimicare, propterea quod illi etiam consulto plerumque cederent et, cum paulum ab legionibus nostros removissent, ex essedis desilirent et pedibus dispari proelio contenderent. equestris autem 3 proelii ratio et cedentibus et insequentibus par atque idem periculum inferebat. accedebat huc, ut numquam conferti, sed rari magnisque 4 intervallis proeliarentur stationesque dispositas haberent atque alios alii deinceps exciperent integrique et recentes defatigatis succederent.

17 Postero die procul a castris hostes in collibus constiterunt rarique se 1 ostendere et lenius quam pridie nostros equites proelio lacessere coeperunt. sed meridie, cum Caesar pabulandi causa tres legiones atque omnem equita- 2 tum cum C. Trebonio legato misisset, repente ex omnibus partibus ad pabulatores advolaverunt, sic uti ab signis legionibusque non absisterent. nostri acriter in eos impetu facto reppulerunt neque finem sequendi 3 fecerunt, quoad subsidio confisi equites, cum post se legiones viderent, praecipites hostes egerunt magnoque eorum numero interfecto neque 4 sui colligendi neque consistendi aut ex essedis desiliendi facultatem dederunt. ex hac fuga protinus, quae undique convenerant, auxilia 5 discesserunt, neque post id tempus umquam summis nobiscum copiis hostes contenderunt.

18 1 Caesar cognito consilio eorum ad flumen Tamesim in fines Cassivellauni exercitum duxit; quod flumen uno omnino loco pedibus, atque 2 hoc aegre, transiri potest. eo cum venisset, animadvertit ad alteram 3 fluminis ripam magnas esse copias hostium instructas. ripa autem erat acutis sudibus praefixis munita, eiusdemque generis sub aqua defixae 4 sudes flumine tegebantur. his rebus cognitis a perfugis captivisque 5 Caesar praemisso equitatu confestim legiones subsequi iussit. sed ea celeritate atque eo impetu milites ierunt, cum capite solo ex aqua exstarent, ut hostes impetum legionum atque equitum sustinere non possent ripasque dimitterent ac se fugae mandarent.

19 1 Cassivellaunus, ut supra demonstravimus, omni deposita spe contentionis dimissis amplioribus copiis, milibus circiter quattuor essedariorum relictis itinera nostra servabat paulumque ex via excedebat locisque impeditis ac silvestribus se occultabat atque iis regionibus, quibus nos iter facturos cognoverat, pecora atque homines ex agris in silvas com- 2 pellebat et, cum equitatus noster liberius praedandi vastandique causa se in agros effuderat, omnes viis notis semitisque essedarios ex silvis emittebat et magno cum periculo nostrorum equitum cum iis confligebat 3 atque hoc metu latius vagari prohibebat. relinquebatur, ut neque longius ab agmine legionum discedi Caesar pateretur et tantum agris vastandis incendiisque faciendis hostibus noceretur, quantum ⟨in⟩ labore atque itinere legionarii milites efficere poterant.

20 1 Interim Trinovantes, prope firmissima earum regionum civitas, — ex qua Mandubracius adulescens Caesaris fidem secutus ad eum in continentem [Galliam] venerat, cuius pater Inianuvetitius in ea civitate regnum obtinuerat interfectusque erat a Cassivellauno, ipse fuga mortem vitaverat —, legatos ad Caesarem mittunt pollicenturque sese ei dedituros 2 atque imperata facturos; petunt, ut Mandubracium ab iniuria Cassivellauni defendat atque in civitatem mittat, qui praesit imperiumque 3 obtineat. his Caesar imperat obsides XL frumentumque exercitui Mandu- 4 braciumque ad eos mittit. illi imperata celeriter fecerunt, obsides ad numerum frumentumque miserunt.

21 1 Trinovantibus defensis atque ab omni militum iniuria prohibitis Cenimagni, Segontiaci, Ancalites, Bibroci, Cassi legationibus missis sese 2 Caesari dedunt. ab his cognoscit non longe ex eo loco oppidum Cassivellauni abesse silvis paludibusque munitum, quo satis magnus homi- 3 num pecorisque numerus convenerit. oppidum autem Britanni vocant, cum silvas impeditas vallo atque fossa munierunt, quo incursionis 4 hostium vitandae causa convenire consuerunt. eo proficiscitur cum legionibus. locum reperit egregie natura atque opere munitum; tamen

hunc duabus ex partibus oppugnare contendit. hostes paulisper morati 5
militum nostrorum impetum non tulerunt seseque ex alia parte oppidi
eiecerunt. magnus ibi numerus pecoris repertus multique in fuga sunt
comprehensi atque interfecti.

Dum haec in his locis geruntur, Cassivellaunus ad Cantium, quod esse 1 **22**
ad mare supra demonstravimus, quibus regionibus quattuor reges
praeerant, Cingetorix, Carvilius, Taximagulus, Segovax, nuntios mittit
atque his imperat, uti coactis omnibus copiis castra navalia de improviso
adoriantur atque oppugnent. ii cum ad castra venissent, nostri eruptione 2
facta multis eorum interfectis, capto etiam nobili duce Lugotorige suos
incolumes reduxerunt. Cassivellaunus hoc proelio nuntiato, tot detri- 3
mentis acceptis, vastatis finibus, maxime etiam permotus defectione
civitatum, legatos per Atrebatem Commium de deditione ad Caesarem
mittit. Caesar, cum constituisset hiemare in continenti propter repentinos 4
Galliae motus neque multum aestatis superesset atque id facile extrahi
posse intellegeret, obsides imperat et quid in annos singulos vectigalis
populo Romano Britannia penderet, constituit; interdicit atque imperat 5
Cassivellauno, ne Mandubracio neu Trinovantibus noceat.

Obsidibus acceptis exercitum reducit ad mare, naves invenit refectas. 1 **23**
his deductis, quod et captivorum magnum numerum habebat et nonnul- 2
lae tempestate deperierant naves, duobus commeatibus exercitum
reportare instituit. ac sic accidit, uti ex tanto navium numero tot navi- 3
gationibus neque hoc neque superiore anno ulla omnino navis, quae
milites portaret, desideraretur, at ex iis, quae inanes ex continenti ad 4
eum remitterentur prioris commeatus expositis militibus et quas postea
Labienus faciendas curaverat numero LX, perpaucae locum caperent,
reliquae fere omnes reicerentur. quas cum aliquamdiu Caesar frustra 5
exspectasset, ne anni tempore a navigatione excluderetur, quod aequinoc-
tium suberat, necessario angustius milites conlocavit ac summa tran- 6
quillitate consecuta, secunda cum solvisset vigilia, prima luce terram
attigit omnesque incolumes naves perduxit.

Subductis navibus concilioque Gallorum Samarobrivae peracto, quod 1 **24**
eo anno frumentum in Gallia propter siccitates angustius provenerat,
coactus est aliter ac superioribus annis exercitum in hibernis conlocare
legionesque in plures civitates distribuere. ex quibus unam in Morinos 2
ducendam C. Fabio legato dedit, alteram in Nervios Q. Ciceroni,
tertiam in Essuvios L. Roscio; quartam in Remis cum T. Labieno in
confinio Treverorum hiemare iussit; tres in Belgio conlocavit; his M. 3
Crassum quaestorem et L. Munatium Plancum et C. Trebonium legatos
praefecit. unam legionem, quam proxime trans Padum conscripserat, et 4

cohortes V in Eburones, quorum pars maxima est inter Mosam ac
Rhenum, qui sub imperio Ambiorigis et Catuvolci erant, misit. his
militibus Q. Titurium Sabinum et L. Aurunculeium Cottam legatos
praeesse iussit. ad hunc modum distributis legionibus facillime inopiae
⟨rei⟩ frumentariae se mederi posse existimavit. atque harum tamen
omnium legionum hiberna praeter eam, quam L. Roscio in pacatissimam
et quietissimam partem ducendam dederat, milibus passuum centum
continebantur. ipse interea, quoad legiones conlocatas munitaque hiberna
cognovisset, in Gallia morari constituit.

25 Erat in Carnutibus summo loco natus Tasgetius, cuius maiores in
sua civitate regnum obtinuerant. huic Caesar pro eius virtute atque in se
benevolentia, quod in omnibus bellis singulari eius opera fuerat usus,
maiorum locum restituerat. tertium iam hunc annum regnantem inimicis
multis palam ⟨adversantibus Carnutes expulerunt⟩ ex civitate et iis
auctoribus interfecerunt. defertur ea res ad Caesarem. ille veritus, quod
ad plures ⟨res⟩ pertinebat, ne civitas eorum impulsu deficeret, L. Plancum cum legione ex Belgio celeriter in Carnutes proficisci iubet ibique
hiemare, quorumque opera cognoverit Tasgetium interfectum, hos
comprehensos ad se mittere. interim ab omnibus legatis quaestoribusque,
quibus legiones tradiderat, certior factus est in hiberna perventum
locumque hibernis esse munitum.

26 Diebus circiter XV, quibus in hiberna ventum est, initium repentini tumultus ac defectionis ortum est ab Ambiorige et Catuvolco; qui cum ad
fines regni sui Sabino Cottaeque praesto fuissent frumentumque in
hiberna comportavissent, Indutiomari Treveri nuntiis impulsi suos concitaverunt subitoque oppressis lignatoribus magna manu ad castra
oppugnanda venerunt. cum celeriter nostri arma cepissent vallumque
ascendissent atque una ex parte Hispanis equitibus emissis equestri proelio superiores fuissent, desperata re hostes suos ab oppugnatione reduxerunt. tum conclamaverunt, uti aliqui ex nostris ad conloquium prodiret: habere sese, quae de re communi dicere vellent, quibus rebus controversias minui posse sperarent.

27 Mittitur ad eos C. Arpinius, eques Romanus, familiaris Titurii, et
Q. Iunius ex Hispania quidam, qui iam ante missu Caesaris ad Ambiorigem ventitare consueverat; apud quos Ambiorix ad hunc modum
locutus est: sese pro Caesaris in se beneficiis plurimum ei confiteri debere,
quod eius opera stipendio liberatus esset, quod Atuatucis, finitimis suis,
pendere consuesset, quodque ei et filius et fratris filius a Caesare remissi
essent, quos Atuatuci obsidum numero missos apud se in servitute et
catenis tenuissent; neque id, quod fecerit de oppugnatione castrorum,

aut iudicio aut voluntate sua fecisse, sed coactu civitatis, suaque esse eius modi imperia, ut non minus haberet iuris in se multitudo quam ipse in multitudinem. civitati porro hanc fuisse belli causam, quod repentinae 4 Gallorum coniurationi resistere non potuerit. id se facile ex humilitate sua probare posse, quod non adeo sit imperitus rerum, ut suis copiis populum Romanum superari posse confidat. sed esse Galliae commune 5 consilium: omnibus hibernis Caesaris oppugnandis hunc esse dictum diem, ne qua legio alteri legioni subsidio venire posset. non facile Gallos 6 Gallis negare potuisse, praesertim cum de recuperanda communi libertate consilium initum videretur. quibus quoniam pro pietate satisfecerit, ha- 7 bere nunc se rationem officii pro beneficiis Caesaris: monere, orare Titurium pro hospitio, ut suae ac militum saluti consulat. magnam manum Ger- 8 manorum conductam Rhenum transisse; hanc adfore biduo. ipsorum 9 esse consilium, velintne prius, quam finitimi sentiant, eductos ex hibernis milites aut ad Ciceronem aut ad Labienum deducere, quorum alter milia passuum circiter quinquaginta, alter paulo amplius ab iis absit. illud se 10 polliceri et iure iurando confirmare, tutum se iter per suos fines daturum. quod cum faciat, et civitati sese consulere, quod hibernis levetur, et 11 Caesari pro eius meritis gratiam referre. hac oratione habita discedit Ambiorix.

Arpinius et Iunius, quae audierant, ad legatos deferunt. illi repentina re 1 **28** perturbati, etsi ab hoste ea dicebantur, tamen non neglegenda existimabant maximeque hac re permovebantur, quod civitatem ignobilem atque humilem Eburonum sua sponte populo Romano bellum facere ausam vix erat credendum. itaque ad consilium rem deferunt, magnaque inter 2 eos existit controversia. L. Aurunculeius compluresque tribuni militum 3 et primorum ordinum centuriones nihil temere agendum neque ex hibernis iniussu Caesaris discedendum existimabant; quantasvis [magnas] 4 copias, etiam Germanorum, sustineri posse munitis hibernis docebant: rem esse testimonio, quod primum hostium impetum multis ultro vulneribus inlatis fortissime sustinuerint; re frumentaria se non premi; interea et ex proximis hibernis et a Caesare conventura subsidia; pos- 5/6 tremo quid esse levius aut turpius, quam auctore hoste de summis rebus capere consilium?

Contra ea Titurius sero facturos clamitabat, cum maiores manus 1 **29** hostium adiunctis Germanis convenissent, aut cum aliquid calamitatis in proximis hibernis esset acceptum. brevem consulendi esse occasionem. Caesarem ⟨se⟩ arbitrari profectum in Italiam; neque aliter Carnutes inter- 2 ficiendi Tasgetii consilium fuisse capturos neque Eburones, si ille adesset, tanta contemptione nostri ad castra venturos. Sese non hostem auctorem, 3

sed rem spectare: subesse Rhenum; magno esse Germanis dolori Ario-
4 visti mortem et superiores nostras victorias; ardere Galliam tot con-
tumeliis acceptis sub populi Romani imperium redactam, superiore
5 gloria rei militaris exstincta. postremo quis hoc sibi persuaderet sine
6 certa spe Ambiorigem ad eius modi consilium descendisse? suam sententiam in utramque partem esse tutam: si nihil esset durius, nullo cum
periculo ad proximam legionem omnes perventuros; si Gallia omnis cum
7 Germanis consentiret, unam esse in celeritate positam salutem. Cottae
quidem atque eorum, qui dissentirent, consilium quem haberet exitum?
In quo si non praesens periculum, at certe longinqua obsidione fames
esset timenda.

30 1   Hac in utramque partem disputatione habita, cum a Cotta primisque
ordinibus acriter resisteretur: „vincite", inquit, „si ita vultis", Sabinus, et
2 id clariore voce, ut magna pars militum exaudiret, „neque is sum, inquit,
qui gravissime ex vobis mortis periculo terrear. hi sapient: si gravius quid
3 acciderit, abs te rationem reposcent; qui, si per te liceat, perendino die cum
proximis hibernis coniuncti communem cum reliquis belli casum sustineant, non reiecti et relegati longe a ceteris aut ferro aut fame intereant."

31 1   Consurgitur ex consilio; comprehendunt utrumque et orant, ne sua
2 dissensione et pertinacia rem in summum periculum deducant: facilem
esse rem, seu maneant, seu proficiscantur, si modo unum omnes sentiant
3 ac probent; contra in dissensione nullam se salutem perspicere. res
disputatione ad mediam noctem perducitur. tandem dat Cotta permotus
4 manus, superat sententia Sabini. pronuntiatur prima luce ituros. con-
sumitur vigiliis reliqua pars noctis, cum sua quisque miles circumspiceret,
quid secum portare posset, quid ex instrumento hibernorum relinquere
5 cogeretur. omnia excogitantur, quare nec sine periculo maneatur et
6 languore militum et vigiliis periculum augeatur. prima luce sic ex castris
proficiscuntur, ut quibus esset persuasum non ab hoste, sed ab homine
amicissimo [Ambiorige] consilium datum, longissimo agmine maximis-
que impedimentis.

32 1   At hostes, posteaquam ex nocturno fremitu vigiliisque de profectione
eorum senserunt, conlocatis insidiis bipertito in silvis opportuno atque
occulto loco a milibus passuum circiter duobus Romanorum adventum
2 exspectabant, et cum se maior pars agminis in magnam convallem de-
misisset, ex utraque parte eius vallis subito se ostenderunt novissimos-
que premere et primos prohibere ascensu atque iniquissimo nostris loco
proelium committere coeperunt.

33 1   Tum demum Titurius, ut qui nihil ante providisset, trepidare et con-
cursare cohortesque disponere, haec tamen ipsa timide atque ut eum

omnia deficere viderentur; quod plerumque iis accidere consuevit, qui in ipso negotio consilium capere coguntur. at Cotta, qui cogitasset haec 2 posse in itinere accidere atque ob eam causam profectionis auctor non fuisset, nulla in re communi saluti deerat et in appellandis cohortandisque militibus imperatoris et in pugna militis officia praestabat. cum 3 propter longitudinem agminis minus facile per se omnia obire et, quid quoque loco faciendum esset, providere possent, iusserunt pronuntiari, ut impedimenta relinquerent atque in orbem consisterent. quod con- 4 silium, etsi in eiusmodi casu reprehendendum non est, tamen incommode cecidit. nam et nostris militibus spem minuit et hostes ad pugnam 5 alacriores effecit, quod non sine summo timore et desperatione id factum videbatur. praeterea accidit, quod fieri necesse erat, ut vulgo milites ab 6 signis discederent, quaeque quisque eorum carissima haberet, ab impedimentis petere atque arripere properaret, clamore et fletu omnia complerentur.

At barbaris consilium non defuit. nam duces eorum tota acie pro- 1 **34** nuntiari iusserunt, ne quis ab loco discederet: illorum esse praedam atque illis reservari, quaecumque Romani reliquissent; proinde omnia in victoria posita existimarent. [erant et virtute et studio pugnandi pares]. 2 nostri, tametsi ab duce et a fortuna deserebantur, tamen omnem spem salutis in virtute ponebant, et quotiens quaeque cohors procurrerat, ab ea parte magnus numerus hostium cadebat. qua re animadversa Ambio- 3 rix pronuntiari iubet, ut procul tela coniciant neu propius accedant et, quam in partem Romani impetum fecerint, cedant; levitate armorum 4 et cotidiana exercitatione nihil his noceri posse; rursus se ad signa recipientes insequantur.

Quo praecepto ab iis diligentissime observato, cum quaepiam cohors 1 **35** ex orbe excesserat atque impetum fecerat, hostes velocissime refugiebant. interim eam nudari necesse erat et ab latere aperto tela recipere. rursus, 2/3 cum in eum locum, unde erant progressi, reverti coeperant, et ab iis, qui cesserant, et ab iis, qui proximi steterant, circumveniebantur; sin autem 4 locum tenere vellent, nec virtuti locus relinquebatur neque ab tanta multitudine coniecta tela conferti vitare poterant. tamen tot incommodis 5 conflictati, multis vulneribus acceptis resistebant et magna parte diei consumpta, cum a prima luce ad horam octavam pugnaretur, nihil, quod ipsis esset indignum, committebant. tum T. Balventio, qui superiore 6 anno primum pilum duxerat, viro forti et magnae auctoritatis, utrumque femur tragula traicitur; Q. Lucanius, eiusdem ordinis, fortissime pugnans, 7 dum circumvento filio subvenit, interficitur; L. Cotta legatus omnes co- 8 hortes ordinesque adhortans adversum os funda vulneratur.

36 1   His rebus permotus Q. Titurius, cum procul Ambiorigem suos cohortantem conspexisset, interpretem suum Cn. Pompeium ad eum mittit 2 rogatum, ut sibi militibusque parcat. ille appellatus respondit: si velit secum conloqui, licere; sperare se a multitudine impetrari posse, quod ad militum salutem pertineat; ipsi vero nihil nocitum iri, inque eam rem se 3 suam fidem interponere. ille cum Cotta saucio communicat, si videatur, pugna ut excedant et cum Ambiorige una conloquantur; sperare se ab eo de sua ac militum salute impetrari posse. Cotta se ad armatum hostem iturum negat atque in eo perseverat.

37 1   Sabinus, quos in praesentia tribunos militum circum se habebat, et primorum ordinum centuriones se sequi iubet et, cum propius Ambiorigem accessisset, iussus arma abicere imperatum facit suisque, ut idem 2 faciant, imperat. interim, dum de condicionibus inter se agunt longiorque consulto ab Ambiorige instituitur sermo, paulatim circumventus inter- 3 ficitur. tum vero suo more victoriam conclamant atque ululatum tollunt 4 impetuque in nostros facto ordines perturbant. ibi L. Cotta pugnans interficitur cum maxima parte militum. reliqui se in castra recipiunt, unde 5 erant egressi. ex quibus L. Petrosidius aquilifer, cum magna multitudine hostium premeretur, aquilam intra vallum proicit, ipse pro castris for- 6 tissime pugnans occiditur. illi aegre ad noctem oppugnationem sustinent; 7 noctu ad unum omnes desperata salute se ipsi interficiunt. pauci ex proelio elapsi incertis itineribus per silvas ad T. Labienum legatum in hiberna perveniunt atque eum de rebus gestis certiorem faciunt.

38 1   Hac victoria sublatus Ambiorix statim cum equitatu in Atuatucos, qui erant eius regno finitimi, proficiscitur; neque noctem neque diem ⟨iter⟩ 2 intermittit peditatumque se subsequi iubet. re demonstrata Atuatucisque concitatis postero die in Nervios pervenit hortaturque, ne sui in perpetuum liberandi atque ulciscendi Romanos pro iis, quas acceperint, 3 iniuriis occasionem dimittant: interfectos esse legatos duos magnamque 4 partem exercitus interisse demonstrat; nihil esse negotii subito oppressam legionem, quae cum Cicerone hiemet, interfici; ad eam rem se profitetur adiutorem. facile hac oratione Nerviis persuadet.

39 1   Itaque confestim dimissis nuntiis ad Ceutrones, Grudios, Levacos, Pleumoxios, Geidumnos, qui omnes sub eorum imperio sunt, quam maximas possunt manus cogunt et de improviso ad Ciceronis hiberna ad- 2 volant nondum ad eum fama de Titurii morte perlata. huic quoque accidit, quod fuit necesse, ut nonnulli milites, qui lignationis munitionisque causa 3 in silvas discessissent, repentino equitum adventu interciperentur. his circumventis magna manu Eburones, Nervii, Atuatuci atque horum omnium socii clientesque legionem oppugnare incipiunt. nostri celeriter

ad arma concurrunt, vallum conscendunt. aegre is dies sustentatur, quod 4
omnem spem hostes in celeritate ponebant atque hanc adepti victoriam
in perpetuum se fore victores confidebant.

Mittuntur ad Caesarem confestim a Cicerone litterae magnis propositis 1 **40**
praemiis, si pertulissent; obsessis omnibus viis missi intercipiuntur.
noctu ex ea materia, quam munitionis causa comportaverant, turres ad- 2
modum CXX excitantur; incredibili celeritate, quae deesse operi videbantur, perficiuntur. hostes postero die multo maioribus coactis copiis 3
castra oppugnant, fossam complent. a nostris eadem ratione, qua pridie,
resistitur. hoc idem reliquis deinceps fit diebus. nulla pars nocturni 4/5
temporis ad laborem intermittitur; non aegris, non vulneratis facultas
quietis datur. quaecumque ad proximi diei oppugnationem opus sunt, 6
noctu comparantur; multae praeustae sudes, magnus muralium pilorum
numerus instituitur; turres contabulantur, pinnae loricaeque ex cratibus
attexuntur. ipse Cicero, cum tenuissima valetudine esset, ne nocturnum 7
quidem sibi tempus ad quietem relinquebat, ut ultro militum concursu
ac vocibus sibi parcere cogeretur.

Tum duces principesque Nerviorum, qui aliquem sermonis aditum 1 **41**
causamque amicitiae cum Cicerone habebant, conloqui se velle dicunt.
facta potestate eadem, quae Ambiorix cum Titurio egerat, commemo- 2
rant: omnem esse in armis Galliam; Germanos Rhenum transisse; 3
Caesaris reliquorumque hiberna oppugnari. addunt etiam de Sabini 4
morte; Ambiorigem ostentant fidei faciendae causa. errare eos dicunt, si 5
quicquam ab iis praesidii sperent, qui suis rebus diffidant; sese tamen hoc
esse in Ciceronem populumque Romanum animo, ut nihil nisi hiberna
recusent atque hanc inveterascere consuetudinem nolint; licere illis per 6
se incolumibus ex hibernis discedere et, quascumque in partes velint, sine
metu proficisci. Cicero ad haec unum modo respondet: non esse consue- 7
tudinem populi Romani ullam accipere ab hoste armato condicionem; si 8
ab armis discedere velint, se adiutore utantur legatosque ad Caesarem
mittant; sperare se pro eius iustitia, quae petierint, impetraturos.

Ab hac spe repulsi Nervii vallo pedum X et fossa pedum XV hiberna 1 **42**
cingunt. haec et superiorum annorum consuetudine a nobis cognoverant 2
et, quosdam de exercitu nacti captivos, ab his docebantur; sed nulla 3
ferramentorum copia, quae sunt ad hunc usum idonea, gladiis caespites
circumcidere, manibus sagulisque terram exhaurire cogebantur. qua 4
quidem ex re hominum multitudo cognosci potuit: nam minus horis
tribus milium pedum XV in circuitu munitionem perfecerunt. reliquis 5
diebus turres ad altitudinem valli, falces testudinesque, quas idem captivi
docuerant, parare ac facere coeperunt.

43 1 Septimo oppugnationis die maximo coorto vento ferventes ex argilla glandes et fervefacta iacula in casas, quae more Gallico stramentis erant 2 tectae, iacere coeperunt. haec celeriter ignem comprehenderunt et venti 3 magnitudine in omnem castrorum locum distulerunt. hostes maximo clamore sicuti parta iam atque explorata victoria turres testudinesque 4 agere et scalis vallum ascendere coeperunt. at tanta militum virtus atque ea praesentia animi fuit, ut, cum undique flamma torrerentur maximaque telorum multitudine premerentur suaque omnia impedimenta atque omnes fortunas conflagrare intellegerent, non modo [demigrandi causa] de vallo decederet nemo, sed paene ne respiceret quidem quisquam, ac 5 tum omnes acerrime fortissimeque pugnarent. hic dies nostris longe gravissimus fuit; sed tamen hunc habuit eventum, ut eo die maximus numerus hostium vulneraretur atque interficeretur, ut se sub ipso vallo 6 constipaverant recessumque primis ultimi non dabant. paulum quidem intermissa flamma et quodam loco turri adacta et contingente vallum tertiae cohortis centuriones ex eo, quo stabant, loco recesserunt suosque omnes removerunt, nutu vocibusque hostes, si introire vellent, vocare 7 coeperunt; quorum progredi ausus est nemo. tum ex omni parte lapidibus coniectis deturbati turrisque succensa est.

44 1 Erant in ea legione fortissimi viri, centuriones, qui iam primis ordini-2 bus adpropinquarent, T. Pullo et L. Vorenus, hi perpetuas inter se controversias habebant, uter alteri anteferretur, omnibusque annis de 3 loco summis simultatibus contendebant. ex his Pullo, cum acerrime ad munitiones pugnaretur: „quid dubitas", inquit, „Vorene? aut quem locum tuae probandae virtutis exspectas? hic dies de nostris controversiis iudi-4 cabit." haec cum dixisset, procedit extra munitiones, quaeque hostium 5 pars confertissima est visa, inrumpit. ne Vorenus quidem sese tum vallo 6 continet, sed omnium veritus existimationem subsequitur. mediocri spatio relicto Pullo pilum in hostes immittit atque unum ex multitudine procurrentem traicit; quo percusso exanimatoque hunc scutis protegunt hostes, in illum universi tela coniciunt neque dant progrediendi faculta-7/8 tem. transfigitur scutum Pulloni et verutum in balteo defigitur. avertit hic casus vaginam et gladium educere conanti dextram moratur manum; 9 impeditum hostes circumsistunt. succurrit inimicus illi Vorenus et 10 laboranti subvenit. ad hunc se confestim a Pullone omnis multitudo 11 convertit; (illum veruto arbitrantur occisum.) gladio comminus rem 12 gerit Vorenus atque uno interfecto reliquos paulum propellit; dum 13 cupidius instat, in locum inferiorem deiectus concidit. huic rursus circumvento subsidium fert Pullo, atque ambo incolumes compluribus inter-14 fectis summa cum laude sese intra munitiones recipiunt. sic fortuna in contentione et certamine utrumque versavit, ut alter alteri inimicus auxilio salutique esset neque diiudicari posset, uter utri virtute anteferendus videretur.

Quanto erat in dies gravior atque asperior oppugnatio, et maxime quod 1 **45** magna parte militum confecta vulneribus res ad paucitatem defensorum pervenerat, tanto crebriores litterae nuntiique ad Caesarem mittebantur; quorum pars deprehensa in conspectu nostrorum militum cum cruciatu necabatur. erat unus intus Nervius nomine Vertico, loco natus honesto, 2 qui a prima obsidione ad Ciceronem perfugerat su⟨mm⟩amque ei fidem praestiterat. hic servo spe libertatis magnisque persuadet praemiis, ut 3 litteras ad Caesarem deferat. has ille in iaculo inligatas effert et Gallus 4 inter Gallos sine ulla suspicione versatus ad Caesarem pervenit. ab eo de 5 periculis Ciceronis legionisque cognoscitur.

Caesar acceptis litteris hora circiter undecima diei statim nuntium in 1 **46** Bellovacos ad M. Crassum quaestorem mittit, cuius hiberna aberant ab eo milia passuum XXV; iubet media nocte legionem proficisci celeriterque 2 ad se venire. exit cum nuntio Crassus. alterum ad C. Fabium legatum 3 mittit, ut in Atrebatium fines legionem adducat, qua sibi iter faciendum sciebat. scribit T. Labieno, si rei publicae commodo facere possit, cum 4 legione ad fines Nerviorum veniat. reliquam partem exercitus, quod paulo aberat longius, non putat exspectandam; equites circiter quadringentos ex proximis hibernis cogit.

Hora circiter tertia ab antecursoribus de Crassi adventu certior factus 1 **47** eo die milia passuum XX progreditur. Crassum Samarobrivae praeficit 2 legionemque ei attribuit, quod ibi impedimenta exercitus, obsides civitatum, litteras publicas frumentumque omne, quod eo tolerandae hiemis causa devexerat, relinquebat. Fabius, ut imperatum erat, non ita multum 3 moratus in itinere cum legione occurrit. Labienus interitu Sabini et caede 4 cohortium cognita, cum omnes ad eum Treverorum copiae venissent, veritus, ne, si ex hibernis fugae similem profectionem fecisset, hostium impetum sustinere non posset, praesertim quos recenti victoria efferri sciret, litteras Caesari remittit, quanto cum periculo legionem ex hibernis 5 educturus esset; rem gestam in Eburonibus perscribit; docet omnes equitatus peditatusque copias Treverorum tria milia passuum longe ab suis castris consedisse.

Caesar consilio eius probato, etsi opinione trium legionum deiectus 1 **48** ad duas reciderat, tamen unum communis salutis auxilium in celeritate ponebat. venit magnis itineribus in Nerviorum fines. ibi ex captivis 2 cognoscit, quae apud Ciceronem gerantur quantoque in periculo res sit. tum cuidam ex equitibus Gallis magnis praemiis persuadet, uti ad Cicero- 3

4 nem epistulam deferat. hanc Graecis conscriptam litteris mittit, ne inter-
5 cepta epistula nostra ab hostibus consilia cognoscantur. si adire non
possit, monet, ut tragulam cum epistula ad ammentum deligata intra
6 munitiones castrorum abiciat. in litteris scribit se cum legionibus pro-
7 fectum celeriter adfore; hortatur, ut pristinam virtutem retineat. Gallus
8 periculum veritus, ut erat praeceptum, tragulam mittit. haec casu ad
turrim adhaesit neque a nostris biduo animadversa tertio die a quodam
9 milite conspicitur, dempta ad Ciceronem defertur. ille perlectam in
10 conventu militum recitat maximaque omnes laetitia adficit. tum fumi
incendiorum procul videbantur; quae res omnem dubitationem adventus
legionum expulit.

49 1 Galli re cognita per exploratores obsidionem relinquunt, ad Caesarem
2 omnibus copiis contendunt. haec erant armata circiter milia LX. Cicero
data facultate Gallum ab eodem Verticone, quem supra demonstravimus,
repetit, qui litteras ad Caesarem deferat; hunc admonet, iter caute diligen-
3 terque faciat; perscribit in litteris hostes ab se discessisse omnemque ad
4 eum multitudinem convertisse. quibus litteris circiter media nocte Caesar
adlatis suos facit certiores eosque ad dimicandum animo confirmat.
5 postero die luce prima movet castra et circiter milia passuum quattuor
progressus trans vallem magnam et rivum multitudinem hostium con-
6 spicatur. erat magni periculi res cum tantis copiis iniquo loco dimicare;
tum, quoniam obsidione liberatum Ciceronem sciebat, aequo animo re-
7 mittendum de celeritate existimabat. consedit et, quam aequissimo potest
loco, castra communit atque haec, etsi erant exigua per se, vix hominum
milium septem, praesertim nullis cum impedimentis, tamen angustiis viarum, quam maxime potest, contrahit eo consilio, ut in summam con-
8 temptionem hostibus veniat. interim speculatoribus in omnes partes
dimissis explorat, quo commodissime itinere vallem transire possit.

50 1 Eo die parvulis equestribus proeliis ad aquam factis utrique se suo loco
2 continent: Galli, quod ampliores copias, quae nondum convenerant,
3 exspectabant, Caesar, si forte timoris simulatione hostes in suum locum
elicere posset, ut citra vallem pro castris proelio contenderet; si id efficere
non posset, ut exploratis itineribus minore cum periculo vallem rivum-
4 que transiret. prima luce hostium equitatus ad castra accedit proeliumque
5 cum nostris equitibus committit. Caesar consulto equites cedere seque in
castra recipere iubet; simul ex omnibus partibus castra altiore vallo
muniri portasque obstrui atque in his administrandis rebus quam maxime
concursari et cum simulatione agi timoris iubet.

51 1 Quibus omnibus rebus hostes invitati copias traducunt aciemque
2 iniquo loco constituunt, nostris vero etiam de vallo deductis propius

accedunt et tela intra munitionem ex omnibus partibus coniciunt praeconibusque circummissis pronuntiari iubent, seu quis Gallus seu quis Romanus velit ante horam tertiam ad se transire, sine periculo licere; post id tempus non fore potestatem. ac sic nostros contempserunt, ut 3 obstructis in speciem portis singulis ordinibus caespitum, quod ea non posse introrumpere videbantur, alii vallum manu scindere, alii fossas complere inciperent. tum Caesar omnibus portis eruptione facta equitatu- 4 que emisso celeriter hostes in fugam dat, sic uti omnino pugnandi causa resisteret nemo, magnumque ex iis numerum occidit atque omnes armis exuit.

Longius prosequi veritus, quod silvae paludesque intercedebant (neque 1 **52** etiam parvulo detrimento illorum locum relinqui videbat), omnibus suis incolumibus eodem die ad Ciceronem pervenit. institutas turres, testudi- 2 nes munitionesque hostium admiratur; producta legione cognoscit non decimum quemque esse reliquum militem sine vulnere; ex his omnibus 3 iudicat rebus, quanto cum periculo et quanta virtute res sint administratae. Ciceronem pro eius merito legionemque conlaudat; centuriones sin- 4 gillatim tribunosque militum appellat, quorum egregiam fuisse virtutem testimonio Ciceronis cognoverat. de casu Sabini et Cottae certius ex captivis cognoscit. postero die contione habita rem gestam proponit, 5 milites consolatur et confirmat: quod detrimentum culpa et temeritate 6 legati sit acceptum, hoc aequiore animo ferendum docet, quod beneficio deorum immortalium et virtute eorum expiato incommodo neque hostibus diutina laetitia neque ipsis longior dolor relinquatur.

Interim ad Labienum per Remos incredibili celeritate de victoria 1 **53** Caesaris fama perfertur, ut, cum ab hibernis Ciceronis milia passuum circiter LX abesset eoque post horam nonam diei Caesar pervenisset, ante mediam noctem ad portas castrorum clamor oriretur, quo clamore significatio victoriae gratulatioque ab Remis Labieno fieret. hac fama ad Tre- 2 veros perlata Indutiomarus, qui postero die castra Labieni oppugnare decreverat, noctu profugit copiasque omnes in Treveros reducit. Caesar 3 Fabium cum legione in sua remittit hiberna, ipse cum tribus legionibus circum Samarobrivam trinis hibernis hiemare constituit et, quod tanti motus Galliae exstiterant, totam hiemem ipse ad exercitum manere decrevit. nam illo incommodo de Sabini morte perlato omnes fere Galliae 4 civitates de bello consultabant, nuntios legationesque in omnes partes dimittebant et, quid reliqui consilii caperent atque unde initium belli fieret, explorabant nocturnaque in locis desertis concilia habebant. neque ullum fere totius hiemis tempus sine sollicitudine Caesaris inter- 5 cessit, quin aliquem de consiliis ac motu Gallorum nuntium acciperet. in 6

his ab L. Roscio quaestore, quem legioni tertiae decimae praefecerat, certior factus est magnas Gallorum copias earum civitatum, quae
7 Aremoricae appellantur, oppugnandi sui causa convenisse neque longius milibus passuum octo ab hibernis suis afuisse, sed nuntio adlato de victoria Caesaris discessisse, adeo ut fugae similis discessus videretur.
54 1   At Caesar principibus cuiusque civitatis ad se evocatis alios territando, cum se scire, quae fierent, denuntiaret, alios cohortando magnam partem
2 Galliae in officio tenuit. tamen Senones, quae est civitas in primis firma et magnae inter Gallos auctoritatis, Cavarinum, quem Caesar apud eos regem constituerat, (cuius frater Moritasgus adventu in Galliam Caesaris cuiusque maiores regnum obtinuerant,) interficere publico consilio conati, cum ille praesensisset ac profugisset, usque ad fines insecuti regno
3 domoque expulerunt et missis ad Caesarem satisfaciendi causa legatis, cum is omnem ad se senatum venire iussisset, dicto audientes non fuerunt.
4 ⟨ac⟩ tantum apud homines barbaros valuit, esse aliquos repertos principes belli inferendi, tantamque omnibus voluntatis commutationem attulit, ut praeter Haeduos et Remos, quos praecipuo semper honore Caesar habuit, alteros pro vetere ac perpetua erga populum Romanum fide, alteros pro recentibus Gallici belli officiis, nulla fere civitas fuerit non
5 suspecta nobis. idque adeo haud scio mirandumne sit, cum compluribus aliis de causis, tum maxime, quod, qui virtute belli omnibus gentibus praeferebantur, tantum se eius opinionis deperdidisse, ut a populo Romano imperia perferrent, gravissime dolebant.
55 1   Treveri vero atque Indutiomarus totius hiemis nullum tempus intermiserunt, quin trans Rhenum legatos mitterent, civitates sollicitarent, pecunias pollicerentur, magna parte exercitus nostri interfecta multo
2 minorem superesse dicerent partem. neque tamen ulli civitati Germanorum persuaderi potuit, ut Rhenum transiret, cum se bis expertos dicerent, Ariovisti bello et Tencterorum transitu, non esse amplius fortunam
3 temptaturos. hac spe lapsus Indutiomarus nihilo minus copias cogere, exercere, a finitimis equos parare, exsules damnatosque tota Gallia magnis
4 praemiis ad se adlicere coepit. ac tantam sibi iam his rebus in Gallia auctoritatem comparaverat, ut undique ad eum legationes concurrerent, gratiam atque amicitiam publice privatimque peterent.
56 1   Ubi intellexit ultro ad se veniri, altera ex parte Senones Carnutesque conscientia facinoris instigari, altera Nervios Atuatucosque bellum Romanis parare, neque sibi voluntariorum copias defore, si ex finibus suis progredi coepisset, armatum concilium indicit. hoc more Gallorum est
2 initium belli. quo lege communi omnes puberes armati convenire coguntur; qui ex iis novissimus venit, in conspectu multitudinis omnibus cru-

ciatibus adfectus necatur. in eo concilio Cingetorigem, alterius principem 3 factionis, generum suum, quem supra demonstravimus Caesaris secutum fidem ab eo non discessisse, hostem iudicat bonaque eius publicat. his 4 rebus confectis in concilio pronuntiat arcessitum se ab Senonibus et Carnutibus aliisque compluribus Galliae civitatibus; huc iturum per 5 fines Remorum eorumque agros populaturum, ac, priusquam id faciat, castra Labieni oppugnaturum. quae fieri velit, praecipit.

Labienus, cum et loci natura et manu munitissimis castris sese teneret, 1 **57** de suo ac legionis periculo nihil timebat; ne quam occasionem rei bene gerendae dimitteret, cogitabat. itaque a Cingetorige atque eius propin- 2 quis oratione Indutiomari cognita, quam in concilio habuerat, nuntios mittit ad finitimas civitates equitesque undique evocat; his certam diem conveniendi dicit. interim prope cotidie cum omni equitatu Indutio- 3 marus sub castris eius vagabatur, alias ut situm castrorum cognosceret, alias conloquendi aut territandi causa; equites plerumque omnes tela intra vallum coniciebant. Labienus suos intra munitionem continebat 4 timorisque opinionem, quibuscumque poterat rebus, augebat.

Cum maiore in dies contemptione Indutiomarus ad castra accederet, 1 **58** nocte una intromissis equitibus omnium finitimarum civitatum, quos accessendos curaverat, tanta diligentia omnes suos custodiis intra castra continuit, ut nulla ratione ea res enuntiari aut ad Treveros perferri posset. interim ex consuetudine cotidiana Indutiomarus ad castra accedit 2 atque ibi magnam partem diei consumit; equites tela coniciunt et magna cum contumelia verborum nostros ad pugnam evocant. nullo ab nostris 3 dato responso, ubi visum est, sub vesperum dispersi ac dissipati discedunt. subito Labienus duabus portis omnem equitatum emittit; praecipit 4 atque interdicit, perterritis hostibus atque in fugam coniectis — quod fore, sicut accidit, videbat — unum omnes petant Indutiomarum, neu quis quem alium prius vulneret, quam illum interfectum viderit, quod mora reliquorum spatium nactum illum effugere nolebat; magna pro- 5 ponit iis, qui occiderint, praemia; submittit cohortes equitibus subsidio. comprobat hominis consilium fortuna, et cum unum omnes peterent, in 6 ipso fluminis vado deprehensus Indutiomarus interficitur caputque eius refertur in castra; redeuntes equites, quos possunt, consectantur atque occidunt. hac re cognita omnes Eburonum et Nerviorum, quae con- 7 venerant, copiae discedunt, pauloque habuit post id factum Caesar Galliam quietiorem.

LIBER SEXTUS

1 1 Multis de causis Caesar maiorem Galliae motum exspectans per M. Silanum, C. Antistium Reginum, T. Sextium legatos dilectum habere 2 instituit. simul a[b] Cn. Pompeio proconsule petit, quoniam ipse ad urbem cum imperio rei publicae causa remaneret, quos ex Cisalpina Gallia consul sacramento rogavisset, ad signa convenire et ad se proficisci iuberet, 3 magni interesse etiam in reliquum tempus ad opinionem Galliae existimans tantas videri Italiae facultates, ut, si quid esset in bello detrimenti acceptum, non modo id brevi tempore sarciri, sed etiam maioribus augeri 4 copiis posset. quod cum Pompeius et rei publicae et amicitiae tribuisset, celeriter confecto per suos dilectu tribus ante exactam hiemem et constitutis et adductis legionibus duplicato earum cohortium numero, quas cum Q. Titurio amiserat, et celeritate et copiis docuit, quid populi Romani disciplina atque opes possent.

2 1 Interfecto Indutiomaro, ut docuimus, ad eius propinquos a Treveris imperium defertur. illi finitimos Germanos sollicitare et pecuniam polli- 2 ceri non desistunt. cum a proximis impetrare non possent, ulteriores temptant. inventis nonnullis civitatibus iure iurando inter se confirmant obsidibusque de pecunia cavent; Ambiorigem sibi societate et foedere 3 adiungunt. quibus rebus cognitis Caesar, cum undique bellum parari videret, Nervios, Atuatucos, Menapios adiunctis Cisrhenanis omnibus Germanis esse in armis, Senones ad imperatum non venire et cum Carnutibus finitimisque civitatibus consilia communicare, a Treveris Germanos crebris legationibus sollicitari, maturius sibi de bello cogitandum putavit.

3 1 Itaque nondum hieme confecta proximis quattuor coactis legionibus 2 de improviso in fines Nerviorum contendit et, priusquam illi aut convenire aut profugere possent, magno pecoris atque hominum numero capto atque ea praeda militibus concessa vastatisque agris in deditionem 3 venire atque obsides sibi dare coegit. eo celeriter confecto negotio rursus 4 in hiberna legiones reduxit. concilio Galliae primo vere, uti instituerat, indicto, cum reliqui praeter Senones, Carnutes, Treverosque venissent, initium belli ac defectionis hoc esse arbitratus, ut omnia postponere vi- 5 deretur, concilium Luteciam Parisiorum transfert. confines erant hi Senonibus civitatemque patrum memoria coniunxerant, sed ab hoc con- 6 silio afuisse existimabantur. hac re pro suggestu pronuntiata eodem die cum legionibus in Senones proficiscitur magnisque itineribus eo pervenit.

4 1 Cognito eius adventu Acco, qui princeps eius consilii fuerat, iubet in oppida multitudinem convenire. conantibus, priusquam id effici posset,

adesse Romanos nuntiatur. necessario sententia desistunt legatosque de- 2
precandi causa ad Caesarem mittunt; adeunt per Haeduos, quorum antiquitus erat in fide civitas. libenter Caesar petentibus Haeduis dat veniam 3
excusationemque accipit, quod aestivum tempus instantis belli, non
quaestionis esse arbitrabatur. obsidibus imperatis centum hos Haeduis 4
custodiendos tradit. eodem Carnutes legatos obsidesque mittunt usi de- 5
precatoribus Remis, quorum erant in clientela; eadem ferunt responsa.
peragit concilium Caesar equitesque imperat civitatibus. 6

 Hac parte Galliae pacata totus et mente et animo in bellum Treverorum 1 **5**
et Ambiorigis insistit. Cavarinum cum equitatu Senonum secum pro- 2
ficisci iubet, ne quis aut ex huius iracundia aut ex eo, quod meruerat, odio
civitatis motus existat. his rebus constitutis, quod pro explorato habebat 3
Ambiorigem proelio non esse contenturum, reliqua eius consilia animo
circumspiciebat. erant Menapii propinqui Eburonum finibus, perpetuis 4
paludibus silvisque muniti, qui uni ex Gallia de pace ad Caesarem legatos
numquam miserant. cum his esse hospitium Ambiorigi sciebat; item per
Treveros venisse Germanis in amicitiam cognoverat. haec prius illi 5
detrahenda auxilia existimabat, quam ipsum bello lacesseret, ne desperata
salute aut se in Menapios abderet aut cum Transrhenanis congredi
cogeretur. hoc inito consilio totius exercitus impedimenta ad Labienum 6
in Treveros mittit duasque ad eum legiones proficisci iubet; ipse cum
legionibus expeditis quinque in Menapios proficiscitur. illi nulla coacta 7
manu loci praesidio freti in silvas paludesque confugiunt suaque eodem
conferunt.

 Caesar partitis copiis cum C. Fabio legato et M. Crasso quaestore 1 **6**
celeriterque effectis pontibus adit tripertito, aedificia vicosque incendit,
magno pecoris atque hominum numero potitur. quibus rebus coacti 2
Menapii legatos ad eum pacis petendae causa mittunt. ille obsidibus ac- 3
ceptis hostium se habiturum numero confirmat, si aut Ambiorigem aut
eius legatos finibus suis recepissent. his confirmatis rebus Commium
Atrebatem cum equitatu custodis loco in Menapiis relinquit, ipse in
Treveros proficiscitur.

 Dum haec a Caesare geruntur, Treveri magnis coactis peditatus equi- 1 **7**
tatusque copiis Labienum cum una legione, quae in eorum finibus hiemabat, adoriri parabant iamque ab eo non longius bidui via aberant, cum 2
duas venisse legiones missu Caesaris cognoscunt. positis castris a milibus 3
passuum XV auxilia Germanorum exspectare constituunt. Labienus 4
hostium cognito consilio sperans temeritate eorum fore aliquam dimicandi facultatem praesidio V cohortium impedimentis relicto cum XXV
cohortibus magnoque equitatu contra hostem proficiscitur et mille pas-

VI 7

5 suum intermisso spatio castra communit. erat inter Labienum atque hostem difficili transitu flumen ripisque praeruptis. hoc neque ipse transire habebat in animo neque hostes transituros existimabat. augebatur auxilio-
6 rum cotidie spes. loquitur consulto palam, quoniam Germani adpropinquare dicantur, sese suas exercitusque fortunas in dubium non devocatu-
7 rum et postero die prima luce castra moturum. celeriter haec ad hostes deferuntur, ut ex magno Gallorum equitum numero nonnullos Gallicis
8 rebus favere natura cogebat. Labienus noctu tribunis militum primisque ordinibus convocatis, quid sui sit consilii, proponit et, quo facilius hostibus timoris det suspicionem, maiore strepitu et tumultu, quam populi Romani fert consuetudo, castra moveri iubet. his rebus fugae
9 similem profectionem efficit. haec quoque per exploratores ante lucem in tanta propinquitate castrorum ad hostes deferuntur.

8 1 Vix agmen novissimum extra munitiones processerat, cum Galli cohortati inter se, ne speratam praedam ex manibus dimitterent — longum esse perterritis Romanis Germanorum auxilium exspectare, neque suam pati dignitatem, ut tantis copiis tam exiguam manum, praesertim fugientem atque impeditam, adoriri non audeant — flumen transire et
2 iniquo loco committere proelium non dubitant. quae fore suspicatus Labienus, ut omnes citra flumen eliceret, eadem usus simulatione itineris
3 placide progrediebatur. tum praemissis paulum impedimentis atque in tumulo quodam conlocatis „Habetis", inquit, „milites, quam petistis
4 facultatem; hostem impedito atque iniquo loco tenetis; praestate eandem nobis ducibus virtutem, quam saepe numero imperatori praestitistis,
5 atque illum adesse et haec coram cernere existimate." simul signa ad hostem converti aciemque derigi iubet et paucis turmis praesidio ad im-
6 pedimenta [di]missis reliquos equites ad latera disponit. celeriter nostri clamore sublato pila in hostes immittunt. illi, ubi praeter spem, quos ⟨modo⟩ fugere credebant, infestis signis ad se ire viderunt, impetum ferre non potuerunt ac primo concursu in fugam coniecti proximas silvas
7 petiverunt. quos Labienus equitatu consectatus magno numero interfecto, compluribus captis paucis post diebus civitatem recepit. nam Germani, qui auxilio veniebant, percepta Treverorum fuga sese domum contulerunt.
8 cum his propinqui Indutiomari, qui defectionis auctores fuerant, comitati
9 eos ex civitate excesserunt. Cingetorigi, quem ab initio permansisse in officio demonstravimus, principatus atque imperium est traditum.

9 1 Caesar, postquam ex Menapiis in Treveros venit, duabus de causis Rhenum transire constituit; quarum una erat, quod ⟨Germani⟩ auxilia
2 contra se Treveris miserant, altera, ne ad eos Ambiorix receptum haberet.
3 his constitutis rebus paulo supra eum locum, quo ante exercitum tra-

duxerat, facere pontem instituit. nota atque instituta ratione magno mili- 4 tum studio paucis diebus opus efficitur. firmo in Treveris ad pontem 5 praesidio relicto, ne quis ab his subito motus oriretur, reliquas copias equitatumque traducit. Ubii, qui ante obsides dederant atque in deditio- 6 nem venerant, purgandi sui causa ad eum legatos mittunt, qui doceant neque ex sua civitate auxilia in Treveros missa neque ab se fidem laesam; petunt atque orant, ut sibi parcat, ne communi odio Germanorum in- 7 nocentes pro nocentibus poenas pendant; si amplius obsidum velit dari, pollicentur. cognita Caesar causa reperit ab Suebis auxilia missa esse; 8 Ubiorum satisfactionem accipit, aditus viasque in Suebos perquirit.

Interim paucis post diebus fit ab Ubiis certior Suebos omnes in unum 1 **10** locum copias cogere atque iis nationibus, quae sub eorum sint imperio, denuntiare, uti auxilia peditatus equitatusque mittant. his cognitis rebus 2 rem frumentariam providet, castris idoneum locum deligit; Ubiis imperat, ut pecora deducant suaque omnia ex agris in oppida conferant, sperans barbaros atque imperitos homines inopia cibariorum adductos ad iniquam pugnandi condicionem posse deduci; mandat, ut crebros explora- 3 tores in Suebos mittant, quaeque apud eos gerantur, cognoscant. illi 4 imperata faciunt et paucis diebus intermissis referunt: Suebos omnes, posteaquam certiores nuntii de exercitu Romanorum venerint, cum omnibus suis sociorumque copiis, quas coegissent, penitus ad extremos fines se recepisse; silvam ibi esse infinita magnitudine, quae appelletur 5 Bacenis; hanc longe introrsus pertinere et pro nativo muro obiectam Cheruscos ab Sueborum Suebosque a Cheruscorum iniuriis incursionibusque prohibere; ad eius silvae initium Suebos adventum Romanorum exspectare constituisse.

Quoniam ad hunc locum perventum est, non alienum esse videtur de 1 **11** Galliae Germaniaeque moribus et, quo differant hae nationes inter sese, proponere. in Gallia non solum in omnibus civitatibus atque in omni- 2 bus pagis partibusque, sed paene etiam in singulis domibus factiones sunt, earumque factionum sunt principes, qui summam auctoritatem 3 eorum iudicio habere existimantur, quorum ad arbitrium iudiciumque summa omnium rerum consiliorumque redeat; idque eius rei causa 4 antiquitus institutum videtur, ne quis ex plebe contra potentiorem auxilii egeret; suos enim quisque opprimi et circumveniri non patitur, neque, aliter si faciat, ullam inter suos habet auctoritatem. haec eadem 5 ratio est in summa totius Galliae; namque omnes civitates divisae sunt in duas partes.

Cum Caesar in Galliam venit, alterius factionis principes erant Haedui, 1 **12** alterius Sequani. hi cum per se minus valerent, quod summa auctoritas 2 antiquitus erat in Haeduis magnaeque eorum erant clientelae, Germanos atque Ariovistum sibi adiunxerant eosque ad se magnis iacturis pollicitationibusque perduxerant. proeliis vero compluribus factis secundis atque omni nobilitate Haeduorum interfecta tantum potentia antecesserant, ut magnam partem clientium ab Haeduis ad se traducerent obsidesque ab his principum filios acciperent et publice iurare cogerent nihil se contra Sequanos consilii inituros et partem finitimi agri per vim occupatam possiderent Galliaeque totius principatum obtinerent. qua necessitate adductus Diviciacus auxilii petendi causa Romam ad senatum profectus infecta re redierat. adventu Caesaris facta commutatione rerum, obsidibus Haeduis redditis, veteribus clientelis restitutis, novis per Caesarem comparatis, quod ii, qui se ad eorum amicitiam adgregaverant, meliore condicione atque aequiore imperio se uti videbant, reliquis rebus eorum gratia dignitateque amplificata Sequani principatum dimiserant. in eorum locum Remi successerant; quos quod adaequare apud Caesarem gratia intellegebatur, ii, qui propter veteres inimicitias nullo modo cum Haeduis coniungi poterant, se Remis in clientelam dicabant. hos illi diligenter tuebantur: ita et novam et repente collectam auctoritatem tenebant. eo tum statu res erat, ut longe principes haberentur Haedui, secundum locum dignitatis Remi obtinerent.

13 1 In omni Gallia eorum hominum, qui aliquo sunt numero atque honore, genera sunt duo. nam plebes paene servorum habetur loco, quae nihil audet per se, nulli adhibetur concilio. plerique, cum aut aere alieno aut magnitudine tributorum aut iniuria potentiorum premuntur, sese in servitutem dicant nobilibus, ⟨quibus⟩ in hos eadem omnia sunt iura, quae dominis in servos. sed de his duobus generibus alterum est druidum, alterum equitum. illi rebus divinis intersunt, sacrificia publica ac privata procurant, religiones interpretantur. ad hos magnus adulescentium numerus disciplinae causa concurrit magnoque hi sunt apud eos honore. nam fere de omnibus controversiis publicis privatisque constituunt, et si quod est facinus admissum, si caedes facta, si de hereditate, de finibus controversia est, idem decernunt, praemia poenasque constituunt; si qui aut privatus aut populus eorum decreto non stetit, sacrificiis interdicunt. haec poena apud eos est gravissima. quibus ita est interdictum, hi numero impiorum ac sceleratorum habentur, his omnes decedunt, aditum eorum sermonemque defugiunt, ne quid ex contagione incommodi accipiant, neque his petentibus ius redditur neque honos ullus communicatur. his autem omnibus druidibus praeest unus, qui summam inter eos habet auctoritatem. hoc mortuo aut, si qui ex reliquis excellit dignitate, succedit aut, si sunt plures pares, suffragio druidum deligitur; nonnumquam

etiam armis de principatu contendunt. hi certo anni tempore in finibus 10
Carnutum, quae regio totius Galliae media habetur, considunt in loco
consecrato. huc omnes undique, qui controversias habent, conveniunt
eorumque decretis iudiciisque parent. disciplina in Britannia reperta atque 11
inde in Galliam translata existimatur, et nunc, qui diligentius eam rem
cognoscere volunt, plerumque illo discendi causa proficiscuntur.

Druides a bello abesse consuerunt neque tributa una cum reliquis 1 **14**
pendunt. militiae vacationem omniumque rerum habent immunitatem.
tantis excitati praemiis et sua sponte multi in disciplinam conveniunt et a 2
parentibus propinquisque mittuntur. magnum ibi numerum versuum 3
ediscere dicuntur. itaque annos nonnulli vicenos in disciplina permanent.
neque fas esse existimant ea litteris mandare, cum in reliquis fere rebus,
publicis privatisque rationibus, Graecis utantur litteris. id mihi duabus 4
de causis instituisse videntur, quod neque in vulgus disciplinam efferri
velint neque eos, qui discunt, litteris confisos minus memoriae studere;
quod fere plerisque accidit, ut praesidio litterarum diligentiam in per-
discendo ac memoriam remittant. in primis hoc volunt persuadere non 5
interire animas, sed ab aliis post mortem transire ad alios, atque hoc
maxime ad virtutem excitari putant metu mortis neglecto. multa prae- 6
terea de sideribus atque eorum motu, de mundi ac terrarum magnitudine,
de rerum natura, de deorum immortalium vi ac potestate disputant et
iuventuti tradunt.

Alterum genus est equitum. hi, cum est usus atque aliquod bellum 1 **15**
incidit — quod ante Caesaris adventum fere quotannis accidere solebat,
uti aut ipsi iniurias inferrent aut inlatas propulsarent — omnes in bello
versantur, atque eorum ut quisque est genere copiisque amplissimus, ita 2
plurimos circum se ambactos clientesque habet. hanc unam gratiam
potentiamque noverunt.

Natio est omnis Gallorum admodum dedita religionibus atque ob eam 1/2 **16**
causam, qui sunt adfecti gravioribus morbis quique in proeliis periculis-
que versantur, aut pro victimis homines immolant aut se immolaturos
vovent administrisque ad ea sacrificia druidibus utuntur, quod, pro vita 3
hominis nisi hominis vita reddatur, non posse deorum immortalium
numen placari arbitrantur, publiceque eiusdem generis habent instituta
sacrificia. alii immani magnitudine simulacra habent, quorum contexta 4
viminibus membra vivis hominibus complent; quibus succensis circumventi flamma exanimantur homines. supplicia eorum, qui in furto aut 5
latrocinio aut aliqua noxia sint comprehensi, gratiora dis immortalibus
esse arbitrantur; sed cum eius generis copia deficit, etiam ad innocentium
supplicia descendunt.

17 1 Deorum maxime Mercurium colunt. huius sunt plurima simulacra, hunc omnium inventorem artium ferunt, hunc viarum atque itinerum ducem, hunc ad quaestus pecuniae mercaturasque habere vim maximam 2 arbitrantur. post hunc Apollinem et Martem et Iovem et Minervam. de his eandem fere quam reliquae gentes habent opinionem: Apollinem morbos depellere, Minervam operum atque artificiorum initia tradere, 3 Iovem imperium caelestium tenere, Martem bella regere. huic, cum proelio dimicare constituerunt, ea, quae bello ceperint, plerumque devovent; cum superaverunt, animalia capta immolant, reliquas res in unum 4 locum conferunt. multis in civitatibus harum rerum exstructos cumulos 5 locis consecratis conspicari licet; neque saepe accidit, ut neglecta quispiam religione aut capta occultare aut posita tollere auderet, gravissimumque ei rei supplicium cum cruciatu constitutum est.

18 1 Galli se omnes ab Dite patre prognatos praedicant idque ab druidibus 2 proditum dicunt. ob eam causam spatia omnis temporis non numero dierum, sed noctium finiunt; dies natales et mensium et annorum initia 3 sic observant, ut noctem dies subsequatur. in reliquis vitae institutis hoc fere ab reliquis differunt, quod suos liberos, nisi cum adoleverunt, ut munus militiae sustinere possint, palam ad se adire non patiuntur filiumque puerili aetate in publico in conspectu patris adsistere turpe ducunt.

19 1 Viri, quantas pecunias ab uxoribus dotis nomine acceperunt, tantas ex 2 suis bonis aestimatione facta cum dotibus communicant. huius omnis pecuniae coniunctim ratio habetur fructusque servantur; uter eorum vita superavit, ad eum pars utriusque cum fructibus superiorum temporum 3 pervenit. viri in uxores sicuti in liberos vitae necisque habent potestatem; et cum pater familiae inlustriore loco natus decessit, eius propinqui conveniunt et, de morte si res in suspicionem venit, de uxoribus in servilem modum quaestionem habent et, si compertum est, igni atque 4 omnibus tormentis excruciatas interficiunt. funera sunt pro cultu Gallorum magnifica et sumptuosa; omniaque, quae vivis cordi fuisse arbitrantur, in ignem inferunt, etiam animalia, ac paulo supra hanc memoriam servi et clientes, quos ab iis dilectos esse constabat, iustis funebribus confectis una cremabantur.

20 1 Quae civitates commodius suam rem publicam administrare existimantur, habent legibus sanctum, si quis quid de re publica a finitimis rumore ac fama acceperit, uti ad magistratum deferat neve cum quo alio com-2 municet, quod saepe homines temerarios atque imperitos falsis rumoribus terreri et ad facinus impelli et de summis rebus consilium capere cogni-3 tum est. magistratus, quae visa sunt, occultant, quae esse ex usu iudicaverunt, multitudini produnt. de re publica nisi per concilium loqui non conceditur.

Germani multum ab hac consuetudine differunt. nam neque druides 1 **21** habent, qui rebus divinis praesint, neque sacrificiis student. deorum 2 numero eos solos ducunt, quos cernunt et quorum aperte opibus iuvantur, Solem et Vulcanum et Lunam, reliquos ne fama quidem acceperunt. vita omnis in venationibus atque in studiis rei militaris 3 consistit; a parvis labori ac duritiae student. qui diutissime impuberes 4 permanserunt, maximam inter suos ferunt laudem: hoc ali staturam, ali vires nervosque confirmari putant. intra annum vero vicesimum feminae 5 notitiam habuisse in turpissimis habent rebus; cuius rei nulla est occultatio, quod et promiscue in fluminibus perluuntur et pellibus aut parvis renonum tegimentis utuntur magna corporis parte nuda.

Agri culturae non student, maiorque pars eorum victus in lacte, 1 **22** caseo, carne consistit. neque quisquam agri modum certum aut fines 2 habet proprios, sed magistratus ac principes in annos singulos gentibus cognationibusque hominum, quique una coierunt, quantum et quo loco visum est agri, adtribuunt atque anno post alio transire cogunt. eius rei 3 multas adferunt causas: ne adsidua consuetudine capti studium belli gerendi agri cultura commutent; ne latos fines parare studeant potentioresque humiliores possessionibus expellant; ne accuratius ad frigora atque aestus vitandos aedificent; ne qua oriatur pecuniae cupiditas, qua ex re factiones dissensionesque nascuntur; ut animi aequi- 4 tate plebem contineant, cum suas quisque opes cum potentissimis aequari videat.

Civitatibus maxima laus est quam latissime circum se vastatis finibus 1 **23** solitudines habere. hoc proprium virtutis existimant, expulsos agris 2 finitimos cedere neque quemquam prope se audere consistere; simul hoc 3 se fore tutiores arbitrantur repentinae incursionis timore sublato. cum 4 bellum civitas aut inlatum defendit aut infert, magistratus, qui ei bello praesint et vitae necisque habeant potestatem, deliguntur. in pace nullus 5 est communis magistratus, sed principes regionum atque pagorum inter suos ius dicunt controversiasque minuunt. latrocinia nullam habent 6 infamiam, quae extra fines cuiusque civitatis fiunt, atque ea iuventutis exercendae ac desidiae minuendae causa fieri praedicant. atque ubi quis ex 7 principibus in concilio dixit se ducem fore, qui sequi velint, profiteantur, consurgunt ii, qui et causam et hominem probant, suumque auxilium pollicentur atque a multitudine conlaudantur; qui ex his secuti non sunt, 8 in desertorum ac proditorum numero ducuntur, omniumque his rerum postea fides derogatur. hospitem violare fas non putant; qui quacumque 9 de causa ad eos venerunt, ab iniuria prohibent sanctosque habent, hisque omnium domus patent victusque communicatur.

24 1 Ac fuit antea tempus, cum Germanos Galli virtute superarent, ultro bella inferrent, propter hominum multitudinem agrique inopiam trans 2 Rhenum colonias mitterent. (itaque ea, quae fertillissima Germaniae sunt, loca circum Hercyniam silvam — quam Eratostheni et quibusdam Graecis fama notam esse video, quam illi Orcyniam appellant — Volcae 3 Tectosages occupaverunt atque ibi consederunt; quae gens ad hoc tempus his sedibus sese continet summamque habet iustitiae et bellicae 4 laudis opinionem.) nunc quoniam in eadem inopia, egestate, patientia, qua ⟨ante⟩, Germani permanent, eodem victu et cultu corporis utuntur, 5 Gallis autem provinciarum propinquitas et transmarinarum rerum 6 notitia multa ad copiam atque usum largitur, paulatim adsuefacti superari multisque victi proeliis ne se quidem ipsi cum illis virtute comparant.

25 1 Huius Hercyniae silvae, quae supra demonstrata est, latitudo novem dierum iter expedito patet; non enim aliter finiri potest, neque mensuras 2 itinerum noverunt. oritur ab Helvetiorum et Nemetum et Rauracorum finibus rectaque fluminis Danuvii regione pertinet ad fines Dacorum et 3 Anartium; hinc se flectit sinistrorsus diversis a flumine regionibus 4 multarumque gentium fines propter magnitudinem attingit; neque quisquam est huius Germaniae, qui se aut adisse ad initium eius silvae dicat, cum dierum iter LX processerit, aut, quo ex loco oriatur, acceperit; 5 multaque in ea genera ferarum nasci constat, quae reliquis in locis visa non sint; ex quibus, quae maxime differant a ceteris et memoriae prodenda videantur, haec sunt.

26 1 Est bos cervi figura, cuius a media fronte inter aures unum cornu exsistit excelsius magisque derectum his, quae nobis nota sunt, cornibus; 2/3 ab eius summo sicut palmae ramique late diffunduntur. eadem est feminae marisque natura, eadem forma magnitudoque cornuum.

27 1 Sunt item, quae appellantur alces. harum est consimilis capris figura et varietas pellium, sed magnitudine paulo antecedunt mutilaeque sunt 2 cornibus et crura sine nodis articulisque habent. neque quietis causa procumbunt neque, si quo adflictae casu conciderunt, erigere se aut 3 sublevare possunt. his sunt arbores pro cubilibus; ad eas se adplicant 4 atque ita paulum modo reclinatae quietem capiunt. quarum ex vestigiis cum est animadversum a venatoribus, quo se recipere consuerint, omnes eo loco aut ab radicibus subruunt aut accidunt arbores, tantum ut 5 summa species earum stantium relinquatur. huc cum se consuetudine reclinaverunt, infirmas arbores pondere adfligunt atque una ipsae concidunt.

Tertium est genus eorum, qui uri appellantur. hi sunt magnitudine 1 **28**
paulo infra elephantos, specie et colore et figura tauri. magna vis eorum 2
est et magna velocitas; neque homini neque ferae, quam conspexerunt,
parcunt. hos studiose foveis captos interficiunt. hoc se labore durant 3
adulescentes atque hoc genere venationis exercent, et qui plurimos ex his
interfecerunt, relatis in publicum cornibus, quae sint testimonio, magnam
ferunt laudem. sed adsuescere ad homines et mansuefieri ne parvuli 4
quidem excepti possunt. amplitudo cornuum et figura et species multum 5
a nostrorum boum cornibus differt. haec studiose conquisita ab labris 6
argento circumcludunt atque in amplissimis epulis pro poculis utuntur.

Caesar, postquam per Ubios exploratores comperit Suebos se in 1 **29**
silvas recepisse, inopiam frumenti veritus, quod, ut supra demonstravimus, minime omnes Germani agri culturae student, constituit non
progredi longius; sed ne omnino metum reditus sui barbaris tolleret 2
atque ut eorum auxilia tardaret, reducto exercitu partem ultimam pontis,
quae ripas Ubiorum contingebat, in longitudinem pedum ducentorum 3
rescindit atque in extremo ponte turrim tabulatorum quattuor constituit
praesidiumque cohortium XII pontis tuendi causa ponit magnisque
eum locum munitionibus firmat. ei loco praesidioque C. Volcacium
Tullum adulescentem praeficit. ipse, cum maturescere frumenta inciperent, ad bellum Ambiorigis profectus per Arduennam silvam quae 4
est totius Galliae maxima atque ab ripis Rheni finibusque Treverorum
ad Nervios pertinet milibusque amplius quingentis in longitudinem
patet, L. Minucium Basilum cum omni equitatu praemittit, si quid
celeritate itineris atque opportunitate temporis proficere possit; monet, 5
ut ignes in castris fieri prohibeat, ne qua eius adventus procul significatio
fiat; sese confestim subsequi dicit.

Basilus, ut imperatum est, facit. celeriter contraque omnium opinio- 1 **30**
nem confecto itinere multos in agris inopinantes deprehendit; eorum
indicio ad ipsum Ambiorigem contendit, quo in loco cum paucis equitibus esse dicebatur. multum cum in omnibus rebus, tum in re militari 2
potest fortuna. nam ⟨ut⟩ magno accidit casu, ut in ipsum incautum
etiam atque imparatum incideret, priusque eius adventus ab hominibus
videretur, quam fama ac nuntius adferetur, sic magnae fuit fortunae,
omni militari instrumento, quod circum se habebat, erepto, raedis
equisque comprehensis, ipsum effugere mortem. sed hoc factum est, 3
quod aedificio circumdato silva (ut sunt fere domicilia Gallorum, qui
vitandi aestus causa plerumque silvarum ac fluminum petunt propinquitates) comites familiaresque eius angusto in loco paulisper equitum
nostrorum vim sustinuerunt. his pugnantibus illum in equum quidam ex 4

suis intulit: fugientem silvae texerunt. sic et ad subeundum periculum et ad vitandum multum fortuna valuit.

31 1 Ambiorix copias suas iudicione non conduxerit, quod proelio dimicandum non existimaret, an tempore exclusus et repentino equitum adventu prohibitus, cum reliquum exercitum subsequi crederet, dubium 2 est. sed certe dimissis per agros nuntiis sibi quemque consulere iussit. quorum pars in Arduennam silvam, pars in continentes paludes profugit; 3 qui proximi Oceano fuerunt, hi insulis se occultaverunt, quas aestus 4 efficere consuerunt; multi ex suis finibus egressi se suaque omnia alienissi- 5 mis crediderunt. Catuvolcus, rex dimidiae partis Eburonum, qui una cum Ambiorige consilium inierat, aetate iam confectus cum laborem belli aut fugae ferre non posset, omnibus precibus detestatus Ambiorigem, qui eius consilii auctor fuisset, taxo, cuius magna in Gallia Germaniaque copia est, se exanimavit.

32 1 Segni Condrusique, ex gente et numero Germanorum, qui sunt inter Eburones Treverosque, legatos ad Caesarem miserunt oratum, ne se in hostium numero duceret neve omnium Germanorum, qui essent citra Rhenum, unam esse causam iudicaret: nihil se de bello cogitasse, nulla 2 Ambiorigi auxilia misisse. Caesar explorata re quaestione captivorum, si qui ad eos Eburones ex fuga convenissent, ad se ut reducerentur, 3 imperavit; si ita fecissent, fines eorum se violaturum negavit. tum copiis in tres partes distributis impedimenta omnium legionum Atuatucam 4 contulit. id castelli nomen est. hoc fere est in mediis Eburonum finibus, 5 ubi Titurius et Aurunculeius hiemandi causa consederant. hunc cum reliquis rebus locum probabat, tum quod superioris anni munitiones integrae manebant, ut militum laborem sublevaret. praesidio impedimentis legionem quartam decimam reliquit, unam ex iis tribus, quas 6 proxime conscriptas ex Italia traduxerat. ei legioni castrisque Q. Tullium Ciceronem praefecit ducentosque equites ei attribuit.

33 1 Partito exercitu T. Labienum cum legionibus tribus ad Oceanum 2 versus in eas partes, quae Menapios attingunt, proficisci iubet. C. Trebonium cum pari legionum numero ad eam regionem, quae Atuatucis 3 adiacet, depopulandam mittit; ipse cum reliquis tribus ad flumen Scaldim, quod influit in Mosam, extremasque Arduennae partes ire consti- 4 tuit, quo cum paucis equitibus profectum Ambiorigem audiebat. discedens post diem septimum se reversurum confirmat, quam ad diem ei legioni, 5 quae in praesidio relinquebatur, frumentum deberi sciebat. Labienum Treboniumque hortatur, si rei publicae commodo facere possint, ad eam diem revertantur, ut rursus communicato consilio exploratisque hostium rationibus aliud belli initium capere possint.

VI 35

Erat, ut supra demonstravimus, manus certa nulla, non oppidum, non 1 **34** praesidium, quod se armis defenderet, sed in omnes partes dispersa multitudo. ubi cuique aut valles abdita aut locus silvestris aut palus 2 impedita spem praesidii aut salutis aliquam offerebat, consederat. haec loca 3 vicinitatibus erant nota, magnamque res diligentiam requirebat, non in summa exercitus tuenda — nullum enim poterat universis ⟨a⟩ perterritis ac dispersis periculum accidere — sed in singulis militibus conservandis; quae tamen ex parte res ad salutem exercitus pertinebat. nam et praedae 4 cupiditas multos longius evocabat et silvae incertis occultisque itineribus confertos adire prohibebant. si negotium confici stirpemque hominum 5 sceleratorum interfici vellet, dimittendae plures manus diducendique erant milites; si continere ad signa manipulos vellet, ut instituta ratio et consue- 6 tudo exercitus Romani postulabat, locus erat ipse praesidio barbaris, neque ex occulto insidiandi et dispersos circumveniendi singulis deerat audacia. ut in eius modi difficultatibus, quantum diligentia provideri poterat, provi- 7 debatur, ut potius in nocendo aliquid praetermitteretur, etsi omnium animi ad ulciscendum ardebant, quam cum aliquo militum detrimento noceretur. dimittit ad finitimas civitates nuntios Caesar: omnes evocat 8 spe praedae ad diripiendos Eburones, ut potius in silvis Gallorum vita quam legionarius miles periclitetur, simul ut magna multitudine circumfusa pro tali facinore stirps ac nomen civitatis tollatur. magnus undique 9 numerus celeriter convenit.

Haec in omnibus Eburonum partibus gerebantur diesque adpetebat sep- 1 **35** timus, quem ad diem Caesar ad impedimenta legionemque reverti constituerat. hic, quantum in bello fortuna possit et quantos adferat casus, co- 2 gnosci potuit. dissipatis ac perterritis hostibus, ut demonstravimus, manus 3 erat nulla, quae parvam modo causam timoris adferret. trans Rhenum ad 4 Germanos pervenit fama diripi Eburones atque ultro omnes ad praedam evocari. cogunt equitum duo milia Sugambri, qui sunt proximi Rheno, a 5 quibus receptos ex fuga Tencttheros atque Usipetes supra docuimus. transeunt Rhenum navibus ratibusque triginta milibus passuum infra 6 eum locum, ubi pons erat perfectus praesidiumque a Caesare relictum; primos Eburonum fines adeunt; multos ex fuga dispersos excipiunt, magno pecoris numero, cuius sunt cupidissimi barbari, potiuntur. invitati praeda longius procedunt. non hos palu⟨de⟩s bello latrociniisque 7 natos, non silvae morantur. quibus in locis sit Caesar, ex captivis quaerunt; profectum longius reperiunt omnemque exercitum discessisse cognoscunt. atque unus ex captivis: „quid vos", inquit, „hanc miseram ac 8 tenuem sectamini praedam, quibus licet iam esse fortunatissimos? tribus 9 horis Atuatucam venire potestis; huc omnes suas fortunas exercitus

Romanorum contulit; praesidii tantum est, ut ne murus quidem cingi possit neque quisquam egredi extra munitiones audeat." oblata spe Germani, quam nacti erant praedam, in occulto relinquunt; ipsi Atuatucam contendunt usi eodem duce, cuius haec indicio cognoverant.

36 1 Cicero, qui omnes superiores dies praeceptis Caesaris summa diligentia militibus in castris continuisset ac ne calonem quidem quemquam extra munitionem egredi passus esset, septimo die diffidens de numero dierum Caesarem fidem servaturum, quod longius eum progressum audiebat 2 neque ulla de reditu eius fama adferebatur, simul eorum permotus vocibus, qui illius patientiam paene obsessionem appellabant, siquidem ex castris egredi non liceret, nullum eius modi casum exspectans, quo novem oppositis legionibus maximoque equitatu, dispersis ac paene deletis hostibus in milibus passuum tribus offendi posset, quinque cohortes frumentatum in proximas segetes mittit, quas inter et castra 3 unus omnino collis intererat. complures erant in castris ex legionibus aegri relicti; ex quibus, qui hoc spatio dierum convaluerant, circiter CCC, sub vexillo una mittuntur; magna praeterea multitudo calonum, magna vis iumentorum, quae in castris subsederat, facta potestate sequitur.

37 1 Hoc ipso tempore casu Germani equites interveniunt protinusque eodem illo, quo venerant, cursu ab decumana porta in castra inrumpere 2 conantur, nec prius sunt visi obiectis ab ea parte silvis, quam castris adpropinquarent, usque eo ut, qui sub vallo tenderent mercatores, 3 recipiendi sui facultatem non haberent. inopinantes nostri re nova pertur- 4 bantur, ac vix primum impetum cohors in statione sustinet. circumfunduntur hostes ex reliquis partibus, si quem aditum reperire possint. 5 aegre portas nostri tuentur; reliquos aditus locus ipse per se munitioque 6 defendit. totis trepidatur castris, atque alius ex alio causam tumultus quaerit; neque quo signa ferantur neque quam in partem quisque 7 conveniat, provident. alius castra iam capta pronuntiat, alius deleto 8 exercitu atque imperatore victores barbaros venisse contendit; plerique novas sibi ex loco religiones fingunt Cottaeque et Titurii calamitatem, 9 qui in eodem castello occiderint, ante oculos ponunt. tali timore omnibus perterritis confirmatur opinio barbaris, ut ex captivo audierant, nullum 10 esse intus praesidium. perrumpere nituntur seque ipsi adhortantur, ne tantam fortunam ex manibus dimittant.

38 1 Erat aeger in praesidio relictus P. Sextius Baculus, qui primum pilum apud Caesarem duxerat, cuius mentionem superioribus proeliis fecimus, 2 ac diem iam quintum cibo caruerat. hic diffisus suae atque omnium saluti inermis ex tabernaculo prodit; videt imminere hostes atque in summo rem esse discrimine; capit arma a proximis atque in porta consistit.

sequuntur hunc centuriones eius cohortis, quae in statione erat; paulisper 3
una proelium sustinent. relinquit animus Sextium gravibus acceptis 4
vulneribus; deficiens aegre per manus tractus servatur. hoc spatio inter- 5
posito reliqui se confirmant tantum, ut in munitionibus consistere
audeant speciemque defensorum praebeant.

Interim confecta frumentatione milites nostri clamorem exaudiunt; 1 **39**
praecurrunt equites; quanto res sit in periculo, cognoscunt. hic vero 2
nulla munitio est, quae perterritos recipiat; modo conscripti atque usus
militaris imperiti ad tribunum militum centurionesque ora convertunt;
quid ab his praecipiatur, exspectant. Nemo est tam fortis, quin rei 3
novitate perturbetur. barbari signa procul conspicati oppugnatione 4
desistunt; redisse primo legiones credunt, quas longius discessisse ex
captivis cognoverant; postea despecta paucitate ex omnibus partibus
impetum faciunt.

Calones in proximum tumulum procurrunt. hinc celeriter deiecti in 1 **40**
signa se manipulosque coniciunt; eo magis timidos perterrent milites. alii, 2
cuneo facto ut celeriter perrumpant, censent, quoniam tam propinqua sint
castra, etsi pars aliqua circumventa ceciderit, at reliquos servari posse,
alii, ut in iugo consistant atque eundem omnes ferant casum. hoc veteres 3/4
non probant milites, quos sub vexillo una profectos docuimus. itaque
inter se cohortati duce C. Trebonio, equite Romano, qui iis erat prae-
positus, per medios hostes perrumpunt incolumesque ad unum omnes in
castra perveniunt. hos subsecuti equites calonesque eodem impetu 5
militum virtute servantur. at ii, qui in iugo constiterant, nullo etiam 6
nunc usu rei militaris percepto neque in eo, quod probaverant, consilio
permanere, ut se loco superiore defenderent, neque eam, quam profuisse
aliis vim celeritatemque viderant, imitari potuerunt, sed se in castra
recipere conati iniquum in locum demiserunt. centuriones, quorum 7
nonnulli ex inferioribus ordinibus reliquarum legionum virtutis causa in
superiores erant ordines huius legionis traducti, ne ante partam rei
militaris laudem amitterent, fortissime pugnantes conciderunt. militum 8
pars horum virtute submotis hostibus praeter spem incolumis in castra
pervenit, pars a barbaris circumventa periit.

Germani desperata expugnatione castrorum, quod nostros iam 1 **41**
constitisse in munitionibus videbant, cum ea praeda, quam in silvis
deposuerant, trans Rhenum sese receperunt. ac tantus fuit etiam post 2
discessum hostium terror, ut ea nocte, cum C. Volusenus missus cum
equitatu in castra venisset, fidem non faceret adesse cum incolumi
Caesarem exercitu. sic omnium animos timor occupaverat, ut paene 3
alienata mente deletis omnibus copiis equitatum se ex fuga recepisse

dicerent neque incolumi exercitu Germanos castra oppugnaturos fuisse
4 contenderent. quem timorem Caesaris adventus sustulit.
42 1   Reversus ille eventus belli non ignorans unum, quod cohortes ex
[statione et] praesidio essent emissae, questus — ne minimum quidem
casui locum relinqui debuisse — multum fortunam in repentino hostium
2 adventu potuisse iudicavit, multo etiam amplius, quod paene ab ipso
3 vallo portisque castrorum barbaros avertisset. quarum omnium rerum
maxime admirandum videbatur, quod Germani, qui eo consilio Rhenum
transierant, ut Ambiorigis fines depopularentur, ad castra Romanorum
delati optatissimum Ambiorigi beneficium obtulerant.
43 1   Caesar rursus ad vexandos hostes profectus magno coacto ⟨equitum⟩
2 numero ex finitimis civitatibus ⟨hos⟩ in omnes partes dimittit. omnes
vici atque omnia aedificia, quae quisque conspexerat, incendebantur;
3 praeda ex omnibus locis agebatur; frumenta non solum a tanta multitudine iumentorum atque hominum consumebantur, sed etiam anni
tempore atque imbribus procubuerant, ut, si qui etiam in praesentia se
occultassent, tamen his deducto exercitu rerum omnium inopia pereun-
4 dum videretur. ac saepe in eum locum ventum est tanto in omnes partes
dimisso equitatu, ut modo visum ab se Ambiorigem in fuga circum-
spicerent captivi nec plane etiam abisse ex conspectu contenderent, ut
spe consequendi inlata atque infinito labore suscepto, qui se summam a
Caesare gratiam inituros putarent, paene naturam studio vincerent
5 semperque paulum ad summam felicitatem defuisse videretur, atque ille
latebris aut silvis aut saltibus se eriperet et noctu occultatus alias regiones partesque peteret non maiore equitum praesidio quam quattuor, quibus solis vitam suam committere audebat.
44 1   Tali modo vastatis regionibus exercitum Caesar duarum cohortium
damno Durocortorum Remorum deducit concilioque in eum locum
Galliae indicto de coniuratione Senonum et Carnutum quaestionem
2 habere instituit et de Accone, qui princeps eius consilii fuerat, graviore
sententia pronuntiata more maiorum supplicium sumpsit. nonnulli
3 iudicium veriti profugerunt. quibus cum aqua atque igni interdixisset,
duas legiones ad fines Treverorum, duas in Lingonibus, sex reliquas in
Senonum finibus Agedinci in hibernis conlocavit frumentoque exercitui
proviso, ut instituerat, in Italiam ad conventus agendos profectus est.

LIBER SEPTIMUS

Quieta Gallia Caesar, ut constituerat, in Italiam ad conventus agendos proficiscitur. ibi cognoscit de P. Clodii caede ⟨de⟩ senatusque consulto certior factus, ut omnes iuniores Italiae coniurarent, dilectum tota provincia habere instituit. eae res in Galliam Transalpinam celeriter perferuntur. addunt ipsi et adfingunt rumoribus Galli, quod res poscere videbatur, retineri urbano motu Caesarem neque in tantis dissensionibus ad exercitum venire posse. hac impulsi occasione, qui iam ante se populi Romani imperio subiectos dolerent, liberius atque audacius de bello consilia inire incipiunt. indictis inter se principes Galliae conciliis silvestribus ac remotis locis queruntur de Acconis morte; hunc casum ad ipsos recidere posse demonstrant; miserantur communem Galliae fortunam; omnibus pollicitationibus ac praemiis deposcunt, qui belli initium faciant et sui capitis periculo Galliam in libertatem vindicent. eius ⟨rei⟩ in primis rationem esse habendam dicunt, priusquam eorum clandestina consilia efferantur, ut Caesar ab exercitu intercludatur. id esse facile, quod neque legiones audeant absente imperatore ex hibernis egredi neque imperator sine praesidio ad legiones pervenire possit. postremo in acie praestare interfici, quam non veterem belli gloriam libertatemque, quam a maioribus acceperint, recuperare.

His rebus agitatis profitentur Carnutes se nullum periculum communis salutis causa recusare principesque ex omnibus bellum facturos pollicentur et, quoniam in praesentia obsidibus cavere inter se non possint, ne res efferatur, at iure iurando ac fide sanciatur petunt, conlatis militaribus signis, quo more eorum gravissima caerimonia continetur, ne facto initio belli ab reliquis deserantur. tum conlaudatis Carnutibus, dato iure iurando ab omnibus, qui aderant, tempore eius rei constituto a concilio disceditur.

Ubi ea dies venit, Carnutes Gutruato et Conconnetodumno ducibus, desperatis hominibus, Cenabum signo dato concurrunt civesque Romanos, qui negotiandi causa ibi constiterant, in his C. Fufium Citam, honestum equitem Romanum, qui rei frumentariae iussu Caesaris praeerat, interficiunt bonaque eorum diripiunt. celeriter ad omnes Galliae civitates fama perfertur. nam ubi quae maior atque inlustrior incidit res, clamore per agros regionesque significant; hunc alii deinceps excipiunt et proximis tradunt; ut tum accidit. nam quae Cenabi oriente sole gesta essent, ante primam confectam vigiliam in finibus Arvernorum audita sunt, quod spatium est milium circiter CLX.

Simili ratione ibi Vercingetorix, Celtilli filius, Arvernus, summae potentiae adulescens, cuius pater principatum totius Galliae obtinuerat

VII 4

et ob eam causam, quod regnum adpetebat, a civitate erat interfectus,
2 convocatis suis clientibus facile incendit. cognito eius consilio ad arma concurritur. prohibetur a Gobannitione, patruo suo, reliquisque principibus, qui hanc temptandam fortunam non existimabant; expellitur
3 ex oppido Gergovia. non desistit tamen atque in agris habet dilectum egentium ac perditorum. hac coacta manu, quoscumque adit ex civitate,
4 ad suam sententiam perducit; hortatur, ut communis libertatis causa arma capiant, magnisque coactis copiis adversarios suos, a quibus
5 paulo ante erat eiectus, expellit ex civitate. rex ab suis appellatur. dimittit
6 quoqueversus legationes; obtestatur, ut in fide maneant. celeriter sibi Senones, Parisios, Pictones, Cadurcos, Turonos, Aulercos, Lemovices, Andes reliquosque omnes, qui Oceanum attingunt, adiungit; omnium
7 consensu ad eum defertur imperium. qua oblata potestate omnibus his civitatibus obsides imperat, certum numerum militum ad se celeriter
8 adduci iubet, armorum quantum quaeque civitas domi quodque ante
9 tempus efficiat, constituit; in primis equitatui studet. summae diligentiae summam imperii severitatem addit; magnitudine supplicii dubitantes
10 cogit. nam maiore commisso delicto igni atque omnibus tormentis necat, leviore de causa auribus desectis aut singulis effossis oculis domum remittit, ut sint reliquis documento et magnitudine poenae perterreant alios.

5 1   His suppliciis celeriter coacto exercitu Lucterium Cadurcum, summae hominem audaciae, cum parte copiarum in Rutenos mittit; ipse in
2 Bituriges proficiscitur. eius adventu Bituriges ad Haeduos, quorum erant in fide, legatos mittunt subsidium rogatum, quo facilius hostium copias
3 sustinere possint. Haedui de consilio legatorum, quos Caesar ad exercitum reliquerat, copias equitatus peditatusque subsidio Biturigibus
4 mittunt. qui cum ad flumen Ligerim venissent, quod Bituriges ab Haeduis dividit, paucos dies ibi morati neque flumen transire ausi
5 domum revertuntur legatisque nostris renuntiant se Biturigum perfidiam veritos revertisse, quibus id consilii fuisse cognoverint, ut, si flumen
6 transissent, una ex parte ipsi, altera Arverni se circumsisterent. id eane de causa, quam legatis pronuntiaverint, an perfidia adducti fecerint, quod
7 nihil nobis constat, non videtur pro certo esse ponendum. Bituriges eorum discessu statim se cum Arvernis coniungunt.

6 1   His rebus in Italiam Caesari nuntiatis, cum iam ille urbanas res virtute Cn. Pompei commodiorem in statum pervenisse intellegeret, in Trans-
2 alpinam Galliam profectus est. eo cum venisset, magna difficultate
3 adficiebatur, qua ratione ad exercitum pervenire posset. nam si legiones in provinciam arcesseret, se absente in itinere proelio dimicaturas

intellegebat; si ipse ad exercitum contenderet, ne iis quidem, qui eo tempore quieti viderentur, suam salutem recte committi videbat.

Interim Lucterius Cadurcus in Rutenos missus eam civitatem Arvernis conciliat. progressus in Nitiobroges et Gabalos ab utrisque obsides accipit et magna coacta manu in provinciam Narbonem versus eruptionem facere contendit. qua re nuntiata Caesar omnibus consiliis antevertendum existimavit, ut Narbonem proficisceretur. eo cum venisset, timentes confirmat, praesidia in Rutenis provincialibus, Volcis Arecomicis, Tolosatibus circumque Narbonem, quae loca hostibus erant finitima, constituit, partem copiarum ex provincia supplementumque, quod ex Italia adduxerat, in Helvios, qui fines Arvernorum contingunt, convenire iubet.

His rebus comparatis, represso iam Lucterio et remoto, quod intrare intra praesidia periculosum putabat, in Helvios proficiscitur. etsi mons Cebenna, qui Arvernos ab Helviis discludit, durissimo tempore anni altissima nive iter impediebat, tamen discussa nive VI in altitudinem pedum atque ita viis patefactis summo militum labore ad fines Arvernorum pervenit. quibus oppressis inopinantibus, quod se Cebenna ut muro munitos existimabant ac ne singulari quidem umquam homini eo tempore anni semitae patuerant, equitibus imperat, ut, quam latissime possint, vagentur et quam maximum hostibus terrorem inferant. celeriter haec fama ac nuntiis ad Vercingetorigem perferuntur; quem perterriti omnes Arverni circumsistunt atque obsecrant, ut suis fortunis consulat neu se ab hostibus diripi patiatur, praesertim cum videat omne ad se bellum translatum. quorum ille precibus permotus castra ex Biturigibus movet in Arvernos versus.

At Caesar biduum in his locis moratus, quod haec de Vercingetorige usu ventura opinione praeceperat, per causam supplementi equitatusque cogendi ab exercitu discedit, Brutum adulescentem his copiis praeficit; hunc monet, ut in omnes partes equites quam latissime pervagentur; daturum se operam, ne longius triduo a castris absit. his constitutis rebus omnibus suis inopinantibus, quam maximis potest itineribus, Viennam pervenit. ibi nactus recentem equitatum, quem multis ante diebus eo praemiserat, neque diurno neque nocturno itinere intermisso per fines Haeduorum in Lingones contendit, ubi duae legiones hiemabant, ut, si quid etiam de sua salute ab Haeduis iniretur consilii, celeritate praecurreret. eo cum pervenisset, ad reliquas legiones mittit priusque omnes in unum locum cogit, quam de eius adventu Arvernis nuntiari posset. hac re cognita Vercingetorix rursus in Bituriges exercitum reducit atque inde profectus Gorgobinam, Boiorum oppidum, quos ibi Helvetico proelio victos Caesar conlocaverat Haeduisque attribuerat, oppugnare instituit.

10 1 Magnam haec res Caesari difficultatem ad consilium capiendum adferebat: si reliquam partem hiemis uno loco legiones contineret, ne stipendiariis Haeduorum expugnatis cuncta Gallia deficeret, quod nullum amicis in eo praesidium positum videret; si maturius ex hibernis educeret, 2 ne ab re frumentaria duris subvectionibus laboraret. praestare visum est tamen omnes difficultates perpeti, quam tanta contumelia accepta omnium 3 suorum voluntates alienare. itaque cohortatus Haeduos de supportando commeatu praemittit ad Boios, qui de suo adventu doceant hortenturque, ut in fide maneant atque hostium impetum magno animo sustineant. 4 duabus Agedinci legionibus atque impedimentis totius exercitus relictis ad Boios proficiscitur.

11 1 Altero die cum ad oppidum Senonum Vellaunodunum venisset, ne quem post se hostem relinqueret, quo expeditiore re frumentaria 2 uteretur, oppugnare instituit eoque biduo circumvallavit; tertio die missis ex oppido legatis de deditione arma conferri, iumenta produci, 3 sescentos obsides dari iubet. ea qui conficeret, C. Trebonium legatum relinquit; ipse ut quam primum iter conficeret, Cenabum Carnutum 4 proficiscitur; qui tum primum adlato nuntio de oppugnatione Vellaunoduni, cum longius eam rem ductum iri existimarent, praesidium Cenabi 5 [tuendi causa], quod eo mitterent, comparabant. huc biduo pervenit. castris ante oppidum positis diei tempore exclusus in posterum oppugna- 6 tionem differt, quaeque ad eam rem usui sint, militibus imperat et, quod oppidum Cenabum pons fluminis Ligeris contingebat, veritus, ne noctu 7 ex oppido profugerent, duas legiones in armis excubare iubet. Cenabenses paulo ante mediam noctem silentio ex oppido egressi flumen transire 8 coeperunt. qua re per exploratores nuntiata Caesar legiones, quas expeditas esse iusserat, portis incensis intromittit atque oppido potitur perpaucis ex hostium numero desideratis, quin cuncti caperentur, quod 9 pontis atque itinerum angustiae multitudini fugam intercluserant. oppidum diripit atque incendit, praedam militibus donat, exercitum Ligerim traducit atque in Biturigum fines pervenit.

12 1 Vercingetorix, ubi de Caesaris adventu cognovit, oppugnatione de- 2 sistit atque obviam Caesari proficiscitur. ille oppidum Biturigum posi- 3 tum in via Noviodunum oppugnare instituerat. quo ex oppido cum legati ad eum venissent oratum, ut sibi ignosceret suaeque vitae consuleret, ut celeritate reliquas res conficeret, qua pleraque erat consecutus, arma 4 conferri, equos produci, obsides dari iubet. parte iam obsidum tradita, cum reliqua administrarentur, centurionibus et paucis militibus intromissis, qui arma iumentaque conquirerent, equitatus hostium procul visus est, qui agmen Vercingetorigis antecesserat. quem simulatque op- 5 pidani conspexerunt atque in spem auxilii venerunt, clamore sublato arma capere, portas claudere, murum complere coeperunt. centuriones 6 in oppido, cum ex significatione Gallorum novi aliquid ab iis iniri consilii intellexissent, gladiis destrictis portas occupaverunt suosque omnes incolumes receperunt.

Caesar ex castris equitatum educi iubet proeliumque equestre com- 1 **13** mittit; laborantibus iam suis Germanos equites circiter CCCC submittit, quos ab initio secum habere instituerat. eorum impetum Galli sustinere 2 non potuerunt atque in fugam coniecti multis amissis se ad agmen receperunt. quibus profligatis rursus oppidani perterriti comprehensos eos, quorum opera plebem concitatam existimabant, ad Caesarem perduxerunt seseque ei dediderunt. quibus rebus confectis Caesar ad oppidum 3 Avaricum, quod erat maximum munitissimumque in finibus Biturigum atque agri fertilissima regione, profectus est, quod eo oppido recepto civitatem Biturigum se in potestatem redacturum confidebat.

Vercingetorix tot continuis incommodis Vellaunoduni, Cenabi, 1 **14** Novioduni acceptis suos ad concilium convocat. docet longe alia ratione 2 esse bellum gerendum atque antea gestum sit. omnibus modis huic rei studendum, ut pabulatione et commeatu Romani prohibeantur. id esse 3 facile, quod equitatu ipsi abundent et quod anni tempore subleventur. pabulum secari non posse; necessario dispersos hostes ex aedificiis 4 petere; hos omnes cotidie ab equitibus deleri posse. praeterea ⟨com- 5 munis⟩ salutis causa rei familiaris commoda neglegenda: vicos atque aedificia incendi oportere, hoc spatio [a Boia] quoque versus, quo pabulandi causa adire posse videantur. harum ipsis rerum copiam suppetere, 6 quod, quorum in finibus bellum geratur, eorum opibus subleventur; Romanos aut inopiam non laturos aut magno cum periculo longius a 7 castris processuros; neque interesse, ipsosne interficiant impedimentisne 8 exuant, quibus amissis bellum geri non possit. praeterea oppida incendi 9 oportere, quae non munitione et loci natura ab omni sint periculo tuta, ne suis sint ad detrectandam militiam receptacula neu Romanis proposita ad copiam commeatus praedamque tollendam. haec si gravia aut acerba 10 videantur, multo illa gravius aestimari debere, liberos, coniuges in servitutem abstrahi, ipsos interfici; quae sit necesse accidere victis.

Omnium consensu hac sententia probata uno die amplius XX urbes 1 **15** Biturigum incenduntur. hoc idem fit in reliquis civitatibus. in omnibus 2 partibus incendia conspiciuntur; quae etsi magno cum dolore omnes ferebant, tamen hoc sibi solacii proponebant, quod se prope explorata

3 victoria celeriter amissa recuperaturos confidebant. deliberatur de Avari-
4 co in communi concilio, incendi placeat an defendi. procumbunt omnibus Gallis ad pedes Bituriges, ne pulcherrimam prope totius Galliae
urbem, quae et praesidio et ornamento sit civitati, suis manibus succen-
5 dere cogantur; facile se loci natura defensuros dicunt, quod prope ex
omnibus partibus flumine et palude circumdata unum habeat et per-
6 angustum aditum. datur petentibus venia dissuadente primo Vercingetorige, post concedente et precibus ipsorum et misericordia vulgi.
defensores oppido idonei deliguntur.
16 1   Vercingetorix minoribus itineribus Caesarem subsequitur et locum
castris deligit paludibus silvisque munitum ab Avarico longe milia pas-
2 suum XVI. ibi per certos exploratores in singula diei tempora, quae ad
Avaricum gererentur, cognoscebat et, quid fieri vellet, imperabat.
3 omnes nostras pabulationes frumentationesque observabat dispersosque,
cum longius necessario procederent, adoriebatur magnoque incommodo
adficiebat, etsi, quantum ratione provideri poterat, ab nostris occurreba-
tur, ut incertis temporibus diversisque itineribus iretur.
17 1   Castris ad eam partem oppidi positis Caesar, quae intermissa [a] flumine et palude aditum, ut supra diximus, angustum habebat, aggerem
apparare, vineas agere, turres duas constituere coepit; nam circumvallare
2 loci natura prohibebat. de re frumentaria Boios atque Haeduos adhortari
non destitit; quorum alteri, quod nullo studio agebant, non multum
adiuvabant, alteri non magnis facultatibus, quod civitas erat exigua et
3 infirma, celeriter, quod habuerunt, consumpserunt. summa difficultate
rei frumentariae adfecto exercitu tenuitate Boiorum, indiligentia Haeduorum, incendiis aedificiorum, usque eo, ut complures dies frumento
milites caruerint et pecore ex longinquioribus vicis adacto extremam
famem sustentarint, nulla tamen ex iis vox est audita populi Romani
4 maiestate et superioribus victoriis indigna. quin etiam Caesar cum in
opere singulos legionarios appellaret et, si acerbius inopiam ferrent, se
dimissurum oppugnationem diceret, universi ab eo, ne id faceret, pete-
5 bant: sic se complures annos illo imperante meruisse, ut nullam ignomi-
6 niam acciperent, numquam infecta re discederent; hoc se ignominiae loco
7 laturos, si inceptam oppugnationem reliquisset; praestare omnes perferre acerbitates, quam non civibus Romanis, qui Cenabi perfidia Gal-
8 lorum interissent, parentarent. haec eadem centurionibus tribunisque
militum mandabant, ut per eos ad Caesarem deferrentur.
18 1   Cum iam muro turres adpropinquassent, ex captivis Caesar cognovit
Vercingetorigem consumpto pabulo castra movisse propius Avaricum
atque ipsum cum equitatu expeditisque, qui inter equites proeliari con-

suessent, insidiandi causa eo profectum, quo nostros postero die pabulatum venturos arbitraretur. quibus rebus cognitis media nocte silentio 2 profectus ad hostium castra mane pervenit. illi celeriter per exploratores 3 adventu Caesaris cognito carros impedimentaque sua in artiores silvas abdiderunt, copias omnes in loco edito atque aperto instruxerunt. qua re 4 nuntiata Caesar celeriter sarcinas conferri, arma expediri iussit.

Collis erat leniter ab infimo acclivis. hunc ex omnibus fere partibus 1 **19** palus difficilis atque impedita cingebat non latior pedibus quinquaginta. hoc se colle interruptis pontibus Galli fiducia loci continebant genera- 2 timque distributi in civitates omnia vada ac ⟨transitus⟩ eius paludis certis custodiis obtinebant sic animo parati, ut, si eam paludem Romani perrumpere conarentur, haesitantes premerent ex loco superiore, ut, qui 3 propinquitatem loci videret, paratos prope aequo Marte ad dimicandum existimaret, qui iniquitatem condicionis perspiceret, inani simulatione sese ostentare cognosceret. indignantes milites Caesar, quod conspectum 4 suum hostes ferre possent tantulo spatio interiecto, et signum proelii exposcentes edocet, quanto detrimento et quot virorum fortium morte necesse sit constare victoriam; quos cum sic animo paratos videat, ut 5 nullum pro sua laude periculum recusent, summae se iniquitatis condemnari debere, nisi eorum vitam sua salute habeat cariorem. sic milites con- 6 solatus eodem die reducit in castra reliquaque, quae ad oppugnationem oppidi pertinebant, administrare instituit.

Vercingetorix, cum ad suos redisset, proditionis insimulatus, quod 1 **20** castra propius Romanos movisset, quod cum omni equitatu discessisset, quod sine imperio tantas copias reliquisset, quod eius discessu Romani tanta opportunitate et celeritate venissent; non haec omnia fortuito aut 2 sine consilio accidere potuisse; regnum illum Galliae malle Caesaris concessu quam ipsorum habere beneficio — tali modo accusatus ad haec 3 respondit: quod castra movisset, factum inopia pabuli etiam ipsis hortantibus; quod propius Romanos accessisset, persuasum loci opportunitate, qui se ipse ⟨sine⟩ munitione defenderet; equitum vero operam neque 4 in loco palustri desiderari debuisse et illic fuisse utilem, quo sint profecti. summam imperii se consulto nulli discedentem tradidisse, ne is multitudi- 5 nis studio ad dimicandum impelleretur; cui rei propter animi mollitiem studere omnes videret, quod diutius laborem ferre non possent. Romani 6 si casu intervenerint, fortunae, si alicuius indicio vocati, huic habendam gratiam, quod et paucitatem eorum ex loco superiore cognoscere et virtutem despicere potuerint, qui dimicare non ausi turpiter se in castra receperint. imperium se a Caesare per proditionem nullum desiderare, 7 quod habere victoria possit, quae iam sit sibi atque omnibus Gallis ex-

plorata; quin etiam ipsis remittere, si sibi magis honorem tribuere quam
8 ab se salutem accipere videantur. „haec ut intellegatis", inquit, „a me sin-
9 cere pronuntiari, audite Romanos milites." producit servos, quos in pabulatione paucis ante diebus exceperat et fame vinculisque excruciaverat.
10 hi iam ante edocti, quae interrogati pronuntiarent, milites se esse legionarios dicunt; fame atque inopia adductos clam ex castris exisse, si quid
11 frumenti aut pecoris in agris reperire possent; simili omnem exercitum
inopia premi, nec iam vires sufficere cuiusquam nec ferre operis laborem
posse; itaque statuisse imperatorem, si nihil in oppugnatione oppidi
12 profecisset, triduo exercitum deducere. „haec", inquit, „a me", Vercingetorix, „beneficia habetis, quem proditionis insimulatis; cuius opera sine
vestro sanguine tantum exercitum victorem fame paene consumptum
videtis; quem turpiter se ex hac fuga recipientem ne qua civitas suis
finibus recipiat, a me provisum est."
21 1 Conclamat omnis multitudo et suo more armis concrepat, quod facere
in eo consuerunt, cuius orationem approbant: summum esse Vercingetorigem ducem, nec de eius fide dubitandum, nec maiore ratione bel-
2 lum administrari posse. statuunt, ut X milia hominum delecta ex omnibus
3 copiis in oppidum submittantur, nec solis Biturigibus communem salutem committendam censent, quod penes eos, si id oppidum retinuissent,
summam victoriae constare intellegebant.
22 1 Singulari militum nostrorum virtuti consilia cuiusque modi Gallorum
occurrebant, ut est summae genus sollertiae atque ad omnia imitanda et
2 efficienda, quae a quoque traduntur, aptissimum. nam et laqueis falces
avertebant, quas cum destinaverant, tormentis introrsus reducebant, et
aggerem cuniculis subtrahebant, eo scientius, quod apud eos magnae
sunt ferrariae atque omne genus cuniculorum notum atque usitatum est.
3 totum autem murum ex omni parte turribus contabulaverant atque has
4 coriis intexerant. tum crebris diurnis nocturnisque eruptionibus aut
aggeri ignem inferebant aut milites occupatos in opere adoriebantur et
nostrarum turrium altitudinem, quantum has cotidianus agger expresse-
5 rat, commissis suarum turrium malis adaequabant et apertos cuniculos
praeusta et praeacuta materia et pice fervefacta et maximi ponderis saxis
morabantur moenibusque adpropinquare prohibebant.
23 1 Muri autem omnes Gallici hac fere forma sunt: trabes derectae, perpetuae in longitudinem paribus intervallis, distantes inter se binos pedes,
2 in solo conlocantur. hae revinciuntur introrsus et multo aggere vestiun-
tur; ea autem, quae diximus, intervalla grandibus in fronte saxis effar-
3 ciuntur. his conlocatis et coagmentatis alius insuper ordo additur, ut
idem illud intervallum servetur neque inter se contingant trabes, sed

paribus intermissis spatiis singulae singulis saxis interiectis arte contineantur. sic deinceps omne opus contexitur, dum iusta muri altitudo 4 expleatur. hoc cum in speciem varietatemque opus deforme non est 5 alternis trabibus ac saxis, quae rectis lineis suos ordines servant, tum ad utilitatem et defensionem urbium summam habet opportunitatem, quod et ab incendio lapis et ab ariete materia defendit, quae perpetuis trabibus pedes quadragenos plerumque introrsus revincta neque perrumpi neque distrahi potest.

His tot rebus impedita oppugnatione milites, cum toto tempore frigore 1 **24** et adsiduis imbribus tardarentur, tamen continenti labore omnia haec superaverunt et diebus XXV aggerem latum pedes CCCXXX, altum pedes LXXX exstruxerunt. cum is murum hostium paene contingeret et 2 Caesar ad opus consuetudine excubaret militesque hortaretur, ne quod omnino tempus ab opere intermitteretur, paulo ante tertiam vigiliam est animadversum fumare aggerem, quem cuniculo hostes succenderant, eodemque tempore toto muro clamore sublato duabus portis ab utroque 3 latere turrium eruptio fiebat. alii faces atque aridam materiam de muro in 4 aggerem eminus iaciebant, picem reliquasque res, quibus ignis excitari potest, fundebant, ut, quo primum occurreretur aut cui rei ferretur auxilium, vix ratio iniri posset. tamen, quod instituto Caesaris duae semper 5 legiones pro castris excubabant pluresque partitis temporibus erant in opere, celeriter factum est, ut alii eruptionibus resisterent, alii turres reducerent aggeremque interscinderent, omnis vero ex castris multitudo ad restinguendum concurreret.

Cum in omnibus locis consumpta iam reliqua parte noctis pugnaretur 1 **25** semperque hostibus spes victoriae redintegraretur, eo magis, quod deustos pluteos turrium videbant nec facile adire apertos ad auxiliandum animadvertebant, semperque ipsi recentes defessis succederent omnemque Galliae salutem in illo vestigio temporis positam arbitrarentur, accidit inspectantibus nobis, quod dignum memoria visum praetereundum non existimavimus. quidam ante portam oppidi Gallus, qui per manus sebi 2 ac picis traditas glaebas in ignem e regione turris proiciebat, scorpione ab latere dextro traiectus exanimatusque concidit. hunc ex proximis unus 3 iacentem transgressus eodem illo munere fungebatur; eadem ratione ictu 4 scorpionis exanimato altero successit tertius et tertio quartus, nec prius ille est a propugnatoribus vacuus relictus locus, quam restincto aggere atque omni parte submotis hostibus finis est pugnandi factus.

Omnia experti Galli, quod res nulla successerat, postero die consilium 1 **26** ceperunt ex oppido profugere, hortante et iubente Vercingetorige. id 2 silentio noctis conati non magna iactura suorum sese effecturos sperabant, propterea quod neque longe ab oppido castra Vercingetorigis aberant et palus, quae perpetua intercedebat, Romanos ad insequendum tardabat. 3 iamque hoc facere noctu apparabant, cum matres familiae repente in publicum procurrerunt flentesque proiectae ad pedes suorum omnibus precibus petiverunt, ne se et communes liberos hostibus ad supplicium dederent, quos ad capiendam fugam naturae et virium infirmitas impedi- 4 ret. ubi eos in sententia perstare viderunt, quod plerumque in summo periculo timor misericordiam non recipit, conclamare et significare de 5 fuga Romanis coeperunt. quo timore perterriti Galli, ne ab equitatu Romanorum viae praeoccuparentur, consilio destiterunt.

27 1 Postero die Caesar promota turri perfectisque operibus, quae facere instituerat, magno coorto imbri non inutilem hanc ad capiendum consilium tempestatem arbitratus, quod paulo incautius custodias in muro 2 dispositas videbat, suos quoque languidius in opere versari iussit et, quid fieri vellet, ostendit. legionibusque intra vineas in occulto expeditis, cohortatus, ut aliquando pro tantis laboribus fructum victoriae perciperent, iis, qui primi murum ascendissent, praemia proposuit militi- 3 busque signum dedit. illi subito evolaverunt ex omnibus partibus murumque celeriter compleverunt.

28 1 Hostes re nova perterriti, muro turribusque deiecti in foro ac locis patentioribus cuneatim constiterunt, hoc animo, ut, si qua ex parte 2 obviam contra veniretur, acie instructa depugnarent. ubi neminem in aequum locum sese demittere, sed toto undique muro circumfundi viderunt, veriti, ne omnino spes fugae tolleretur, abiectis armis ultimas 3 oppidi partes continenti impetu petiverunt, parsque ibi, cum angusto exitu portarum se ipsi premerent, a militibus, pars iam egressa portis ab 4 equitibus est interfecta. nec fuit quisquam, qui praedae studeret. sic et Cenabensi caede et labore operis incitati non aetate confectis, non 5 mulieribus, non infantibus pepercerunt. denique ex omni eo numero, qui fuit circiter milium XL, vix DCCC, qui primo clamore audito se ex 6 oppido eiecerant, incolumes ad Vercingetorigem pervenerunt. quos ille multa iam nocte silentio sic ex fuga excepit veritus, ne qua in castris ex eorum concursu et misericordia vulgi seditio oriretur, ut procul in via dispositis familiaribus suis principibusque civitatum disparandos deducendosque ad suos curaret, quae cuique civitati pars castrorum ab initio obvenerat.

29 1 Postero die concilio convocato consolatus cohortatusque est, ne se 2 admodum animo demitterent neve pertubarentur incommodo. non virtute neque in acie vicisse Romanos, sed artificio quodam et scientia 3 oppugnationis, cuius rei fuerint ipsi imperiti. errare, si qui in bello

omnes secundos rerum proventus exspectent. sibi numquam placuisse 4
Avaricum defendi, cuius rei testes ipsos haberet, sed factum imprudentia
Biturigum et nimia obsequentia reliquorum, uti hoc incommodum acciperetur. id tamen se celeriter maioribus commodis sarturum. nam quae 5/6
ab reliquis Gallis civitates dissentirent, has sua diligentia adiuncturum
atque unum consilium totius Galliae effecturum, cuius consensui ne orbis
quidem terrarum posset obsistere; idque se prope iam effectum habere.
interea aequum esse ab iis communis salutis causa impetrari, ut castra 7
munire instituerent, quo facilius repentinos hostium impetus sustinere
possent.

Fuit haec oratio non ingrata Gallis, et maxime, quod ipse animo non 1 30
defecerat tanto accepto incommodo neque ⟨se⟩ in occultum abdiderat et
conspectum multitudinis fugerat; plusque animo providere et praesen- 2
tire existimabatur, quod re integra primo incendendum Avaricum, post
deserendum censuerat. itaque ut reliquorum imperatorum res adversae 3
auctoritatem minuunt, sic huius ex contrario dignitas incommodo
accepto in dies augebatur. simul in spem veniebant eius affirmatione de 4
reliquis adiungendis civitatibus; primumque eo tempore Galli castra
munire instituerunt; et sic erant animo consternati homines insueti
laboris, ut omnia, quae imperarentur, sibi facienda et perferenda existimarent.

Nec minus, quam est pollicitus, Vercingetorix animo laborabat, ut 1 31
reliquas civitates adiungeret, atque earum principes donis pollicitationibusque adliciebat. huic rei idoneos homines deligebat, quorum quisque 2
aut oratione subdola aut amicitia facillime capere posset. qui Avarico 3
expugnato refugerant, armandos vestiendosque curat; simul, ut demi- 4
nutae copiae redintegrarentur, imperat certum numerum militum civitatibus, quem et quam ante diem in castra adduci velit, sagittariosque
omnes, quorum erat permagnus in Gallia numerus, conquiri et ad se
mitti iubet. his rebus celeriter id, quod Avarici deperierat, expletur.
interim Teutomatus, Olloviconis filius, rex Nitiobrogum, cuius pater ab 5
senatu nostro amicus erat appellatus, cum magno equitum suorum
numero et, quos ex Aquitania conduxerat, ad eum pervenit.

Caesar Avarici complures dies commoratus summamque ibi copiam 1 32
frumenti et reliqui commeatus nactus exercitum ex labore atque inopia
reficit. iam prope hieme confecta cum ipso anni tempore ad gerendum 2
bellum vocaretur et ad hostem proficisci constituisset, sive eum ex
paludibus silvisque elicere sive obsidione premere posset, legati ad eum
principes Haeduorum veniunt oratum, ut maxime necessario tempore
civitati subveniat: summo esse in periculo rem, quod, cum singuli 3

magistratus antiquitus creari atque regiam potestatem annum obtinere consuessent, duo magistratum gerant et se uterque eorum legibus 4 creatum dicat. horum esse alterum Convictolitavem, florentem et inlustrem adulescentem, alterum Cotum, antiquissima familia natum atque ipsum hominem summae potentiae et magnae cognationis, cuius frater 5 Valetiacus proximo anno eundem magistratum gesserit. civitatem esse omnem in armis; divisum senatum, divisum populum, suas cuiusque eorum clientelas. quodsi diutius alatur controversia, fore, uti pars cum parte civitatis confligat; id ne accidat, positum in eius diligentia atque auctoritate.

33 1 Caesar, etsi a bello atque hoste discedere detrimentosum esse existimabat, tamen non ignorans, quanta ex dissensionibus incommoda oriri consuessent, ne tanta et tam coniuncta populo Romano civitas, quam ipse semper aluisset omnibusque rebus ornasset, ad vim atque arma descenderet atque ea pars, quae minus sibi confideret, auxilia a Vercin- 2 getorige arcesseret, huic rei praevertendum existimavit et, quod legibus Haeduorum iis, qui summum magistratum obtinerent, excedere ex finibus non liceret, ne quid de iure aut de legibus eorum deminuisse videretur, ipse in Haeduos proficisci statuit senatumque omnem et quos 3 inter controversia esset ad se Decetiam evocavit. cum prope omnis civitas eo convenisset docereturque paucis clam convocatis alio loco, alio tempore, atque oportuerit, fratrem a fratre renuntiatum, cum leges duos ex una familia vivo utroque non solum magistratus creari vetarent, sed etiam in senatu esse prohiberent, Cotum imperium deponere coegit, 4 Convictolitavem, qui per sacerdotes more civitatis intermissis magistratibus esset creatus, potestatem obtinere iussit.

34 1 Hoc decreto interposito cohortatus Haeduos, ut controversiarum ac dissensionis obliviscerentur atque omnibus omissis ⟨al⟩iis rebus huic bello servirent ea⟨que⟩, quae meruissent, praemia ab se devicta Gallia exspectarent equitatumque omnem et peditum milia X sibi celeriter mitterent, quae in praesidiis rei frumentariae causa disponeret, exercitum in duas 2 partes divisit: quattuor legiones in Senones Parisiosque Labieno ducendas dedit, sex ipse in Arvernos ad oppidum Gergoviam secundum flumen Elaver duxit; equitatus partem illi attribuit, partem sibi reliquit. 3 qua re cognita Vercingetorix omnibus interruptis eius fluminis pontibus ab altera fluminis parte iter facere coepit.

35 1 Cum uterque utrique esset exercitus in conspectu fereque e regione castr⟨orum Caesar⟩is ⟨Vercingetorix⟩ castra poneret dispositis exploratoribus, necubi effecto ponte Romani copias traducerent, erat in magnis Caesari difficultatibus res, ne maiorem aestatis partem flumine impedi-

retur, quod non fere ante autumnum Elaver vado transiri solet. itaque, 2 ne id accideret, silvestri loco castris positis e regione unius eorum pontium, quos Vercingetorix rescindendos curaverat, postero die cum duabus legionibus in occulto restitit; reliquas copias cum omnibus impedimentis, 3 ut consueverat, misit carptis quibusdam cohortibus, ut numerus legionum constare videretur. his, quam longissime possent, progredi iussis, 4 cum iam ex diei tempore coniecturam caperet in castra perventum, isdem sublicis, quarum pars inferior integra remanebat, pontem reficere coepit. celeriter effecto opere legionibusque traductis et loco castris 5 idoneo delecto reliquas copias revocavit. Vercingetorix re cognita, ne 6 contra suam voluntatem dimicare cogeretur, magnis itineribus antecessit.

Caesar ex eo loco quintis castris Gergoviam pervenit equestrique eo 1 **36** die proelio levi facto, perspecto urbis situ, quae posita in altissimo monte omnes aditus difficiles habebat, de oppugnatione desperavit, de obsessione non prius agendum constituit, quam rem frumentariam expedisset. at Vercingetorix castris prope oppidum in monte positis medio- 2 cribus circum se intervallis separatim singularum civitatum copias conlocaverat, atque omnibus eius iugi collibus occupatis, qua dispici poterat, horribilem speciem praebebat principesque earum civitatum, 3 quos sibi ad consilium capiendum delegerat, prima luce cotidie ad se convenire iubebat, seu quid communicandum, seu quid administrandum videretur, neque ullum fere diem intermittebat, quin equestri proelio 4 interiectis sagittariis, quid in quoque esset animi ac virtutis suorum, periclitaretur. erat e regione oppidi collis sub ipsis radicibus montis 5 egregie munitus atque ex omni parte circumcisus; quem si tenerent nostri, et aquae magna parte et pabulatione libera prohibituri hostes videbantur. sed is locus praesidio ab his non nimis firmo tenebatur. 6 tamen silentio noctis Caesar ex castris egressus, priusquam subsidio ex 7 oppido veniri posset, deiecto praesidio potitus loco duas ibi legiones conlocavit fossamque duplicem duodenum pedum a maioribus castris ad minora perduxit, ut tuto ab repentino hostium incursu etiam singuli commeare possent.

Dum haec ad Gergoviam geruntur, Convictolitavis Haeduus, cui 1 **37** magistratum adiudicatum a Caesare demonstravimus, sollicitatus ab Arvernis pecunia cum quibusdam adulescentibus conloquitur, quorum erat princeps Litaviccus atque eius fratres, amplissima familia nati adulescentes. cum his praemium communicat hortaturque, ut se liberos 2 et imperio natos meminerint. unam esse Haeduorum civitatem, quae 3 certissimam Galliae victoriam distineat; eius auctoritate reliquas contineri; qua traducta locum consistendi Romanis in Gallia non fore. esse 4

VII 37

nonnullo se Caesaris beneficio adfectum, sic tamen, ut iustissimam apud
5 eum causam obtinuerit; sed plus communi libertati tribuere. cur enim
potius Haedui de suo iure et [de] legibus ad Caesarem disceptatorem
6 quam Romani ad Haeduos veniant? celeriter adulescentibus et oratione
magistratus et praemio deductis, cum se vel principes eius consilii fore
profiterentur, ratio perficiendi quaerebatur, quod civitatem temere ad
7 suscipiendum bellum adduci posse non confidebant. placuit, ut Litaviccus
decem illis milibus, quae Caesari ad bellum mitterentur, praeficeretur
atque ea ducenda curaret fratresque eius ad Caesarem praecurrerent.
reliqua, qua ratione agi placeat, constituunt.

38 1   Litaviccus accepto exercitu, cum milia passuum circiter XXX a
Gergovia abesset, convocatis subito militibus lacrimans: „quo pro-
2 ficiscimur", inquit, „milites? omnis noster equitatus, omnis nobilitas
interiit; principes civitatis, Eporedorix et Viridomarus, insimulati
3 proditionis ab Romanis indicta causa interfecti sunt. haec ab his cogno-
scite, qui ex ipsa caede fugerunt; nam ego fratribus atque omnibus meis
propinquis interfectis dolore prohibeor, quae gesta sunt, pronuntiare."
4 producuntur ii, quos ille edocuerat, quae dici vellet, atque eadem, quae
5 Litaviccus pronuntiaverat, multitudini exponunt: omnes equites Haeduorum interfectos, quod conlocuti cum Arvernis dicerentur; ipsos se
inter multitudinem militum occultasse atque ex media caede fugisse.
6 conclamant Haedui et Litaviccum obsecrant, ut sibi consulat. „quasi
vero", inquit ille, „consilii sit res ac non necesse sit nobis Gergoviam
7 contendere et cum Arvernis nosmet coniungere. an dubitamus, quin
nefario facinore admisso Romani iam ad nos interficiendos concurrant?
8 proinde, si quid est in nobis animi, persequamur eorum mortem, qui
indignissime interierunt, atque hos latrones interficiamus." ostendit cives
9 Romanos, qui eius praesidii fiducia una ierant. continuo magnum
numerum frumenti commeatusque diripit, ipsos crudeliter excruciatos
10 interficit. nuntios tota civitate Haeduorum dimittit, eodem mendacio de
caede equitum et principum permanet; hortatur, ut simili ratione, atque
ipse fecerit, suas iniurias persequantur.

39 1   Eporedorix Haeduus, summo loco natus adulescens et summae domi
potentiae, et una Viridomarus, pari aetate et gratia, sed genere dispari,
quem Caesar ab Diviciaco sibi traditum ex humili loco ad summam
dignitatem perduxerat, in equitum numero convenerant nominatim ab
2 eo evocati. his erat inter se de principatu contentio, et in illa magistra-
tuum controversia alter pro Convictolitave, alter pro Coto summis
3 opibus pugnaverat. ex his Eporedorix cognito Litavicci consilio media
fere nocte rem ad Caesarem defert; orat, ne patiatur civitatem pravis

adulescentium consiliis ab amicitia populi Romani deficere; quod futurum provideat, si se tot hominum milia cum hostibus coniunxerint, quorum salutem neque propinqui neglegere neque civitas levi momento aestimare possit.

Magna adfectus sollicitudine hoc nuntio Caesar, quod semper Hae- 1 **40** duorum civitati praecipue indulserat, nulla interposita dubitatione legiones expeditas quattuor equitatumque omnem ex castris educit. nec 2 fuit spatium tali tempore ad contrahenda castra, quod res posita in celeritate videbatur; C. Fabium legatum cum legionibus duabus castris praesidio relinquit. fratres Litavicci cum comprehendi iussisset, paulo 3 ante reperit ad hostes fugisse. adhortatus milites, ne necessario tempore 4 itineris labore permoveantur, cupidissimis omnibus progressus milia passuum XXV agmen Haeduorum conspicatur; immisso equitatu iter eorum moratur atque impedit interdicitque omnibus, ne quemquam interficiant. Eporedorigem et Viridomarum, quos illi interfectos existi- 5 mabant, inter equites versari suosque appellare iubet. his cognitis et 6 Litavicci fraude perspecta Haedui manus tendere et deditionem significare et proiectis armis mortem deprecari incipiunt. Litaviccus cum suis 7 clientibus, quibus more Gallorum nefas est etiam in extrema fortuna deserere patronos, Gergoviam profugit.

Caesar nuntiis ad civitatem Haeduorum missis, qui suo beneficio conser- 1 **41** vatos docerent, quos iure belli interficere potuisset, tribusque horis noctis exercitui ad quietem datis castra ad Gergoviam movet. medio fere 2 itinere equites a Fabio missi, quanto res in periculo fuerit, exponunt. summis copiis castra oppugnata demonstrant, cum crebro integri defessis succederent nostrosque adsiduo labore defatigarent, quibus propter magnitudinem castrorum perpetuo esset isdem in vallo permanendum; multitudine sagittarum atque omni genere telorum multos 3 vulneratos; ad haec sustinenda magno usui fuisse tormenta. Fabium 4 discessu eorum duabus relictis portis obstruere ceteras pluteosque vallo addere et se in posterum diem similem ad casum parare. his rebus cognitis 5 Caesar summo studio militum ante ortum solis in castra pervenit.

Dum haec ad Gergoviam geruntur, Haedui primis nuntiis ab Litavicco 1 **42** acceptis nullum sibi ad cognoscendum spatium relinquunt. impellit alios 2 avaritia, alios iracundia et temeritas, quae maxime illi hominum generi est innata, ut levem auditionem habeant pro re comperta. bona civium 3 Romanorum diripiunt, caedes faciunt, in servitutem abstrahunt. adiuvat 4 rem inclinatam Convictolitavis plebemque ad furorem impellit, ut facinore admisso ad sanitatem reverti pudeat. M. Aristium tribunum militum iter 5 ad legionem facientem fide data ex oppido Cavillono educunt; idem

6 facere cogunt eos, qui negotiandi causa ibi constiterant. hos continuo ⟨in⟩ itinere adorti omnibus impedimentis exuunt; repugnantes diem noctemque obsident; multis utrimque interfectis maiorem multitudinem ad arma concitant.

43 1 Interim nuntio adlato omnes eorum milites in potestate Caesaris teneri, concurrunt ad Aristium, nihil publico factum consilio demonstrant; 2 quaestionem de bonis direptis decernunt, Litavicci fratrumque bona 3 publicant, legatos ad Caesarem sui purgandi gratia mittunt. haec faciunt recuperandorum suorum causa; sed contaminati facinore et capti compendio ex direptis bonis, quod ea res ad multos pertinebat, et timore poenae exterriti consilia clam de bello inire incipiunt civitatesque reliquas 4 legationibus sollicitant. quae tametsi Caesar intellegebat, tamen, quam mitissime potest, legatos appellat: nihil se propter inscientiam levitatemque vulgi gravius de civitate iudicare neque de sua in Haeduos bene-5 volentia deminuere. ipse maiorem Galliae motum exspectans, ne ab omnibus civitatibus circumsisteretur, consilia inibat, quemadmodum a Gergovia discederet ac rursus omnem exercitum contraheret ne⟨c⟩ profectio nata a timore defectionis similisque fugae videretur.

44 1 Haec cogitanti accidere visa est facultas bene gerendae rei. nam cum in minora castra operis perspiciendi causa venisset, animadvertit collem, qui ab hostibus tenebatur, nudatum hominibus, qui superioribus diebus 2 vix prae multitudine cerni poterat. admiratus quaerit ex perfugis cau-3 sam, quorum magnus ad eum cotidie numerus confluebat. constabat inter omnes, (quod iam ipse Caesar per exploratores cognoverat,) dorsum esse eius iugi prope aequum, sed silvestre et angustum, qua esset aditus 4 ad alteram oppidi partem; huic loco vehementer illos timere nec iam aliter sentire, uno colle ab Romanis occupato si alterum amisissent, quin paene circumvallati atque omni exitu et pabulatione interclusi videren-5 tur: ad hunc muniendum locum omnes a Vercingetorige evocatos.

45 1 Hac re cognita Caesar mittit complures equitum turmas eodem media nocte; imperat his, ut paulo tumultuosius omnibus locis per-2 vagentur. prima luce magnum numerum iumentorum ex castris mulorumque produci deque his stramenta detrahi mulionesque cum 3 cassidibus equitum specie ac simulatione collibus circumvehi iubet. his paucos addit equites, qui latius ostentationis causa vagentur. longo 4 circuitu easdem omnes iubet petere regiones. haec procul ex oppido videbantur, ut erat a Gergovia despectus in castra, neque tanto spatio, 5 certi quid esset, explorari poterat. legionem unam eodem iugo mittit et 6 paulum progressam inferiore constituit loco silvisque occultat. augetur Gallis suspicio atque omnes illo ad munitionem copiae traducuntur.

vacua castra hostium Caesar conspicatus tectis insignibus suorum 7 occultatisque signis militaribus raros milites, ne ex oppido animadverterentur, ex maioribus castris in minora traducit legatisque, quos singulis legionibus praefecerat, quid fieri velit, ostendit; in primis monet, 8 ut contineant milites, ne studio pugnandi aut spe praedae longius progrediantur; quid iniquitas loci habeat incommodi, proponit; hoc una 9 celeritate posse vitari; occasionis esse rem, non proelii. his rebus expo- 10 sitis signum dat et ab dextra parte alio ascensu eodem tempore Haeduos mittit.

Oppidi murus a planitie atque initio ascensus recta regione, si nullus 1 **46** amfractus intercederet, mille CC passus aberat; quicquid huc circuitus 2 ad molliendum clivum accesserat, id spatium itineris augebat. a medio 3 fere colle in longitudinem, ut natura montis ferebat, ex grandibus saxis sex pedum murum, qui nostrorum impetum tardaret, praeduxerant Galli atque inferiore omni spatio vacuo relicto superiorem partem collis usque ad murum oppidi densissimis castris compleverant. milites dato 4 signo celeriter ad munitionem perveniunt eamque transgressi trinis castris potiuntur; ac tanta fuit in capiendis castris celeritas, ut Teuto- 5 matus, rex Nitiobrogum, subito in tabernaculo oppressus, ut meridie conquieverat, superiore corporis parte nuda, vulnerato equo vix se ex manibus praedantium militum eriperet.

Consecutus id, quod animo proposuerat, Caesar receptui cani iussit 1 **47** legionisque decimae, quacum erat, continuo signa constiterunt. at 2 reliquarum legionum milites non audito tubae sono, quod satis magna valles intercedebat, tamen a tribunis militum legatisque, ut erat a Caesare praeceptum, retinebantur. sed elati spe celeris victoriae et hostium fuga 3 superiorumque temporum secundis proeliis nihil adeo arduum sibi existimabant, quod non virtute consequi possent, neque finem prius sequendi fecerunt, quam oppidi muro portisque adpropinquarent. tum 4 vero ex omnibus urbis partibus orto clamore, qui longius aberant, repentino tumultu perterriti, cum hostem intra portas esse existimarent, sese ex oppido eiecerunt. matres familiae de muro vestem argentumque 5 iactabant et pectore nudo prominentes passis manibus Romanos obtestabantur, ut sibi parcerent neu, sicut Avarici fecissent, ne a mulieribus quidem atque infantibus abstinerent; nonnullae de muro per manus 6 demissae sese militibus tradebant. L. Fabius, centurio legionis VIII, 7 quem inter suos eo die dixisse constabat excitari se Avaricensibus praemiis neque commissurum, ut prius quisquam murum ascenderet, tres suos nactus manipulares atque ab iis sublevatus murum ascendit; eos ipse rursus singulos exceptans in murum extulit.

48 1 Interim ii, qui ad alteram partem oppidi, ut supra demonstravimus, munitionis causa convenerant, primo exaudito clamore, inde etiam crebris nuntiis incitati oppidum a Romanis teneri, praemissis equitibus magno 2 cursu eo contenderunt. eorum ut quisque primus venerat, sub muro 3 consistebat suorumque pugnantium numerum augebat. quorum cum magna multitudo convenisset, matres familiae, quae paulo ante Romanis de muro manus tendebant, suos obtestari et more Gallico passum capillum ostentare liberosque in conspectum proferre coepe- 4 runt. erat Romanis nec loco nec numero aequa contentio; simul et cursu et spatio pugnae defatigati non facile recentes atque integros sustinebant.

49 1 Caesar, cum iniquo loco pugnari hostiumque copias augeri videret, praemetuens suis ad T. Sextium legatum, quem minoribus castris praesidio reliquerat, misit, ut cohortes ex castris celeriter educeret et sub infimo colle ab dextro latere hostium constitueret, ut, si nostros loco depulsos vidisset, quo minus libere hostes insequerentur, terreret. 2 ipse paulum ex eo loco cum legione progressus, ubi constiterat, eventum pugnae exspectabat.

50 1 Cum acerrime comminus pugnaretur, hostes loco et numero, nostri virtute confiderent, subito sunt Haedui visi ab latere nostris aperto, quos 2 Caesar ab dextra parte alio ascensu manus distinendae causa miserat. hi similitudine armorum vehementer nostros perterruerunt, ac tametsi dextris umeris exsertis animadvertebantur, quod insigne pactum esse consuerat, tamen id ipsum sui fallendi causa milites ab hostibus factum 3 existimabant. eodem tempore L. Fabius centurio quique una murum 4 ascenderant, circumventi atque interfecti de muro praecipitabantur. M. Petronius, eiusdem legionis centurio, cum portas excidere conatus esset, a multitudine oppressus ac sibi desperans multis iam vulneribus acceptis manipularibus suis, qui illum erant secuti: „quoniam", inquit, „me una vobiscum servare non possum, vestrae quidem certe vitae prospiciam, quos cupiditate gloriae adductus in periculum deduxi. vos data facultate 5 vobis consulite." simul in medios hostes inrupit duobusque interfectis 6 reliquos a porta paulum submovit. conantibus auxiliari suis „frustra", inquit, „meae vitae subvenire conamini, quem iam sanguis viresque deficiunt. proinde abite, dum est facultas, vosque ad legionem recipite." ita pugnans post paulo concidit ac suis saluti fuit.

51 1 Nostri cum undique premerentur, XLVI centurionibus amissis deiecti sunt loco. sed intolerantius Gallos insequentes legio decima tardavit, 2 quae pro subsidio paulo aequiore loco constiterat. hanc rursus XIII legionis cohortes exceperunt, quae ex castris minoribus eductae cum

T. Sextio legato locum ceperant superiorem. legiones, ubi primum 3 planitiem attigerunt, infestis contra hostem signis constiterunt. Ver- 4 cingetorix ab radicibus collis suos intra munitiones reduxit. eo die milites paulo minus septingenti sunt desiderati.

Postero die Caesar contione advocata temeritatem cupiditatemque 1 **52** militum reprehendit, quod sibi ipsi iudicavissent, quo procedendum aut quid agendum videretur, neque signo recipiendi dato constitissent neque a tribunis militum legatisque retineri potuissent. exposuit, quid iniquitas 2 loci posset, quod ipse ad Avaricum sensisset, cum sine duce et sine equitatu deprehensis hostibus exploratam victoriam dimisisset, ne parvum modo detrimentum in contentione propter iniquitatem loci accideret. quanto opere eorum animi magnitudinem admiraretur, quos non castro- 3 rum munitiones, non altitudo montis, non murus oppidi tardare potuisset, tanto opere licentiam arrogantiamque reprehendere, quod plus se quam imperatorem de victoria atque exitu rerum sentire existimarent; nec 4 minus se a milite modestiam et continentiam quam virtutem atque animi magnitudinem desiderare.

Hac habita contione et ad extremum [oratione] confirmatis militibus, 1 **53** ne ob hanc causam animo permoverentur neu, quod iniquitas loci attulisset, id virtuti hostium tribuerent, eadem de profectione cogitans, quae ante senserat, legiones ex castris eduxit aciemque idoneo loco constituit. cum Vercingetorix nihilo minus ⟨copias suas intra muni- 2 tiones contineret neque⟩ in aequum locum descenderet, levi facto equestri proelio atque eo secundo in castra exercitum reduxit. cum hoc idem 3 postero die fecisset, satis ad Gallicam ostentationem minuendam militumque animos confirmandos factum existimans in Haeduos movit castra. ne tum quidem insecutis hostibus tertio die ad flumen Elaver ⟨reversus⟩ 4 pontem refecit eoque exercitum traduxit.

Ibi a Viridomaro atque Eporedorige Haeduis appellatus discit cum 1 **54** omni equitatu Litaviccum ad sollicitandos Haeduos profectum; opus esse ipsos antecedere ad confirmandam civitatem. etsi multis iam rebus 2 perfidiam Haeduorum perspectam habebat atque eorum discessu maturari defectionem civitatis existimabat, tamen eos retinendos non censuit, ne aut inferre iniuriam videretur aut daret timoris aliquam suspicionem. discedentibus iis breviter sua in Haeduos merita exposuit: quos et 3 quam humiles accepisset, compulsos in oppida, multatos agris, omnibus ereptis copiis, imposito stipendio, obsidibus summa cum contumelia extortis, et quam in fortunam quamque in amplitudinem duxisset, ut non 4 solum in pristinum statum redisse, sed omnium temporum dignitatem et gratiam antecessisse viderentur. his datis mandatis eos ab se dimisit.

55 1 Noviodunum erat oppidum Haeduorum ad ripas Ligeris opportuno 2 loco positum. huc Caesar omnes obsides Galliae, frumentum, pecuniam publicam, suorum atque exercitus impedimentorum magnam partem 3 contulerat; huc magnum numerum equorum huius belli causa in Italia 4 atque Hispania coemtum miserat. eo cum Eporedorix Viridomarusque venissent et de statu civitatis cognovissent, Litaviccum Bibracte ab Haeduis receptum, (quod est oppidum apud eos maximae auctoritatis,) Convictolitavem magistratum magnamque partem senatus ad eum convenisse, legatos ad Vercingetorigem de pace et amicitia concilianda publice missos, non praetermittendum tantum commodum existima- 5 verunt. itaque interfectis Novioduni custodibus, quique eo negotiandi aut itineris causa convenerant, pecuniam atque equos inter se partiti 6 sunt; obsides civitatum Bibracte ad magistratum deducendos curaverunt; 7 oppidum, quod ab se teneri non posse iudicabant, ne cui esset usui 8 Romanis, incenderunt; frumenti quod subito potuerunt, navibus ave- 9 xerunt, reliquum flumine atque incendio corruperunt. ipsi ex finitimis regionibus copias cogere, praesidia custodiasque ad ripas Ligeris disponere equitatumque omnibus locis iniciendi timoris causa ostentare coeperunt, si ab re frumentaria Romanos excludere aut adductos inopia 10 in provinciam expellere possent. quam ad spem multum eos adiuvabat, quod Liger ex nivibus creverat, ut omnino vado non posse transiri videretur.

56 1 Quibus rebus cognitis Caesar maturandum sibi censuit, si esset in perficiendis pontibus periclitandum, ut prius, quam essent maiores eo 2 coactae copiae, dimicaret. nam ne commutato consilio iter in provinciam converteret, ut ⟨non⟩ nemo tum quidem necessario faciendum existimabat, cum infamia atque indignitas rei et oppositus mons Cebenna viarumque difficultas impediebat, tum maxime, quod abiuncto Labieno 3 atque iis legionibus, quas una miserat, vehementer timebat. itaque admodum magnis diurnis nocturnisque itineribus confectis contra 4 omnium opinionem ad Ligerim venit vadoque per equites invento pro rei necessitate opportuno, ut bracchia modo atque umeri ad sustinenda 5 arma liberi ab aqua esse possent, disposito equitatu, qui vim fluminis refringeret, atque hostibus primo aspectu perturbatis incolumem exercitum traduxit frumentumque in agris et pecoris copiam nactus repleto his rebus exercitu iter in Senones facere instituit.

57 1 Dum haec apud Caesarem geruntur, Labienus eo supplemento, quod nuper ex Italia venerat, relicto Agedinci, ut esset impedimentis praesidio, cum quattuor legionibus Luteciam proficiscitur. id est oppidum Pari- 2 siorum, positum in insula fluminis Sequanae. cuius adventu ab hostibus

cognito magnae ex finitimis civitatibus copiae convenerunt. summa 3
imperii traditur Camulogeno Aulerco, qui prope confectus aetate tamen
propter singularem scientiam rei militaris ad eum est honorem evocatus.
is cum animadvertisset perpetuam esse paludem, quae influeret in 4
Sequanam atque illum omnem locum magnopere impediret, hic consedit
nostrosque transitu prohibere instituit.
    Labienus primo vineas agere, cratibus atque aggere paludem explere 1 **58**
atque iter munire conabatur. postquam id difficilius confici animad- 2
vertit, silentio e castris tertia vigilia egressus eodem, quo venerat, itinere
Metlosedum pervenit. id est oppidum Senonum, in insula Sequanae 3
positum, ut paulo ante de Lutecia diximus. deprensis navibus circiter 4
quinquaginta celeriterque conductis atque eo militibus impositis et rei
novitate perterritis oppidanis, quorum magna pars erat ad bellum evocata, sine contentione oppido potitur. refecto ponte, quem superioribus 5
diebus hostes resciderant, exercitum traducit et secundo flumine
ad Luteciam iter facere coepit. hostes re cognita ab iis, qui Metlosedo 6
profugerant, Luteciam incendi pontesque eius oppidi rescindi iubent;
ipsi profecti a palude in ripa Sequanae e regione Luteciae contra Labieni
castra considunt.
    Iam Caesar a Gergovia discessisse audiebatur, iam de Haeduorum 1 **59**
defectione et secundo Galliae motu rumores adferebantur Gallique in
conloquiis interclusum itinere et Ligeri Caesarem inopia frumenti
coactum in provinciam contendisse confirmabant. Bellovaci autem 2
defectione Haeduorum cognita, qui ⟨iam⟩ ante erant per se infideles,
manus cogere atque aperte bellum parare coeperunt. tum Labienus 3
tanta rerum commutatione longe aliud sibi capiendum consilium, atque
antea senserat, intellegebat neque iam, ut aliquid adquireret proelioque 4
hostes lacesseret, sed ut incolumem exercitum Agedincum reduceret,
cogitabat. namque altera ex parte Bellovaci, quae civitas in Gallia 5
maximam habet opinionem virtutis, instabant, alteram Camulogenus
parato atque instructo exercitu tenebat; tum legiones a praesidio atque
impedimentis interclusas maximum flumen distinebat. tantis subito 6
difficultatibus obiectis ab animi virtute auxilium petendum videbat.
    Itaque sub vesperum consilio convocato cohortatus, ut ea, quae 1 **60**
imperasset, diligenter industrieque administrarent, naves, quas Metlosedo
deduxerat, singulas equitibus Romanis attribuit et prima confecta vigilia
IV milia passuum secundo flumine silentio progredi ibique se exspectare
iubet. quinque cohortes, quas minime firmas ad dimicandum esse 2
existimabat, castris praesidio relinquit; quinque eiusdem legionis reli- 3
quas de media nocte cum omnibus impedimentis adverso flumine magno

4 tumultu proficisci imperat. conquirit etiam lintres; has magno sonitu remorum incitatas in eandem partem mittit. ipse post paulo silentio egressus cum tribus legionibus eum locum petit, quo naves adpelli iusserat.

61 1 Eo cum esset ventum, exploratores hostium, ut omni fluminis parte erant dispositi, inopinantes, quod magna subito erat coorta tempestas, a 2 nostris opprimuntur; exercitus equitatusque equitibus Romanis adminis- 3 trantibus, quos ei negotio praefecerat, celeriter transmittitur. uno fere tempore sub lucem hostibus nuntiatur in castris Romanorum praeter consuetudinem tumultuari et magnum ire agmen adverso flumine sonitumque remorum in eadem parte exaudiri et paulo infra milites 4 navibus transportari. quibus rebus auditis, quod existimabant tribus locis transire legiones atque omnes perturbatos defectione Haeduorum fugam 5 parare, suas quoque copias in tres partes distribuerunt. nam praesidio e regione castrorum relicto et parva manu Metlosedum versus missa, quae tantum progrederetur, quantum naves processissent, reliquas copias contra Labienum duxerunt.

62 1 Prima luce et nostri omnes erant transportati et hostium acies cerne- 2 batur. Labienus milites cohortatus, ut suae pristinae virtutis et tot secundissimorum proeliorum retinerent memoriam atque ipsum Caesarem, cuius ductu saepe numero hostes superassent, praesentem adesse 3 existimarent, dat signum proelii. primo concursu ab dextro cornu, ubi septima legio constiterat, hostes pelluntur atque in fugam coniciuntur; 4 ab sinistro, quem locum duodecima legio tenebat, cum primi ordines hostium transfixi pilis concidissent, tamen acerrime reliqui resistebant, 5 nec dabat suspicionem fugae quisquam. ipse dux hostium Camulogenus 6 suis aderat atque eos cohortabatur. at incerto etiam nunc exitu victoriae, cum septimae legionis tribunis esset nuntiatum, quae in sinistro cornu gererentur, post tergum hostium legionem ostenderunt signaque intu- 7 lerunt. ne eo quidem tempore quisquam loco cessit, sed circumventi 8 omnes interfectique sunt. eandem fortunam tulit Camulogenus. at ii, qui in praesidio contra castra Labieni erant relicti, cum proelium commissum audissent, subsidio suis ierunt collemque ceperunt; neque nostrorum 9 militum victorum impetum sustinere potuerunt. sic cum suis fugientibus permixti, quos non silvae montesque texerunt, ab equitatu sunt inter- 10 fecti. hoc negotio confecto Labienus revertitur Agedincum, ubi impedimenta totius exercitus relicta erant; inde cum omnibus copiis ad Caesarem pervenit.

63 1 Defectione Haeduorum cognita bellum augetur. legationes in omnes 2 partes circummittuntur; quantum gratia, auctoritate, pecunia valent,

ad sollicitandas civitates nituntur; nacti obsides, quos Caesar apud eos 3
deposuerat, horum supplicio dubitantes territant. petunt a Vercinge- 4
torige, ut ad se veniat rationesque belli gerendi communicet. re impetrata contendunt, ut ipsis summa imperii tradatur. ⟨ea⟩ re in con- 5
troversiam deducta totius Galliae concilium Bibracte indicitur.
conveniunt undique frequentes. multitudinis suffragiis res permittitur: 6
ad unum omnes Vercingetorigem probant imperatorem. ab hoc concilio 7
Remi, Lingones, Treveri afuerunt, illi, quod amicitiam Romanorum
sequebantur, Treveri, quod aberant longius et a Germanis premebantur,
quae fuit causa, quare toto abessent bello et neutris auxilia mitterent.
magno dolore Haedui ferunt se deiectos principatu, queruntur fortunae 8
commutationem et Caesaris in se indulgentiam requirunt, neque tamen
suscepto bello suum consilium ab reliquis separare audent. inviti summae 9
spei adulescentes Eporedorix et Viridomarus Vercingetorigi parent.

Ille imperat reliquis civitatibus obsides diemque ei rei constituit 1 **64**
[diem]***** huc omnes equites, XV milia numero, celeriter convenire
iubet. peditatu, quem antea habuerit, se fore contentum dicit neque for- 2
tunam temptaturum aut acie dimicaturum, sed, quoniam abundet equitatu,
perfacile esse factu frumentationibus pabulationibusque Romanos prohibere; aequo modo animo sua ipsi frumenta corrumpant aedificiaque 3
incendant, qua rei familiaris iactura perpetuum imperium libertatemque
se consequi videant. his constitutis rebus Haeduis Segusiavisque, qui 4
sunt finitimi provinciae, decem milia peditum imperat; huc addit equites
octingentos. his praeficit fratrem Eporedorigis bellumque inferre Allo- 5
brogibus iubet. altera ex parte Gabalos proximosque pagos Arvernorum 6
in Helvios, item Rutenos Cadurcosque ad fines Volcarum Arecomicorum
depopulandos mittit. nihilo minus clandestinis nuntiis legationibusque 7
Allobroges sollicitat, quorum mentes nondum ab superiore bello resedisse sperabat. horum principibus pecunias, civitati autem imperium 8
totius provinciae pollicetur.

Ad hos omnes casus provisa erant praesidia cohortium duarum et 1 **65**
viginti, quae ex ipsa coacta provincia ab L. Caesare legato ad omnes
partes opponebantur. Helvii sua sponte cum finitimis proelio congressi 2
pelluntur et C. Valerio Domnotauro, Caburi filio, principe civitatis,
compluribusque aliis interfectis intra oppida ac muros compelluntur.
Allobroges crebris ad Rhodanum dispositis praesidiis magna cura et 3
diligentia suos fines tuentur. Caesar, quod hostes equitatu superiores 4
esse intellegebat et interclusis omnibus itineribus nulla re ex provincia
atque Italia sublevari poterat, trans Rhenum in Germaniam mittit ad
eas civitates, quas superioribus annis pacaverat, equitesque ab his

arcessit et levis armaturae pedites, qui inter eos proeliari consueverant. 5 eorum adventu, quod minus idoneis equis utebantur, a tribunis militum reliquisque equitibus Romanis atque evocatis equos sumit Germanisque distribuit.

66 1 Interea, dum haec geruntur, hostium copiae ex Arvernis equitesque, 2 qui toti Galliae erant imperati, conveniunt. magno horum coacto numero, cum Caesar in Sequanos per extremos Lingonum fines iter faceret, quo facilius subsidium provinciae ferre posset, circiter milia 3 passuum X ab Romanis trinis castris Vercingetorix consedit convocatisque ad concilium praefectis equitum venisse tempus victoriae demon- 4 strat: fugere in provinciam Romanos Galliaque excedere. id sibi ad praesentem obtinendam libertatem satis esse; ad reliqui temporis pacem atque otium parum profici; maioribus enim coactis copiis reversuros neque finem bellandi facturos. proinde ⟨in⟩ agmine impeditos adorian- 5 tur. si pedites suis auxilium ferant atque in eo morentur, iter facere non posse; si, (id quod magis futurum confidat,) relictis impedimentis suae saluti consulant, et usu rerum necessariarum et dignitate spoliatum iri. 6 nam de equitibus hostium, quin nemo eorum progredi modo extra agmen audeat, ne ipsos quidem debere dubitare. id quo maiore faciant animo, copias se omnes pro castris habiturum et terrori hostibus futurum. 7 conclamant equites sanctissimo iure iurando confirmari oportere, ne tecto recipiatur, ne ad liberos, ne ad parentes, ad uxorem aditum habeat, qui non bis per agmen hostium perequitarit.

67 1 Probata re atque omnibus iure iurando adactis postero die in tres partes distributo equitatu duae se acies ab duobus lateribus osten- 2 dunt, una a primo agmine iter impedire coepit. qua re nuntiata Caesar suum quoque equitatum tripertito divisum contra hostem ire iubet. 3 pugnatur una omnibus in partibus. consistit agmen; impedimenta intra 4 legiones recipiuntur. si qua in parte nostri laborare aut gravius premi videbantur, eo signa inferri Caesar aciemque converti iubebat; quae res et hostes ad insequendum tardabat et nostros spe auxilii confirmabat. 5 tandem Germani ab dextro latere summum iugum nacti hostes loco depellunt; fugientes usque ad flumen, ubi Vercingetorix cum pedestribus 6 copiis consederat, persequuntur compluresque interficiunt. qua re animadversa reliqui, ne circumvenirentur, veriti se fugae mandant. 7 omnibus locis fit caedes. tres nobilissimi Haedui capti ad Caesarem perducuntur: Cotus, praefectus equitum, qui controversiam cum Convictolitave proximis comitiis habuerat, et Cavarillus, qui post defectionem Litavicci pedestribus copiis praefuerat, et Eporedorix, quo duce ante adventum Caesaris Haedui cum Sequanis bello contenderant.

Fugato omni equitatu Vercingetorix copias suas, ut pro castris conlo- 1 **68**
caverat, reduxit protinusque Alesiam, quod est oppidum Mandubiorum,
iter facere coepit celeriterque impedimenta ex castris educi et se subsequi
iussit. Caesar impedimentis in proximum collem deductis duabusque 2
legionibus praesidio relictis secutus hostes, quantum diei tempus est
passum, circiter tribus milibus ex novissimo agmine interfectis altero die
ad Alesiam castra fecit. perspecto urbis situ perterritisque hostibus, quod 3
equitatu, qua maxime parte exercitus confidebant, erant pulsi, adhortatus
ad laborem milites Alesiam circumvallare instituit.

Ipsum erat oppidum in colle summo admodum edito loco, ut nisi ob- 1 **69**
sidione expugnari non posse videretur; cuius collis radices duo duabus 2
ex partibus flumina subluebant. ante oppidum planities circiter milia 3
passuum III in longitudinem patebat; reliquis ex omnibus partibus colles 4
mediocri interiecto spatio pari altitudinis fastigio oppidum cingebant.
sub muro, quae pars collis ad orientem solem spectabat, hunc omnem 5
locum copiae Gallorum compleverant fossamque et maceriam in altitudinem sex pedum praeduxerant. eius munitionis, quae ab Romanis 6
instituebatur, circuitus X milia passum tenebat. castra opportunis locis 7
erant posita ⟨octona, quae inter se munitionibus coniungebantur⟩ ibique
castella XXIII facta, quibus in castellis interdiu stationes ponebantur, ne
qua subito eruptio fieret; haec eadem noctu excubitoribus ac firmis praesidiis tenebantur.

Opere instituto fit equestre proelium in ea planitie, quam intermissam 1 **70**
collibus tria milia passuum in longitudinem patere supra demonstravimus. summa vi ab utrisque contenditur. laborantibus nostris Caesar Ger- 2
manos submittit legionesque pro castris constituit, ne qua subito inruptio
ab hostium peditatu fiat. praesidio legionum addito nostris animus auge- 3
tur; hostes in fugam coniecti se ipsi multitudine impediunt atque angustioribus portis relictis coartantur. Germani acrius usque ad munitio- 4
nes sequuntur. fit magna caedes; nonnulli relictis equis fossam transire et 5
maceriam transcendere conantur. paulum legiones Caesar, quas pro vallo
constituerat, promoveri iubet. non minus, qui intra munitiones erant, 6
perturbantur. Galli veniri ad se confestim existimantes ad arma conclamant; nonnulli perterriti in oppidum inrumpunt. Vercingetorix iubet 7
portas claudi, ne castra nudentur. multis interfectis, compluribus equis
captis Germani se recipiunt.

Vercingetorix, priusquam munitiones ab Romanis perficiantur, con- 1 **71**
silium capit omnem ab se equitatum noctu dimittere. discedentibus man- 2
dat, ut suam quisque eorum civitatem adeat omnesque, qui per aetatem
arma ferre possint, ad bellum cogant. sua in illos merita proponit ob- 3

testaturque, ut suae salutis rationem habeant neu se optime de communi libertate meritum hostibus in cruciatum dedant. quod si indiligentiores fuerint, milia hominum delecta octoginta una secum interitura demon-
4 strat. ratione inita frumentum se exigue dierum XXX habere, sed paulo
5 etiam longius tolerari posse parcendo. his datis mandatis, qua erat nostrum
6 opus intermissum, secunda vigilia silentio equitatum dimittit. frumentum omne ad se referri iubet; capitis poenam iis, qui non paruerint, constituit,
7 pecus, cuius magna erat copia a Mandubiis compulsa, viritim distribuit;
8 frumentum parce et paulatim metiri instituit. copias omnes, quas pro
9 oppido conlocaverat, in oppidum recipit. his rationibus auxilia Galliae exspectare et bellum administrare parat.

72 1   Quibus rebus ex perfugis et captivis cognitis Caesar haec genera munitionis instituit. fossam pedum XX derectis lateribus duxit, ut eius
2 solum tantundem pateret, quantum summae fossae labra distarent. reliquas omnes munitiones ab ea fossa passus quadringentos reduxit; id hoc consilio, quoniam tantum spatium necessario esset complexus nec facile totum opus corona militum cingeretur, ne de improviso aut noctu ad munitiones multitudo hostium advolaret aut interdiu tela in nostros
3 operi destinatos conicere posset. hoc intermisso spatio duas fossas quindecim pedes latas eadem altitudine perduxit; quarum interiorem campe-
4 stribus ac demissis locis aqua ex flumine derivata complevit. post eas aggerem ac vallum XII pedum exstruxit. huic loricam pinnasque adiecit grandibus cervis eminentibus ad commissuras pluteorum atque aggeris, qui ascensum hostium tardarent, et turres toto opere circumdedit, quale passus LXXX inter se distarent.

73 1   Erat eodem tempore et materiari et frumentari et tantas munitiones tueri necesse deminutis nostris copiis, quae longius a castris progrediebantur; ac nonnumquam opera nostra Galli temptare atque eruptionem
2 ex oppido pluribus portis summa vi facere conabantur. quare ad haec rursus opera addendum Caesar putavit, quo minore numero militum munitiones defendi possent. itaque truncis arborum aut admodum firmis ramis abscisis atque horum delibratis ac praeacutis cacuminibus per-
3 petuae fossae quinos pedes altae ducebantur. huc illi stipites demissi et ab
4 infimo revincti, ne revelli possent, ab ramis eminebant. quini erant ordines coniuncti inter se atque implicati; quo qui intraverant, se ipsi acutis-
5 simis vallis induebant. hos cippos appellabant. ante hos obliquis ordinibus in quincuncem dispositis scrobes in altitudinem trium pedum fodie-
6 bantur paulatim angustiore ad infimum fastigio. huc teretes stipites feminis crassitudine ab summo praeacuti et praeusti demittebantur ita, ut non
7 amplius digitis quattuor ex terra eminerent; simul confirmandi et stabi-

liendi causa singuli ab infimo solo pedes terra exculcabantur; reliqua pars scrobis ad occultandas insidias viminibus ac virgultis integebatur. huius 8 generis octoni ordines ducti ternos inter se pedes distabant. id ex similitudine floris lilium appellabant. ante haec taleae pedem longae ferreis 9 hamis infixis totae in terram infodiebantur mediocribusque intermissis spatiis omnibus locis disserebantur; quos stimulos nominabant.

His rebus perfectis regiones secutus quam potuit aequissimas pro loci 1 **74** natura XIV milia passuum complexus pares eiusdem generis munitiones, diversas ab his, contra exteriorem hostem perfecit, ut ne magna quidem multitudine, si ita accidat [eius discessu,] munitionum praesidia circumfundi possent. ⟨ne⟩ aut⟨em⟩ cum periculo ex castris egredi cogatur, die- 2 rum XXX pabulum frumentumque habere omnes convectum iubet.

Dum haec ad Alesiam geruntur, Galli concilio principum indicto non 1 **75** omnes, qui arma ferre possent, ut censuit Vercingetorix, convocandos statuunt, sed certum numerum cuique civitati imperandum, ne tanta multitudine confusa nec moderari nec discernere suos nec frumenti rationem habere possent. imperant Haeduis atque eorum clientibus, Segusia- 2 vis, Ambivaretis, Aulercis Brannovicibus [Blannoviis] milia XXXV; parem numerum Arvernis adiunctis Eleutetis, Cadurcis, Gabalis, Vellaviis, qui sub imperio Arvernorum esse consuerunt; Sequanis, Senonibus, 3 Biturigibus, Santonis, Rutenis, Carnutibus duodena milia; Bellovacis X; totidem Lemovicibus; octona Pictonibus et Turonis et Parisiis et Helvetiis; sen⟨a Suessi⟩onibus, Ambianis, Mediomatricis, Petrocoriis, Nerviis, Morinis, Nitiobrogibus; V milia Aulercis Cenomanis, totidem Atrebatibus; IV Veliocassis, ⟨Andibus⟩ et Aulercis Eburovicibus terna; Rauracis et Bois bina; X milia universis civitatibus, quae Oceanum 4 attingunt quaeque eorum consuetudine Aremoricae appellantur, quo sunt in numero Coriosolites, Redones, Ambibarii, Caletes, Osismi, Veneti, Lexovii, Venelli. ex his Bellovaci suum numerum non contule- 5 runt, quod se suo nomine atque arbitrio cum Romanis bellum gesturos dicebant neque cuiusquam imperio obtemperaturos; rogati tamen a Commio pro eius hospitio duo milia miserunt.

Huius opera Commii, ut antea demonstravimus, fideli atque utili 1 **76** superioribus annis erat usus in Britannia Caesar; pro quibus meritis civitatem eius immunem esse iusserat, iura legesque reddiderat atque ipsi Morinos attribuerat. tanta tamen universae Galliae consensio fuit liber- 2 tatis vindicandae et pristinae belli laudis recuperandae, ut neque beneficiis neque amicitiae memoria moverentur omnesque et animo et opibus in id bellum incumberent. coactis equitum milibus VIII et peditum circiter 3 CCL haec in Haeduorum finibus recensebantur numerusque inibatur,

4 praefecti constituebantur. Commio Atrebati, Viridomaro et Eporedorigi Haeduis, Vercassivellauno Arverno, consobrino Vercingetorigis, summa imperii traditur. his delecti ex civitatibus attribuuntur, quorum 5 consilio bellum administraretur. omnes alacres et fiduciae pleni ad Ale- 6 siam proficiscuntur, neque erat omnium quisquam, qui adspectum modo tantae multitudinis sustineri posse arbitraretur, praesertim ancipiti proelio, cum ex oppido eruptione pugnaretur, foris tantae copiae equitatus peditatusque cernerentur.

77 1 At ii, qui Alesiae obsidebantur, praeterita die, qua auxilia suorum exspectaverant, consumpto omni frumento inscii, quid in Haeduis gereren- 2 tur, concilio coacto de exitu suarum fortunarum consultabant. ac variis dictis sententiis, quarum pars deditionem, pars dum vires suppeterent, eruptionem censebat, non praetereunda videtur oratio Critognati propter 3 eius singularem ac nefariam crudelitatem. hic summo in Arvernis ortus loco et magnae habitus auctoritatis: „Nihil", inquit, „de eorum sententia dicturus sum, qui turpissimam servitutem deditionis nomine appellant, neque hos habendos civium loco neque adhibendos ad concilium censeo. 4 cum his mihi res est, qui eruptionem probant; quorum in consilio omnium vestrum consensu pristinae residere virtutis memoria videtur. 5 animi est ista mollitia, non virtus, paulisper inopiam ferre non posse. qui se ultro morti offerant, facilius reperiuntur, quam qui dolorem patien- 6 ter ferant. atque ego hanc sententiam probarem — tantum apud me dignitas potest —, si nullam praeterquam vitae nostrae iacturam fieri vi- 7 derem; sed in consilio capiendo omnem Galliam respiciamus, quam ad 8 nostrum auxilium concitavimus. quid hominum milibus LXXX uno loco interfectis propinquis consanguineisque nostris animi fore existimatis, si 9 paene in ipsis cadaveribus proelio decertare cogentur? nolite hos vestro auxilio spoliare, qui vestrae salutis causa suum periculum neglexerunt, nec stultitia ac temeritate vestra aut animi imbecillitate omnem Galliam 10 prosternere et perpetuae servituti subicere. an, quod ad diem non venerunt, de eorum fide constantiaque dubitatis? quid ergo? Romanos in 11 illis ulterioribus munitionibus animine causa cotidie exerceri putatis? si illorum nuntiis confirmari non potestis omni aditu praesaepto, his utimini testibus adpropinquare eorum adventum, cuius rei timore exterriti diem 12 noctemque in opere versantur. quid ergo mei consilii est? facere, quod nostri maiores nequaquam pari bello Cimbrorum Teutonumque fecerunt; qui in oppida compulsi ac simili inopia subacti eorum corporibus, qui aetate ad bellum inutiles videbantur, vitam toleraverunt neque se hostibus 13 tradiderunt. cuius rei si exemplum non haberemus, tamen libertatis causa 14 institui et posteris prodi pulcherrimum iudicarem. nam quid illi simile bello fuit? depopulata Gallia Cimbri magnaque inlata calamitate finibus quidem nostris aliquando excesserunt atque alias terras petiverunt; iura, leges, agros, libertatem nobis reliquerunt. Romani vero quid petunt aliud 15 aut quid volunt, nisi invidia adducti, quos fama nobiles potentesque bello cognoverunt, horum in agris civitatibusque considere atque his aeternam iniungere servitutem? neque enim umquam alia condicione bella gesserunt, quod si ea, quae in longinquis nationibus geruntur, ignoratis, 16 respicite finitimam Galliam, quae in provinciam redacta, iure et legibus commutatis, securibus subiecta perpetua premitur servitute."

 Sententiis dictis constituunt, ut ii, qui valetudine aut aetate inutiles sint 1 **78** bello, oppido excedant atque omnia prius experiantur, quam ad Critognati sententiam descendant; illo tamen potius utendum consilio, si res 2 cogat atque auxilia morentur, quam aut deditionis aut pacis subeundam condicionem. Mandubii, qui eos oppido receperant, cum liberis atque 3 uxoribus exire coguntur. hi cum ad munitiones Romanorum accessissent, 4 flentes omnibus precibus orabant, ut se in servitutem receptos cibo iuvarent. at Caesar dispositis in vallo custodiis recipi prohibebat.   5

 Interea Commius reliquique duces, quibus summa imperii permissa 1 **79** erat, cum omnibus copiis ad Alesiam perveniunt et colle exteriore occupato non longius mille passibus a nostris munitionibus considunt. postero 2 die equitatu ex castris educto omnem eam planitiem, quam in longitudinem milia passuum III patere demonstravimus, complent pedestresque copias paulum ab eo loco abditas in locis superioribus constituunt. erat 3 ex oppido Alesia despectus in campum. concurritur his auxiliis visis; fit gratulatio inter eos atque omnium animi ad laetitiam excitantur. itaque 4 productis copiis ante oppidum considunt et proximam fossam cratibus integunt atque aggere explent seque ad eruptionem atque omnes casus comparant.

 Caesar omni exercitu ad utramque partem munitionum disposito, ut, 1 **80** si usus veniat, suum quisque locum teneat et noverit, equitatum ex castris educi et proelium committi iubet. erat ex omnibus castris, quae summum 2 undique iugum tenebant, despectus, atque omnes milites intenti pugnae proventum exspectabant. Galli inter equites raros sagittarios expeditos- 3 que levis armaturae interiecerant, qui suis cedentibus auxilio succurrerent et nostrorum equitum impetus sustinerent. ab his complures de improviso vulnerati proelio excedebant. cum suos pugna superiores esse 4 Galli confiderent et nostros multitudine premi viderent, ex omnibus partibus et ii, qui munitionibus continebantur, et ii, qui ad auxilium convenerant, clamore et ululatu suorum animos confirmabant. quod in con- 5 spectu omnium res gerebatur neque recte aut turpiter factum celari pot-

erat, utrosque et laudis cupiditas et timor ignominiae ad virtutem ex-
6 citabat. cum a meridie prope ad solis occasum dubia victoria pugnaretur,
Germani una in parte confertis turmis in hostes impetum fecerunt eosque
7 propulerunt; quibus in fugam coniectis sagittarii circumventi interfecti-
8 que sunt. item ex reliquis partibus nostri cedentes usque ad castra insecuti
9 sui colligendi facultatem non dederunt. at ii, qui ab Alesia processerant,
maesti prope victoria desperata se in oppidum receperunt.

81 1 Uno die intermisso Galli atque hoc spatio magno cratium, scalarum,
harpagonum numero effecto media nocte silentio ex castris egressi ad
2 campestres munitiones accedunt. subito clamore sublato, qua significatione, qui in oppido obsidebantur, de suo adventu cognoscere possent,
crates proicere, fundis, sagittis, lapidibus nostros de vallo proturbare re-
3 liquaque, quae ad oppugnationem pertinent, parant administrare. eodem
tempore clamore exaudito dat tuba signum suis Vercingetorix atque ex
4 oppido educit. nostri, ut superioribus diebus suus cuique erat locus
attributus, ad munitiones accedunt; fundis librilibus sudibusque, quas
5 in opere disposuerant, Gallos [glandibus] proterrent. complura tormentis tela coniciuntur. prospectu tenebris adempto multa utrimque vulnera
6 accipiuntur. at M. Antonius et C. Trebonius legati, quibus hae partes ad
defendendum obvenerant, qua ex parte nostros premi intellexerant, his
auxilio ex ulterioribus castellis deductos submittebant.

82 1 Dum longius a munitione aberant Galli, plus multitudine telorum
proficiebant; posteaquam propius successerunt, aut se stimulis inopinantes induebant aut in scrobes delati transfodiebantur aut ex vallo ac turri-
2 bus traiecti pilis muralibus interibant. multis undique vulneribus acceptis
nulla munitione perrupta, cum lux adpeteret, veriti, ne ab latere aperto
ex superioribus castris eruptione circumvenirentur, se ad suos recepe-
3 runt. at interiores, dum ea, quae a Vercingetorige ad eruptionem prae-
4 parata erant, proferunt, priores fossas explent, diutius in his rebus administrandis morati prius suos discessisse cognoverunt, quam munitionibus adpropinquarent. ita re infecta in oppidum reverterunt.

83 1 Bis magno cum detrimento repulsi Galli, quid agant, consulunt; locorum peritos adhibent; ex his superiorum castrorum situs munitionesque
2 cognoscunt. erat a septentrionibus collis, quem propter magnitudinem circuitus opere circumplecti non potuerant nostri necessarioque paene ini-
3 quo loco et leniter declivi castra fecerant. haec C. Antistius Reginus et C.
4 Caninius Rebilus legati cum duabus legionibus obtinebant. cognitis per
exploratores regionibus duces hostium LX milia ex omni numero deli-
5 gunt earum civitatum, quae maximam virtutis opinionem habebant; quid
quoque pacto agi placeat, occulte inter se constituunt; adeundi tempus

definiunt, cum meridies esse videatur. his copiis Vercassivellaunum Ar- 6
vernum, unum ex quattuor ducibus, propinquum Vercingetorigis, prae-
ficiunt. ille ex castris prima vigilia egressus prope confecto sub lucem 7
itinere post montem se occultavit militesque ex nocturno labore sese
reficere iussit. cum iam meridies adpropinquare videretur, ad ea castra, 8
quae supra demonstravimus, contendit; eodemque tempore equitatus
ad campestres munitiones accedere et reliquae copiae pro castris se ostendere coeperunt.

Vercingetorix ex arce Alesiae suos conspicatus ex oppido egreditur; 1 84
crates, longurios, [musculos] falces reliquaque, quae eruptionis causa
paraverat, profert. pugnatur uno tempore omnibus locis atque omnia 2
temptantur; quae minime visa pars firma est, huc concurritur. Romano- 3
rum manus tantis munitionibus distinetur nec facile pluribus locis occurrit. multum ad terrendos nostros valet clamor, qui post tergum pugnanti- 4
bus existit, quod suum praesidium in aliena vident virtute constare;
omnia enim plerumque, quae absunt, vehementius hominum mentes per- 5
turbant.

Caesar idoneum locum nactus, quid quaque in parte geratur, cognos- 1 85
cit; laborantibus subsidium submittit. utrisque ad animum occurrit 2
unum esse illud tempus, quo maxime contendi conveniat: Galli, nisi 3
perfregerint munitiones, de omni salute desperant; Romani, si rem ob-
tinuerint, finem laborum omnium exspectant. maxime ad superiores 4
munitiones laboratur, quo Vercassivellaunum missum demonstravimus.
[iniquum loci ad declivitatem fastigium magnum habet momentum.]
alii tela coniciunt, alii testudine facta subeunt; defatigatis in vicem in- 5
tegri succedunt. agger ab universis in munitionem coniectus et ascensum 6
dat Gallis et ea, quae in terra occultaverant Romani, contegit; nec iam
arma nostris nec vires suppetunt.

His rebus cognitis Caesar Labienum cum cohortibus sex subsidio 1 86
laborantibus mittit; imperat, si sustinere non possit, deductis cohortibus 2
eruptione pugnet; id nisi necessario ne faciat. ipse adit reliquos, cohorta- 3
tur, ne labori succumbant; omnium superiorum dimicationum fructum
in eo die atque hora docet consistere. interiores desperatis campestribus 4
locis propter magnitudinem munitionum loca praerupta atque ex⟨celsa⟩
ascensu temptant; huc ea, quae paraverant, conferunt. multitudine telo- 5
rum ex turribus propugnantes deturbant, aggere et cratibus fossas explent, falcibus vallum ac loricam rescindunt.

Mittit primum Brutum adulescentem cum cohortibus Caesar, 1 87
post cum aliis C. Fabium legatum; postremo ipse, cum vehementius
pugnaretur, integros subsidio adducit. restituto proelio ac repulsis 2

hostibus eo, quo Labienum miserat, contendit; cohortes IV ex proximo castello deducit, equitum partem se sequi, partem circumire exteriores 3 munitiones et a tergo hostes adoriri iubet. Labienus, postquam neque aggeres neque fossae vim hostium sustinere poterant, coactis un[a]de ⟨cim⟩ cohortibus, quas ex proximis praesidiis deductas fors obtulit, Caesarem per nuntios facit certiorem, quid faciendum existimet. accelerat Caesar, ut proelio intersit.

88 1 Eius adventu ex colore vestitus cognito, quo insigni in proeliis uti consuerat, turmisque equitum et cohortibus visis, quas se sequi iusserat, ut de locis superioribus haec declivia et devexa cernebantur, hostes proelium 2 committunt. utrimque clamore sublato excipit rursus ex vallo atque omnibus munitionibus clamor. nostri omissis pilis gladiis rem gerunt. 3 repente post tergum equitatus cernitur; cohortes illae adpropinquant. hostes terga vertunt; fugientibus equites occurrunt. fit magna caedes. 4 Sedullus, dux et princeps Lemovicum, occiditur; Vercassivellaunus Arvernus vivus in fuga comprehenditur; signa militaria LXXIV ad Caesarem referuntur; pauci ex tanto numero incolumes se in castra reci- 5 piunt. conspicati ex oppido caedem et fugam suorum desperata salute 6 copias a munitionibus reducunt. fit protinus hac re audita ex castris Gallorum fuga. quod nisi crebris subsidiis ac totius diei labore milites 7 essent defessi, omnes hostium copiae deleri potuissent. de media nocte missus equitatus novissimum agmen consequitur; magnus numerus capitur atque interficitur, reliqui ex fuga in civitates discedunt.

89 1 Postero die Vercingetorix concilio convocato id bellum suscepisse se 2 non suarum necessitatum, sed communis libertatis causa demonstrat, et quoniam sit fortunae cedendum, ad utramque rem se illis offere, seu morte 3 sua Romanis satisfacere seu vivum tradere velint. mittuntur de his rebus 4 ad Caesarem legati. iubet arma tradi, principes produci. ipse in munitione 5 pro castris consedit; eo duces producuntur. Vercingetorix deditur, arma proiciuntur. reservatis Haeduis atque Arvernis, si per eos civitates reciperare posset, ex reliquis captivis toti exercitui capita singula praedae nomine distribuit.

90 1/2 His rebus confectis in Haeduos proficiscitur; civitatem recipit. eo legati ab Arvernis missi, quae imperaret, se facturos pollicentur. imperat 3 magnum numerum obsidum. captivorum circiter XX milia Haeduis 4 Arvernisque reddit. legiones in hiberna mittit. T. Labienum cum duabus legionibus et equitatu in Sequanos proficisci iubet; huic M. Sempronium 5 Rutilum attribuit. C. Fabium et L. Minucium Basilum cum legionibus duabus in Remis conlocat, ne quam a finitimis Bellovacis calamitatem 6 accipiant. C. Antistium Reginum in Ambivaretos, T. Sextium in Bituri-

VIII 1

ges, C. Caninium Rebilum in Rutenos cum singulis legionibus mittit.
Q. Tullium Ciceronem et P. Sulpicium Cavilloni et Matiscone in Haeduis 7
ad Ararim rei frumentariae causa conlocat. ipse Bibracte hiemare constituit. huius anni rebus ⟨ex Caesaris⟩ litteris cognitis Romae dierum 8
viginti supplicatio redditur.

LIBER OCTAVUS

Coactus adsiduis tuis vocibus, Balbe, cum cotidiana mea recusatio non 1
difficultatis excusationem, sed inertiae videretur deprecationem habere, difficillimam rem suscepi. Caesaris nostri commentarios rerum ge- 2
starum Galliae non conpetentibus superioribus atque insequentibus eius
scriptis contexui novissimumque imperfectum ab rebus gestis Alexandriae
confeci usque ad exitum non quidem civilis dissensionis, cuius finem
nullum videmus, sed vitae Caesaris. quos utinam, qui legent, scire possint, 3
quam invitus susceperim scribendos, quo facilius caream stultitiae atque
arrogantiae crimine, qui me mediis interposuerim Caesaris scriptis. constat 4
enim inter omnes nihil tam operose ab aliis esse perfectum, quod non
horum elegantia commentariorum superetur. qui sunt editi, ne scientia 5
tantarum rerum scriptoribus deesset, adeoque probantur omnium
iudicio, ut praerepta, non praebita facultas scriptoribus videatur. cuius 6
tamen rei maior nostra quam reliquorum est admiratio; ceteri enim
quam bene atque emendate, nos etiam quam facile atque celeriter eos
perfecerit scimus. erat autem in Caesare cum facultas atque elegantia 7
summa scribendi tum verissima scientia suorum consiliorum explicandorum. mihi ne illud quidem accidit, ut Alexandrino atque Africano bello 8
interessem; quae bella quamquam ex parte nobis Caesaris sermone sunt
nota, tamen aliter audimus ea, quae rerum novitate aut admiratione nos
capiunt, aliter, quae pro testimonio sumus dicturi. sed ego nimirum, dum 9
omnes excusationis causas colligo, ne cum Caesare conferar, hoc ipso
crimen arrogantiae subeo, quod me iudicio cuiusquam existimem posse
cum Caesare comparari. vale.

Omni Gallia devicta Caesar cum a superiore aestate nullum bellandi 1 **1**
tempus intermisisset militesque hibernorum quiete reficere a tantis
laboribus vellet, complures eodem tempore civitates renovare belli consilia nuntiabantur coniurationesque facere. cuius rei verisimilis causa 2
adferebatur, quod Gallis omnibus cognitum esset neque ulla multitudine
in unum locum coacta resisti posse [a] Romanis nec, si diversa bella complures eodem tempore intulissent civitates, satis auxilii aut spatii aut
copiarum habiturum exercitum populi Romani ad omnia persequenda;

VIII 1

3 non esse autem alicui civitati sortem incommodi recusandam, si tali mora reliquae possent se vindicare in libertatem.

2 1 Quae ne opinio Gallorum confirmaretur, Caesar M. Antonium quaestorem suis praefecit hibernis. ipse cum equitum praesidio pridie Kalendas Ianuarias ab oppido Bibracte proficiscitur ad legionem XII⟨I⟩, quam non longe a finibus Haeduorum conlocaverat in finibus Biturigum, eique 2 adiungit legionem undecimam, quae proxima fuerat. binis cohortibus ad impedimenta tuenda relictis reliquum exercitum in copiosissimos agros Biturigum inducit, qui, cum latos fines et complura oppida haberent, unius legionis hibernis non potuerant contineri, quin bellum pararent coniurationesque facerent.

3 1 Repentino adventu Caesaris accidit (quod imparatis disiectisque accidere fuit necesse), ut sine timore ullo rura colentes prius ab equitatu 2 opprimerentur, quam confugere in oppida possent. namque etiam illud vulgare incursionis hostium signum, quod incendiis aedificiorum intellegi consuevit, Caesaris erat interdicto sublatum, ne aut copia pabuli frumentique, si longius progredi vellet, deficeretur aut hostes incendiis ter-3 rerentur. multis hominum milibus captis perterriti Bituriges, qui primum adventum potuerant effugere Romanorum, in finitimas civitates aut 4 privatis hospitiis confisi aut societate consiliorum confugerant. frustra: nam Caesar magnis itineribus omnibus locis occurrit nec dat ulli civitati spatium de aliena potius quam de domestica salute cogitandi; qua celeritate et fideles amicos retinebat et dubitantes terrore ad condiciones pacis 5 adducebat. tali condicione proposita Bituriges, cum sibi viderent clementia Caesaris reditum patere in eius amicitiam finitimasque civitates sine ulla poena dedisse obsides atque in fidem receptas esse, idem fecerunt.

4 1 Caesar militibus pro tanto labore ac patientia, qui brumalibus diebus, itineribus difficillimis, frigoribus intolerandis studiosissime permanserant in labore, ducenos sestertios, centurionibus singula(?) milia nummum praedae nomine condonata pollicetur legionibusque in hiberna remissis 2 ipse se recipit die XXXX Bibracte. ibi cum ius diceret, Bituriges ad eum legatos mittunt auxilium petitum contra Carnutes, quos intulisse bellum 3 sibi querebantur. qua re cognita, cum dies non amplius XVIII in hibernis esset moratus, legiones XIII et VI ex hibernis ab Arari educit, quas ibi conlocatas explicandae rei frumentariae causa superiore commentario demonstratum est. ita cum duabus legionibus ad persequendos Carnutes proficiscitur.

5 1 Cum fama exercitus ad hostes esset perlata, calamitate ceterorum docti Carnutes desertis vicis oppidisque, quae tolerandae hiemis causa constitutis repente exiguis ad necessitatem aedificiis incolebant (nuper enim devicti complura oppida dimiserant), dispersi profugiunt. Caesar, 2 erumpentes eo maxime tempore acerrimas tempestates cum subire milites nollet, in oppido Carnutum Cenabo castra ponit atque in tecta partim Gallorum, partim quae coniectis celeriter stramentis tentoriorum integendorum gratia erant inaedificata, milites conpegit. equites tamen 3 et auxiliarios pedites in omnes partes mittit, quascumque petisse dicebantur hostes; nec frustra: nam plerumque magna praeda potiti nostri revertuntur. oppressi Carnutes hiemis difficultate, terrore periculi, cum 4 tectis expulsi nullo loco diutius consistere auderent nec silvarum praesidio tempestatibus durissimis tegi possent, dispersi magna parte amissa suorum dissipantur in finitimas civitates.

Caesar tempore anni difficillimo, cum satis haberet convenientes 1 **6** manus dissipare, ne quod initium belli nasceretur, quantumque in ratione esset, exploratum haberet sub tempus aestivorum nullum summum bellum posse conflari, C. Trebonium cum duabus legionibus, quas secum habebat, in hibernis Cenabi conlocavit; ipse cum crebris legationi- 2 bus Remorum certior fieret Bellovacos, qui belli gloria Gallos omnes Belgasque praestabant, finitimasque his civitates duce Correo Bellovaco et Commio Atrebate exercitus comparare atque in unum locum cogere, ut omni multitudine in fines Suessionum, qui Remis erant attributi, facerent impressionem, pertinere autem non tantum ad dignitatem, sed etiam ad salutem suam iudicaret nullam calamitatem socios optime de re publica meritos accipere, legionem ex hibernis evocat rursus undeci- 3 mam, litteras autem ad C. Fabium mittit, ut in fines Suessionum legiones duas, quas habebat, adduceret, alteramque ex duabus a T. Labieno arcessit. ita, quantum hibernorum opportunitas bellique ratio postulabat, 4 perpetuo suo labore invicem legionibus expeditionum onus iniungebat.

His copiis coactis ad Bellovacos proficiscitur castrisque in eorum 1 **7** finibus positis equitum turmas dimittit in omnes partes ad aliquos excipiendos, ex quibus hostium consilia cognosceret. equites officio 2 functi renuntiant paucos in aedificiis esse inventos atque hos non, qui agrorum colendorum causa remansissent — namque esse undique diligenter demigratum —, sed qui speculandi causa essent remissi. a quibus 3 cum quaereret Caesar, quo loco multitudo esset Bellovacorum quodve esset consilium eorum, inveniebat Bellovacos omnes, qui arma ferre possent, in unum locum convenisse itemque Ambianos, Aulercos, Caletos, Veliocasses, Atrebates; locum castris excelsum in silva circum- 4 data palude delegisse, impedimenta omnia in ulteriores silvas contulisse. complures esse principes belli auctores, sed multitudinem maxime Correo obtemperare, quod ei summo esse odio nomen populi Romani

5 intellexissent. paucis ante diebus ex his castris Commium discessisse ad auxilia Germanorum adducenda, quorum et vicinitas propinqua 6 et multitudo esset infinita. constituisse autem Bellovacos omnium principum consensu, summa plebis cupiditate, si, ut diceretur, Caesar cum tribus legionibus veniret, sese offerre ad dimicandum, ne miseriore ac duriore postea condicione cum toto exercitu decertare 7 cogerentur; si maiores copias adduceret, in eo loco permanere, quem delegissent, pabulatione autem, quae propter anni tempus cum exigua tum disiecta esset, et frumentatione et reliquo commeatu ex insidiis prohibere Romanos.

8 1 Quae Caesar consentientibus pluribus cum cognosset atque ea, quae proponerentur, consilia plena prudentiae longeque a temeritate barbarorum remota esse iudicaret, omnibus rebus inserviendum statuit, quo 2 celerius hostes contempta suorum paucitate prodirent in aciem. singularis enim virtutis veterrimas legiones VII, VIII, VIIII habebat, summae spei delectaeque iuventutis XI, quae octavo iam stipendio tamen in conlatione reliquarum nondum eandem vetustatis ac virtutis ceperat opinionem. 3 itaque consilio advocato rebus iis, quae ad se essent delatae, omnibus expositis animos multitudinis confirmat. si forte hostes trium legionum numero posset elicere ad dimicandum, agminis ordinem ita constituit, ut legio VII, VIII, VIIII ante omnia irent impedimenta, deinde omnium impedimentorum agmen, quod tamen erat mediocre, ut in expeditionibus esse consuevit, cogeret XI, ne maioris multitudinis species accidere 4 hostibus posset, quam ipsi depoposcissent. hac ratione paene quadrato agmine instructo in conspectum hostium celerius opinione eorum exercitum adducit.

9 1 Cum repente instructas velut in acie certo gradu legiones accedere Galli viderent, quorum erant ad Caesarem plena fiduciae consilia perlata, sive certaminis periculo, sive subito adventu, sive exspectatione nostri 2 consilii copias instruunt pro castris nec loco superiore decedunt. Caesar, etsi dimicare optaverat, tamen admiratus tantam multitudinem hostium valle intermissa magis in altitudinem depressa quam late patente castra 3 castris hostium confert. haec imperat vallo pedum duodecim muniri, loriculam pro [hac] ratione eius altitudinis inaedificari, fossam duplicem pedum quinum denum lateribus deprimi derectis, turres excitari crebras in altitudinem trium tabulatorum, pontibus traiectis constratisque 4 coniungi, quorum frontes viminea loricula munirentur, ut ab hostibus duplici fossa, duplici propugnatorum ordine defenderentur, quorum alter ex pontibus, quo tutior altitudine esset, hoc audacius longiusque permitteret tela, alter, qui propior hostem in ipso vallo conlocatus

esset, ponte ab incidentibus telis tegeretur. portis for⟨tior⟩es altioresque turres imposuit.

Huius munitionis duplex erat consilium. namque et operum magni- 1 **10** tudinem et timorem suum sperabat fiduciam barbaris adlaturum et, cum pabulatum frumentatumque longius esset proficiscendum, parvis copiis castra munitione ipsa videbat posse defendi. interim crebro paucis 2 utrimque procurrentibus inter bina castra palude interiecta contendebatur. quam tamen paludem nonnumquam aut nostra auxilia [aut] Gallorum Germanorumque transibant acriusque hostes insequebantur, aut vicissim hostes eadem transgressi nostros longius submovebant. accidebat autem cotidianis pabulationibus (id quod accidere erat necesse, cum raris 3 disiectisque ex aedificiis pabulum conquireretur), ut impeditis locis dispersi pabulatores circumvenirentur. quae res, etsi mediocre detrimen- 4 tum iumentorum ac servorum nostris adferebat, tamen stultas cogitationes incitabat barbarorum, atque eo magis quod Commius, quem profectum ad auxilia Germanorum accessenda docui, cum equitibus venerat. qui tametsi numero non amplius erant quingenti, tamen Germanorum adventu barbari inflabantur.

Caesar, cum animadverteret hostem complures dies castris palude et 1 **11** loci natura munitis se tenere neque oppugnari castra eorum sine dimicatione perniciosa nec locum munitionibus claudi nisi a maiore exercitu posse, litteras ad Trebonium mittit, ut quam celerrime posset legionem XIII, quae cum T. Sextio legato in Biturigibus hiemabat, arcesseret atque ita cum tribus legionibus magnis itineribus ad se veniret. ipse 2 equites invicem Remorum ac Lingonum reliquarumque civitatum, quorum magnum numerum evocaverat, praesidio pabulationibus mittit, qui subitas incursiones hostium sustinerent.

Quod cum cotidie fieret ac iam consuetudine diligentia minueretur 1 **12** (quod plerumque accidit diuturnitate), Bellovaci delecta manu peditum cognitis stationibus cotidianis equitum nostrorum silvestribus locis insidias disponunt eodemque equites postero die mittunt, qui primum 2 elicerent nostros, deinde circumventos adgrederentur. cuius mali sors 3 incidit Remis, quibus ille dies fungendi muneris obvenerat. namque hi, cum repente hostium equites animadvertissent ac numero superiores paucitatem contempsissent, cupidius insecuti a peditibus undique sunt circumdati. quo facto perturbati celerius, quam consuetudo fert equestris 4 proelii, se receperunt amisso Vertisco principe civitatis, praefecto equitum. qui cum vix equo propter aetatem posset uti, tamen consuetudine 5 Gallorum neque aetatis excusatione in suscipienda praefectura usus erat neque dimicari sine se voluerat. inflantur atque incitantur hostium animi 6

7 secundo proelio, principe et praefecto Remorum interfecto, nostrique detrimento admonentur diligentius exploratis locis stationes disponere ac moderatius cedentem insequi hostem.

13 1 Non intermittunt interim cotidiana proelia in conspectu utrorumque 2 castrorum, quae ad vada transitusque fiebant paludis. qua contentione Germani, quos propterea Caesar traduxerat Rhenum, ut equitibus interpositi proeliarentur, cum constantius universi paludem transissent paucisque resistentibus interfectis pertinacius reliquam multitudinem essent insecuti, perterriti non solum ii, qui aut comminus opprimebantur aut eminus vulnerabantur, sed etiam qui longius subsidiari consueverant, 3 turpiter refugerunt nec prius finem fugae fecerunt saepe amissis superioribus locis, quam se aut in castra suorum reciperent aut nonnulli 4 pudore coacti longius profugerent. quorum periculo sic omnes copiae sunt perturbatae, ut vix iudicari posset, utrum secundis minimis[que] rebus insolentiores an adverso mediocri casu timidiores essent.

14 1 Compluribus diebus isdem ⟨in⟩ castris consumptis, cum propius accessisse legiones et C. Trebonium legatum cognossent, duces Bellovacorum veriti similem obsessionem Alesiae noctu dimittunt eos, quos aut aetate aut viribus inferiores aut inermes habebant, unaque reliqua 2 impedimenta. quorum perturbatum et confusum dum explicant agmen (magna enim multitudo carrorum etiam expeditos sequi Gallos consuevit), oppressi luce copias armatorum pro suis instruunt castris, ne prius Romani persequi se inciperent quam longius agmen impedimentorum 3 suorum processisset. at Caesar neque resistentes adgrediundos tanto collis ascensu iudicabat neque non usque eo legiones admovendas, ut discedere ex eo loco sine periculo barbari militibus instantibus non 4 possent. ita cum palude impedita a castris castra di⟨vidi⟩ videret, quae transeundi difficultas celeritatem insequendi tardare posset, atque id iugum, quod trans paludem paene ad hostium castra pertineret, mediocri valle a castris eorum intercisum animadverteret, pontibus palude constrata legiones traducit celeriterque in summam planitiem iugi pervenit, 5 quae declivi fastigio duobus ab lateribus muniebatur. ibi legionibus instructis ad ultimum iugum pervenit aciemque eo loco constituit, unde tormento missa tela in hostium cuneos conici possent.

15 1 Barbari confisi loci natura, cum dimicare non recusarent, si forte Romani subire collem conarentur, paulatimque copias distributas dimittere non auderent, ne dispersi perturbarentur, in acie permanserunt. 2 quorum pertinacia cognita Caesar XX cohortibus instructis castrisque eo 3 loco metatis muniri iubet castra. absolutis operibus pro vallo legiones 4 instructas conlocat, equites frenatis equis in stationibus disponit. Bello-

vaci, cum Romanos ad insequendum paratos viderent neque pernoctare aut diutius remanere sine periculo eodem loco possent, tale consilium sui recipiendi ceperunt. fasces ubi consederant (namque in acie considere 5 Gallos consuesse superioribus commentariis Caesaris declaratum est) per manus stramentorum ac virgultorum, quorum summa erat in castris copia, inter se traditos ante aciem conlocaverunt extremoque tempore diei signo pronuntiato uno tempore incenderunt. ita continens flamma copias omnes repente a conspectu texit Romanorum. quod ubi accidit, 6 barbari vehementissimo cursu refugerunt.

Caesar, etsi discessum hostium animadvertere non poterat incendiis 1 **16** oppositis, tamen id consilium cum fugae causa initum suspicaretur, legiones promovet, turmas mittit ad insequendum; ipse veritus insidias, ne forte in eodem loco subsistere hostis atque elicere nostros in locum conaretur iniquum, tardius procedit. equites, cum intrare fumum et 2 flammam densissimam timerent ac, si qui cupidius intraverant, vix suorum ipsi priores partes animadverterent equorum, insidias veriti liberam facultatem sui recipiendi Bellovacis dederunt. ita fuga timoris 3 simul calliditatisque plena sine ullo detrimento milia non amplius decem progressi hostes loco munitissimo castra posuerunt. inde cum saepe in 4 insidiis equites peditesque disponerent, magna detrimenta Romanis in pabulationibus inferebant.

Quod cum crebrius accideret, ex captivo quodam comperit Caesar 1 **17** Correum, Bellovacorum ducem, fortissimorum milia sex peditum delegisse equitesque ex omni numero mille, quos in insidiis eo loco conlocaret, quem in locum propter copiam frumenti ac pabuli Romanos pabulatum missuros suspicaretur. quo cognito consilio Caesar legiones 2 plures, quam solebat, educit equitatumque, qua consuetudine pabulatoribus mittere praesidio consuerat, praemittit; huic interponit auxilia levis armaturae; ipse cum legionibus, quam potest maxime, adpropin- 3 quat.

Hostes in insidiis dispositi, cum sibi delegissent campum ad rem 1 **18** gerendam non amplius patentem in omnes partes passibus mille, silvis undique impeditissimis aut flumine altissimo munitum, velut indagine hunc insidiis circumdederunt. explorato hostium consilio nostri ad 2 proeliandum animo atque armis parati, cum subsequentibus legionibus nullam dimicationem recusarent, turmatim in eum locum devenerunt. quorum adventu cum sibi Correus oblatam occasionem rei gerendae 3 existimaret, primum cum paucis se ostendit atque in proximas turmas impetum fecit. nostri constanter incursum sustinent insidiatorum neque 4 plures in unum locum conveniunt, quod plerumque equestribus proeliis

cum propter aliquem timorem accidit, tum multitudine ipsorum detrimentum accipitur.
19 1   Cum dispositis turmis invicem rari proeliarentur neque ab lateribus circumveniri suos paterentur, erumpunt ceteri Correo proeliante ex 2 silvis. fit magna contentione diversum proelium. quod cum diutius pari Marte iniretur, paulatim ex silvis instructa multitudo procedit peditum, quae nostros cogit cedere equites. quibus celeriter subveniunt levis armaturae pedites, quos ante legiones missos docui, turmisque nostrorum 3 interpositi constanter proeliantur. pugnatur aliquamdiu pari contentione; deinde, ut ratio postulabat proelii, qui sustinuerant primos impetus insidiarum, hoc ipso fiunt superiores, quod nullum ab insidiantibus 4 imprudentes acceperant detrimentum. accedunt propius interim legiones crebrique eodem tempore et nostris et hostibus nuntii adferuntur 5 imperatorem instructis copiis adesse. qua re cognita praesidio cohortium confisi nostri acerrime proeliantur, ne, si tardius rem gessissent, victoriae 6 gloriam communicasse cum legionibus viderentur. hostes concidunt animis atque itineribus diversis fugam quaerunt. nequiquam: nam quibus difficultatibus locorum Romanos claudere voluerant, his ipsi tenebantur. 7 victi tamen perculsique maiore parte amissa consternati profugiunt 8 partim silvis petitis, partim flumine. qui tamen in fuga a nostris acriter insequentibus conficiuntur, cum interim nulla calamitate victus Correus excedere proelio silvasque petere aut invitantibus nostris ad deditionem potuit adduci, quin fortissime proeliando compluresque vulnerando cogeret elatos iracundia victores in se tela conicere.
20 1   Tali modo re gesta recentibus proelii vestigiis ingressus Caesar, cum victos tanta calamitate existimaret hostes nuntio accepto locum castrorum relicturos, quae non longius ab ea caede abesse plus minus VIII milibus dicebantur, tametsi flumine impeditum transitum videbat, tamen 2 exercitu traducto progreditur. at Bellovaci reliquaeque civitates repente ex fuga paucis atque his vulneratis receptis, qui silvarum beneficio casum evitaverant, omnibus adversis, cognita calamitate, interfecto Correo, amisso equitatu et fortissimis peditibus, cum adventare Romanos existimarent, concilio repente cantu tubarum convocato conclamant legati obsidesque ad Caesarem mittantur.
21 1   Hoc omnibus probato consilio Commius Atrebas ad eos confugit 2 Germanos, a quibus ad id bellum auxilia mutuatus erat. ceteri e vestigio mittunt ad Caesarem legatos petuntque, ut ea poena sit contentus hostium, quam, si sine dimicatione inferre integris posset, pro sua 3 clementia atque humanitate numquam profecto esset inlaturus. adflictas opes equestri proelio Bellovacorum esse; delectorum peditum multa

milia interisse, vix refugisse nuntios caedis. magnum tamen, ut in tanta 4
calamitate, Bellovacos eo proelio commodum esse consecutos, quod
Correus, auctor belli, concitator multitudinis, esset interfectus; numquam
enim senatum tantum in civitate illo vivo, quantum imperitam plebem
potuisse.

Haec orantibus legatis commemorat Caesar: eodem tempore superiore 1 **22**
anno Bellovacos ceterasque Galliae civitates suscepisse bellum; pertinacissime hos ex omnibus in sententia permansisse neque ad sanitatem reliquorum deditione esse perductos. scire atque intellegere se causam 2 peccati facillime mortuis delegari. neminem vero tantum pollere, ut invitis principibus, resistente senatu, omnibus bonis repugnantibus infirma manu plebis bellum concitare et gerere posset; sed tamen se contentum fore ea poena, quam sibi ipsi contraxissent.

Nocte insequenti legati responsa ad suos referunt; obsides conficiunt. 1 **23**
concurrunt reliquarum civitatum legati, quae Bellovacorum speculabantur eventum. obsides dant, imperata faciunt, excepto Commio, quem 2 timor prohibebat cuiusquam fidei suam committere salutem. nam 3 superiore anno T. Labienus Caesare in Gallia citeriore ius dicente, cum Commium comperisset sollicitare civitates et coniurationem contra Caesarem facere, infidelitatem eius sine ulla perfidia iudicavit comprimi posse. quem quia non arbitrabatur vocatum in castra venturum, ne 4 temptando cautiorem faceret, C. Volusenum Quadratum misit, qui eum per simulationem conloquii curaret interficiendum. ad eam rem delectos idoneos ei tradidit centuriones. cum in conloquium ventum 5 esset et, ut convenerat, manum Commii Volusenus adripuisset, centurio vel insueta re permotus vel celeriter a familiaribus prohibitus Commii conficere hominem non potuit; graviter tamen primo ictu gladio caput percussit. cum utrimque gladii destricti essent, non tam pugnandi quam 6 diffugiendi fuit utrorumque consilium: nostrorum, quod mortifero vulnere Commium credebant adfectum, Gallorum, quod insidiis cognitis plura, quam videbant, extimescebant. quo facto statuisse Commius dicebatur numquam in conspectum cuiusquam Romani venire.

Bellicosissimis gentibus devictis Caesar, cum viderat nullam iam esse 1 **24**
civitatem, quae bellum pararet, quo sibi resisteret, sed nonnullos ex oppidis demigrare, ex agris diffugere ad praesens imperium evitandum, plures in partes exercitum dimittere constituit. M. Antonium quaestorem 2 cum legione duodecima sibi coniungit. C. Fabium legatum cum cohortibus XXV mittit in diversissimam Galliae partem, quod ibi quasdam civitates in armis esse audiebat neque C. Caninium Rebilum legatum, qui in illis regionibus erat, satis firmas duas legiones habere existimabat.

3 T. Labienum ad se evocat; legionem autem XV, quae cum eo fuerat in hibernis, in togatam Galliam mittit ad colonias civium Romanorum tuendas, ne quod simile incommodum accideret decursione barbarorum, ac superiore aestate Tergestinis acciderat, qui repentino latrocinio atque
4 impetu illorum erant oppressi. ipse ad vastandos depopulandosque fines Ambiorigis proficiscitur; quem perterritum ac fugientem cum redigi posse in suam potestatem desperasset, proximum suae dignitatis esse ducebat adeo fines eius vastare civibus, aedificiis, pecore, ut odio suorum Ambiorix, si quos fortuna reliquos fecisset, nullum reditum propter tantas calamitates haberet in civitatem.

25 1 Cum in omnes partes finium Ambiorigis aut legiones aut auxilia dimisisset atque omnia caedibus, incendiis, rapinis vastasset, magno numero hominum interfecto aut capto Labienum cum duabus legionibus
2 in Treveros mittit, quorum civitas propter Germaniae vicinitatem cotidianis exercitata bellis cultu et feritate non multum a Germanis differebat neque imperata umquam nisi exercitu coacta faciebat.

26 1 Interim C. Caninius legatus, cum magnam multitudinem convenisse hostium in fines Pictonum litteris nuntiisque Durati cognosceret, qui perpetuo in amicitia Romanorum permanserat, cum pars quaedam
2 civitatis eius defecisset, ad oppidum Lemonum contendit. quo cum adventaret atque ex captivis certius cognosceret multis hominum milibus a Dumnaco, duce Andium, Duratium clausum Lemoni oppugnari neque infirmas legiones hostibus committere auderet, castra posuit loco munito.
3 Dumnacus, cum adpropinquare Caninium cognosset, copiis omnibus ad
4 legiones conversis castra Romanorum oppugnare instituit. cum complures dies in oppugnatione consumpsisset et magno suorum detrimento nullam partem munitionum convellere potuisset, rursus ad obsidendum Lemonum redit.

27 1 Eodem tempore C. Fabius legatus complures civitates in fidem recipit, obsidibus firmat litterisque Canini fit certior, quae in Pictonibus gerantur. quibus rebus cognitis proficiscitur ad auxilium Duratio ferendum.
2 at Dumnacus adventu Fabii cognito desperata salute, si eodem tempore coactus esset [et Romanum] et externum sustinere hostem et respicere ac timere oppidanos, repente ex eo loco cum copiis recedit nec se satis tutum fore arbitratur, nisi flumen Ligerim, quod erat ponte propter
3 magnitudinem transeundum, copias transduxisset. Fabius, etsi nondum in conspectum hostium venerat neque se Caninio coniunxerat, tamen, doctus ab iis, qui locorum noverant naturam, potissimum credidit hostes
4 perterritos eum locum, quem petebant, petituros. itaque cum copiis ad eundem pontem contendit equitatumque tantum praecedere ante agmen

VIII 31

imperat legionum, quantum, cum processisset, sine defatigatione equorum in eadem se reciperet castra. consequuntur equites nostri, ut erat 5 praeceptum, invaduntque Dumnaci agmen et fugientes perterritosque sub sarcinis in itinere adgressi magna praeda multis interfectis potiuntur. ita re bene gesta se recipiunt in castra.

Insequenti nocte Fabius equites praemittit sic paratos, ut confligerent 1 **28** atque agmen morarentur, dum consequeretur ipse. cuius praeceptis ut 2 res gereretur, Q. Atius Varus praefectus equitum, singularis et animi et prudentiae vir, suos hortatur agmenque hostium consecutus turmas partim idoneis locis disponit, partim equitum proelium committit. confligit audacius equitatus hostium succedentibus sibi peditibus, qui toto 3 agmine subsistentes equitibus suis contra nostros ferunt auxilium. fit 4 proelium acri certamine. namque nostri contemptis pridie superatis hostibus, cum subsequi legiones meminissent, et pudore cedendi et cupiditate per se conficiendi proelii fortissime contra pedites proeliantur, hostesque nihil amplius copiarum accessurum credentes, ut pridie 5 cognoverant, delendi equitatus nostri nacti occasionem videbantur.

Cum aliquamdiu summa contentione dimicaretur, Dumnacus instruit 1 **29** aciem, quae suis esset equitibus invicem praesidio, cum repente confertae legiones in conspectum hostium veniunt. quibus visis perculsae 2 barbarorum turmae ac perterrita acies hostium perturbato impedimentorum agmine magno clamore discursuque passim fugae se mandant. at 3 nostri equites, qui paulo ante cum resistentibus fortissime conflixerant, laetitia victoriae elati magno undique clamore sublato cedentibus circumfusi, quantum equorum vires ad persequendum dextraeque ad caedendum valent, tantum eo proelio interficiunt. itaque amplius milibus 4 duodecim aut armatorum aut eorum, qui timore arma proiecerant, interfectis omnis multitudo capitur impedimentorum.

Qua ex fuga cum constaret Drappetem Senonem, qui, ut primum 1 **30** defecerat Gallia, collectis undique perditis hominibus, servis ad libertatem vocatis, exulibus omnium civitatum adscitis, receptis latronibus impedimenta et commeatus Romanorum interceperat, non amplius hominum duobus milibus ex fuga collectis provinciam petere unaque consilium cum eo Lucterium Cadurcum cepisse, quem superiore commentario prima defectione Galliae facere in provinciam voluisse impetum cognitum est, Caninius legatus cum duabus legionibus ad eos persequen- 2 dos contendit, ne detrimento aut timore provinciae magna infamia perditorum hominum latrociniis caperetur.

C. Fabius cum reliquo exercitu in Carnutes ceterasque proficiscitur 1 **31** civitates, quarum eo proelio, quod cum Dumnaco fecerat, copias esse

2 accisas sciebat. non enim dubitabat, quin recenti calamitate submissiores essent futurae, dato vero spatio ac tempore eodem instigante Dumnaco 3 possent concitari. qua in re summa felicitas celeritasque in recipiendis 4 civitatibus Fabium consequitur. nam Carnutes, qui saepe vexati numquam pacis fecerant mentionem, datis obsidibus veniunt in deditionem, ceteraeque civitates positae in ultimis Galliae finibus Oceanoque coniunctae, quae Aremoricae appellantur, auctoritate adductae Carnu- 5 tum adventu Fabii legionumque imperata sine mora faciunt. Dumnacus suis finibus expulsus errans latitansque solus extremas Galliae regiones petere est coactus.

32 1 At Drappes unaque Lucterius, cum legiones Caniniumque adesse cognoscerent nec se sine certa pernicie persequente exercitu putarent provinciae fines intrare posse nec iam libere vagandi latrociniorumque 2 faciendorum facultatem haberent, in finibus consistunt Cadurcorum. ibi cum Lucterius apud suos cives quondam integris rebus multum potuisset semperque auctor novorum consiliorum magnam apud barbaros haberet auctoritatem, oppidum Uxellodunum, quod in clientela fuerat eius, egregie natura loci munitum, occupat suis et Drappetis copiis oppidanosque sibi coniungit.

33 1 Quo cum confestim C. Caninius venisset animadverteretque omnes oppidi partes praeruptissimis saxis esse munitas, quo defendente nullo tamen armatis ascendere esset difficile, magna autem impedimenta oppidanorum videret, quae si clandestina fuga subtrahere conarentur, effugere non modo equitatum, sed ne legiones quidem possent, tripertito cohortibus divisis trina excelsissimo loco castra fecit, a quibus 2 paulatim, quantum copiae patiebantur, vallum in oppidi circuitum ducere instituit.

34 1 Quod cum animadverterent oppidani miserrimaque Alesiae memoria solliciti similem casum obsessionis vererentur maximeque ex omnibus Lucterius, qui fortunae illius periculum fecerat, moneret frumenti rationem esse habendam, constituunt omnium consensu parte ibi relicta 2 copiarum ipsi cum expeditis ad importandum frumentum proficisci. eo consilio probato proxima nocte duobus milibus armatorum relictis 3 reliquos ex oppido Drappes et Lucterius educunt. hi paucos dies morati ex finibus Cadurcorum, qui partim re frumentaria sublevare eos cupiebant, partim prohibere, quominus sumerent, non poterant, magnum numerum frumenti comparant, nonnumquam autem expeditionibus 4 nocturnis castella nostrorum adoriuntur. quam ob causam Caninius toto oppido munitiones circumdare moratur, ne aut opus effectum tueri non possit aut plurimis in locis infirma disponat praesidia.

VIII 38

Magna copia frumenti comparata considunt Drappes et Lucterius non 1 **35** longius ab oppido decem milibus, unde paulatim frumentum in oppidum supportarent. ipsi inter se provincias partiuntur: Drappes castris praesidio 2 cum parte copiarum resistit, Lucterius agmen iumentorum ad oppidum ducit. dispositis ibi praesidiis hora noctis circiter decima silvestribus 3 angustisque itineribus frumentum importare in oppidum instituit. quorum strepitum vigiles castrorum cum sensissent exploratoresque 4 missi, quae gererentur, renuntiassent, Caninius celeriter cum cohortibus armatis ex proximis castellis in frumentarios sub ipsam lucem impetum facit. hi repentino malo perterriti diffugiunt ad sua praesidia; quae 5 nostri ut viderunt, acrius contra armatos incitati neminem ex eo numero vivum capi patiuntur. profugit inde cum paucis Lucterius nec se recipit in castra.

Re bene gesta Caninius ex captivis comperit partem copiarum cum 1 **36** Drappete esse in castris a milibus non amplius XII. qua re ex compluribus cognita, cum intellegeret fugato duce altero perterreri reliquos facile et opprimi posse, magnae felicitatis esse arbitrabatur neminem ex caede refugisse in castra, qui de accepta calamitate nuntium Drappeti perferret. sed in experiundo cum periculum nullum videret, equitatum 2 omnem Germanosque pedites, summae velocitatis homines, ad castra hostium praemittit; ipse legionem unam in trina castra distribuit, alteram secum expeditam ducit. cum propius hostes accessisset, ab exploratori- 3 bus, quos praemiserat, cognoscit castra eorum, ut barbarorum fere consuetudo est, relictis locis superioribus ad ripas esse fluminis demissa, at Germanos equitesque imprudentibus omnibus de improviso advolasse proeliumque commisisse. qua re cognita legionem armatam instructam- 4 que adducit. ita repente omnibus ex partibus signo dato loca superiora capiuntur. quod ubi accidit, Germani equitesque signis legionis visis vehementissime proeliantur. confestim cohortes undique impetum faciunt 5 omnibusque aut interfectis aut captis magna praeda potiuntur. capitur ipse eo proelio Drappes.

Caninius re felicissime gesta sine ullo paene militis vulnere ad obsiden- 1 **37** dos oppidanos revertitur externoque hoste deleto, cuius timore antea 2 dividere praesidia et munitione oppidanos circumdare prohibitus erat, opera undique imperat administrari. venit eodem cum suis copiis postero 3 die C. Fabius partemque oppidi sumit ad obsidendum.

Caesar interim M. Antonium quaestorem cum cohortibus XV in 1 **38** Bellovacis relinquit, ne qua rursus novorum consiliorum capiendorum Belgis facultas daretur. ipse reliquas civitates adit, obsides plures 2 imperat, timentes omnium animos consolatione sanat. cum in Carnutes 3 venisset, quorum in civitate superiore commentario Caesar exposuit initium belli esse ortum, quod praecipue eos propter conscientiam facti timere animadvertebat, quo celerius civitatem timore liberaret, principem sceleris illius et concitatorem belli Gutuatrum ad supplicium deposcit. 4 qui etsi ne civibus quidem suis se committebat, tamen celeriter omnium 5 cura quaesitus in castra perducitur. cogitur in eius supplicium contra naturam suam Caesar maximo militum concursu, qui ei omnia pericula et detrimenta belli accepta referebant, adeo ut verberibus exanimatum corpus securi feriretur.

39 1 Ibi crebris litteris Caninii fit certior, quae de Drappete et Lucterio 2 gesta essent quoque in consilio permanerent oppidani. quorum etsi paucitatem contemnebat, tamen pertinaciam magna poena esse adficiendam iudicabat, ne universa Gallia non vires sibi defuisse ad resistendum Romanis, sed constantiam putaret neve hoc exemplo ceterae civitates 3 locorum opportunitate fretae se vindicarent in libertatem, cum omnibus Gallis notum esse sciret reliquam esse unam aestatem provinciae suae, 4 quam si sustinere potuissent, nullum ultra periculum vererentur. itaque Q. Calenum legatum cum legionibus duabus reliquit, qui iustis itineribus se subsequeretur; ipse cum omni equitatu, quam potest celerrime, ad Caninium contendit.

40 1 Caesar cum contra exspectationem omnium Uxellodunum venisset oppidumque operibus clausum animadverteret neque ab oppugnatione recedi videret ulla condicione posse, magna autem copia frumenti abundare oppidanos ex perfugis cognosset, aqua prohibere hostem 2 temptare coepit. flumen infimam vallem dividebat, quae totum paene montem cingebat, in quo positum erat praeruptum undique oppidum 3 Uxellodunum. hoc avertere loci natura prohibebat; in infimis enim sic radicibus montis ferebatur, ut nullam in partem depressis fossis derivari 4 posset. erat autem oppidanis difficilis et praeruptus eo descensus, ut prohibentibus nostris sine vulneribus ac periculo vitae neque adire 5 flumen neque arduo se recipere possent ascensu. qua difficultate eorum cognita Caesar sagittariis funditoribusque dispositis, tormentis etiam quibusdam locis contra facillimos descensus conlocatis, aqua fluminis prohibebat oppidanos.

41 1 Quorum omnis postea multitudo aquatum unum in locum conveniebat; sub ipsum enim oppidi murum magnus fons aquae prorumpebat ab ea parte, quae fere pedum trecentorum intervallo a fluminis circuitu 2 vacabat. hoc fonte prohiberi posse oppidanos cum optarent reliqui, Caesar unus videret, e regione eius vineas agere adversus montem et aggerem struere coepit magno cum labore et continua dimicatione.

oppidani enim loco superiore decurrunt et eminus sine periculo proe- 3
liantur multosque pertinaciter succedentes vulnerant; non deterrentur
tamen milites nostri vineas proferre et labore atque operibus locorum
vincere difficultates. eodem tempore cuniculos tectos ad venas agunt et 4
caput fontis, quod genus operis sine ullo periculo et sine suspicione
hostium facere licebat. exstruitur agger in altitudinem pedum LX. 5
conlocatur in eo turris decem tabulatorum, non quidem quae moenibus
adaequaret (id enim nullis operibus effici poterat), sed quae superaret
fastigium fontis. ex ea cum tela tormentis iacerentur ad fontis aditum 6
nec sine periculo possent aquari oppidani, non tantum pecora atque
iumenta, sed etiam magna hominum multitudo siti consumebatur.

    Quo malo perterriti oppidani cupas sebo, pice, scandulis complent; 1 **42**
eas ardentes in opera provolvunt, eodemque tempore acerrime proeliantur, ut ab incendio restinguendo dimicationis periculo deterreant Romanos. magna repente in ipsis operibus flamma existit. quaecumque enim 2
per locum praecipitem missa erant, ea vineis et aggere suppressa com-
prehendebant id ipsum, quod morabatur. milites contra nostri, quam- 3
quam periculoso genere proelii locoque iniquo premebantur, tamen
omnia fortissimo sustinebant animo. res enim gerebatur excelso loco et in 4
conspectu exercitus nostri, magnusque utrimque clamor oriebatur.
ita quam quisque poterat maxime insignis, quo notior testatiorque virtus
esset eius, telis hostium flammaeque se offerebat.

    Caesar, cum complures suos vulnerari videret, ex omnibus oppidi 1 **43**
partibus cohortes montem ascendere et simulatione moenium occupan-
dorum clamorem undique iubet tollere. quo facto perterriti oppidani, 2
cum, quid ageretur in locis reliquis, essent suspensi, revocant ab impu-
gnandis operibus armatos ⟨in⟩ murisque disponunt. ita nostri fine proelii 3
facto celeriter opera flamma comprehensa partim restinguunt, partim
interscindunt. cum pertinaciter resisterent oppidani magnaque iam parte 4
amissa siti suorum in sententia permanerent, ad postremum cuniculis
venae fontis intercisae sunt atque aversae. quo facto repente perennis 5
exaruit fons tantamque attulit oppidanis salutis desperationem, ut id
non hominum consilio, sed deorum voluntate factum putarent. itaque
se necessitate coacti tradiderunt.

    Caesar, cum suam lenitatem cognitam omnibus sciret neque vereretur, 1 **44**
ne quid crudelitate naturae videretur asperius fecisse, neque exitum
consiliorum suorum animadverteret, si tali ratione diversis in locis
plures consilia inissent, exemplo supplicii deterrendos reliquos existimavit. itaque omnibus, qui arma tulerant, manus praecidit vitamque
concessit, quo testatior esset poena improborum. Drappes, quem 2

captum esse a Caninio docui, sive indignitate et dolore vinculorum sive timore gravioris supplicii paucis diebus cibo se abstinuit atque ita 3 interiit. eodem tempore Lucterius, quem profugisse ex proelio scripsi, cum in potestatem venisset Epasnacti Arverni (crebro enim mutandis locis multorum fidei se committebat, quod nusquam diutius sine periculo commoraturus videbatur, cum sibi conscius esset, quam inimicum deberet Caesarem habere), hunc Epasnactus Arvernus, amicissimus populo Romano, sine dubitatione ulla vinctum ad Caesarem deduxit.

45 1 Labienus interim in Treveris equestre proelium facit secundum compluribusque Treveris interfectis et Germanis, qui nullis adversus Romanos auxilia denegabant, principes eorum vivos redigit in suam 2 potestatem atque in his Surum Haeduum, qui et virtutis et generis summam nobilitatem habebat solusque ex Haeduis ad id tempus permanserat in armis.

46 1 Ea re cognita Caesar, cum in omnibus partibus Galliae bene res gestas videret iudicaretque superioribus aestivis Galliam devictam subactamque esse, Aquitaniam numquam ipse adisset, sed per P. Crassum quadam ex parte devicisset, cum duabus legionibus in eam partem Galliae est profec-2 tus, ut ibi extremum tempus consumeret aestivorum. quam rem sicuti cetera celeriter feliciterque confecit. namque omnes Aquitaniae civitates 3 legatos ad eum miserunt obsidesque ei dederunt. quibus rebus gestis ipse cum praesidio equitum Narbonem profectus est, exercitum per legatos in 4 hiberna deduxit: quattuor legiones in Belgio conlocavit cum M. Antonio et C. Trebonio et P. Vatinio *** [Tullio] legatis; duas legiones in Haeduos deduxit, quorum in omni Gallia summam esse auctoritatem sciebat; duas in Turonis ad fines Carnutum posuit, quae omnem illam regionem coniunctam Oceano continerent, duas reliquas in Lemovicum finibus non longe ab Arvernis, ne qua pars Galliae vacua ab exercitu 5 esset. ipse paucos dies in provincia moratus, cum celeriter omnes conventus percucurrisset, publicas controversias cognosset, bene meritis 6 praemia tribuisset (cognoscendi enim maximam facultatem habebat, quali quisque fuisset animo in totius Galliae defectione, quam sustinuerat fidelitate atque auxiliis provinciae illius), his confectis rebus ad legiones in Belgium se recepit hibernavitque Nemetocennae.

47 1 Ibi cognoscit Commium Atrebatem proelio cum equitatu suo conten-2 disse. nam cum Antonius in hiberna venisset civitasque Atrebatium in officio maneret, Commius, qui post illam vulnerationem, quam supra commemoravi, semper ad omnes motus paratus suis civibus esse consuesset, ne consilia belli quaerentibus auctor armorum duxque deesset, parente Romanis civitate cum suis equitibus latrociniis se suosque

alebat infestisque itineribus commeatus complures, qui in hiberna Romanorum comportabantur, intercipiebat.

Erat attributus Antonio praefectus equitum, qui cum eo hibernaret, 1 **48** C. Volusenus Quadratus. hunc Antonius ad persequendum hostium equitatum mittit. Volusenus ad eam virtutem, quae singularis erat in eo, 2 magnum odium Commii adiungebat, quo libentius id faceret, quod imperabatur. itaque dispositis insidiis saepius equites eius adgressus secunda proelia faciebat. novissime, cum vehementius contenderetur ac 3 Volusenus ipsius intercipiendi Commii cupiditate pertinacius eum cum paucis insecutus esset, ille autem fuga vehementi Volusenum produxisset longius, inimicus homini repente omnium suorum invocat fidem atque auxilium, ne sua vulnera per fidem imposita paterentur impunita, conversoque equo se a ceteris incautius permittit in praefectum. faciunt 4 hoc idem omnes eius equites paucosque nostros convertunt atque insequuntur. Commius incensum calcaribus equum coniungit equo 5 Quadrati lanceaque infesta medium femur eius magnis viribus traicit. praefecto vulnerato non dubitant nostri resistere et conversis equis 6 hostem pellere. quod ubi accidit, complures hostium magno nostrorum 7 impetu perculsi vulnerantur ac partim in fuga proteruntur, partim intercipiuntur (quod [ubi] malum dux equi velocitate evitavit), ac sic proelio secundo graviter vulneratus praefectus, ut vitae periculum aditurus videretur, refertur in castra. Commius autem sive expiato suo 8 dolore sive magna parte amissa suorum legatos ad Antonium mittit seque et ibi futurum, ubi praescripserit, et ea facturum, quae imperarit, obsidibus datis firmat; unum illud orat, ut timori suo concedatur, ne in conspectum veniat cuiusquam Romani. cuius postulationem Antonius 9 cum iudicaret ab iusto nasci timore, veniam petenti dedit, obsides accepit.

Scio Caesarem singulorum annorum singulos commentarios confecisse; 10 quod ego non existimavi mihi esse faciendum, propterea quod insequens annus L. Paulo C. Marcello consulibus nullas res Galliae habet magno opere gestas. ne quis tamen ignoraret, quibus in locis Caesar exercitusque 11 eo tempore fuissent, pauca esse scribenda coniungendaque huic commentario statui.

Caesar in Belgio cum hiemaret, unum illud propositum habebat conti- 1 **49** nere in amicitia civitates, nulli spem aut causam dare armorum. nihil 2 enim minus volebat quam sub decessum suum necessitatem sibi aliquam imponi belli gerendi, ne, cum exercitum deducturus esset, bellum aliquod relinqueretur, quod omnis Gallia libenter sine praesenti periculo susciperet. itaque honorifice civitates appellando, principes maximis 3 praemiis adficiendo, nulla onera nova iniungendo defessam tot adversis proeliis Galliam condicione parendi meliore facile in pace continuit.

50 1 Ipse hibernis peractis contra consuetudinem in Italiam quam maximis itineribus est profectus, ut municipia et colonias appellaret, quibus M. Antonii, quaestoris sui, commendaverat sacerdotii petitionem. contendebat enim gratia cum libenter pro homine sibi coniunctissimo, quem 2 paulo ante praemiserat ad petitionem, tum acriter contra factionem et potentiam paucorum, qui M. Antonii repulsa Caesaris decedentis gratiam 3 convellere cupiebant. hunc etsi augurem prius factum, quam Italiam attingeret, in itinere audierat, tamen non minus iustam sibi causam municipia et colonias adeundi existimavit, ut iis gratias ageret, quod frequentiam atque officium suum Antonio praestitissent, simulque se et honorem suum insequentis anni commendaret petitione, propterea quod insolenter adversarii sui gloriarentur L. Lentulum et C. Marcellum consules creatos, qui omnem honorem et dignitatem Caesaris spoliarent, ereptum Ser. Galbae consulatum, cum is multo plus gratia suffragiisque valuisset, quod sibi coniunctus et familiaritate et necessitudine legationis esset.

51 1 Exceptus est Caesaris adventus ab omnibus municipiis et coloniis incredibili honore atque amore. tum primum enim veniebat ab illo 2 universae Galliae bello. nihil relinquebatur, quod ad ornatum portarum, itinerum, locorum omnium, qua Caesar iturus erat, excogitari poterat. 3 cum liberis omnis multitudo obviam procedebat, hostiae omnibus locis immolabantur, tricliniis stratis fora templaque occupabantur, ut vel [ex]spectatissimi triumphi laetitia praecipi posset. tanta erat magnificentia apud opulentiores, cupiditas apud humiliores.

52 1 Cum omnes regiones Galliae togatae Caesar percucurrisset, summa celeritate ad exercitum Nemetocennam rediit legionibusque ex omnibus hibernis ad fines Treverorum evocatis eo profectus est ibique exercitum 2 lustravit. T. Labienum Galliae praefecit togatae, quo maior e⟨i⟩ com-3 mendatio[ne] conciliaretur ad consulatus petitionem. ipse tantum itinerum faciebat, quantum satis esse ad mutationem locorum propter salubritatem existimabat. ibi quamquam crebro audiebat Labienum ab inimicis suis sollicitari certiorque fiebat id agi paucorum consiliis, ut interposita senatus auctoritate aliqua parte exercitus spoliaretur, tamen neque de Labieno credidit quicquam neque contra senatus auctoritatem, 4 ut aliquid faceret, adduci potuit. iudicabat enim liberis sententiis patrum conscriptorum causam suam facile obtineri. nam C. Curio tribunus plebis, cum Caesaris causam dignitatemque defendendam suscepisset, saepe erat senatui pollicitus, si quem timor armorum Caesaris laederet,

VIII 55

[et] quoniam Pompei dominatio atque arma non minorem terrorem foro inferrent, discederet uterque ab armis exercitusque dimitteret: fore eo facto liberam et sui iuris civitatem. neque hoc tantum pollicitus est, sed etiam [per] s⟨enatus⟩ c⟨onsultum⟩ ⟨per⟩ discessionem facere coepit; quod ne fieret, consules amicique Pompei evicerunt atque ita rem morando discusserunt.

Magnum hoc testimonium senatus erat universi conveniensque 53 superiori facto. nam ⟨M.⟩ Marcellus proximo anno, cum impugnaret Caesaris dignitatem, contra legem Pompei et Crassi rettulerat ante tempus ad senatum de Caesaris provinciis, sententiisque dictis discessionem faciente Marcello, qui sibi omnem dignitatem ex Caesaris invidia quaerebat, senatus frequens in alia omnia transi⟨i⟩t. quibus non frangebantur animi inimicorum Caesaris, sed admonebantur, quo maiores pararent necessitates, quibus cogi posset senatus id probare, quod ipsi constituissent.

Fit deinde senatus consultum, ut ad bellum Parthicum legio una a Cn. 54 Pompeio, altera a C. Caesare mitteretur; neque obscure duae legiones uni detrahuntur. nam Pompeius legionem primam, quam ad Caesarem miserat confectam ex dilectu provinciae Caesaris, eam tamquam ex suo numero dedit. Caesar tamen, cum de voluntate minime dubium esset adversariorum suorum, Pompeio legionem remisit et suo nomine quintam decimam, quam in Gallia citeriore habuerat, ex senatus consulto iubet tradi; in eius locum tertiam decimam legionem in Italiam mittit, quae praesidia tueretur, ex quibus praesidiis quinta decima deducebatur. ipse exercitui distribuit hiberna: C. Trebonium cum legionibus IIII in Belgio conlocat, C. Fabium cum totidem in Haeduos deducit. sic enim existimabat tutissimam fore Galliam, si Belgae, quorum maxima virtus, et Haedui, quorum summa auctoritas esset, exercitibus continerentur. ipse in Italiam profectus est.

Quo cum venisset, cognoscit per C. Marcellum consulem legiones 55 duas ab se missas, quae ex senatus consulto deberent ad Parthicum bellum duci, Cn. Pompeio traditas atque in Italia retentas esse. hoc facto quamquam nulli erat dubium, quidnam contra Caesarem pararetur, tamen Caesar omnia patienda esse statuit, quoad sibi spes aliqua relinqueretur iure potius disceptandi quam belligerandi. contendit . . .

BEMERKUNGEN ZUR TEXTGESTALTUNG

[ ]: delenda
⟨ ⟩: addenda

Dem Text ist zugrunde gelegt die Ausgabe von Alfred Klotz (C. Iuli Caesaris Commentarii, Vol. I, Leipzig, 4. Aufl. 1957). Die Ausgaben von Fuchs (Caesar, Commentarii Belli Gallici, Frauenfeld, 4. Auflage 1959), Constans (César, Guerre des Gaules, Paris, 6. Auflage 1958) und Rat (César, La Guerre des Gaules, Paris 1955) wurden mit Gewinn zum Vergleich herangezogen.

An folgenden Stellen weicht der Text von dem Text der Teubnerausgabe ab:

Diesterwegausgabe	*Teubnerausgabe*
BUCH I	
3, 3 legationem ... suscipit	is ubi legationem suscipit
11, 3 ⟨sui⟩ agri	agri
liberi	liberi eorum
12, 3 sese	se
15, 4 rapinis populationibusque	r. [pabulationibus] pop.
17, 4 dubitari debere	dubitare [debeant]
25, 5 passuum ⟨spatio⟩	passuum
38, 5 pedum ⟨mille⟩ sescentorum	pedum sescentorum
41, 1 iniecta	inlata
4 Gallis	aliis
5 milia	milibus
44, 7 Galliae fines	G. [provinciae] fines
46, 4 impetumque ⟨ut⟩	impetum
51, 2 Sedusios	Eudusios
53, 1 quinque	quinquaginta
BUCH II	
2, 5 ad eos proficisceretur	ad eos [duodecimo die] pr.
3, 1 Andebrogium	Andecombogium
5, 4 venire neque	venire [vidit] neque
6, 4 nuntios	nuntium
11, 3 his	eique
15, 4 animos	animos eorum
17, 4 inflexis crebrisque	⟨inflexis⟩
19, 5 porrecta	prospectus
22, 1 rei	re
diversae legiones	diversis legionibus
23, 1 aciei	acie
4 cum	quom
24, 1 dixeram	dixeram(us)
26, 2 aliis ... ferrent	alius ... ferret
31, 2 promovere possent	pr. et ex propinquitate pugnare possent
33, 2 contextis	intextis
34, 1 VII	una

BUCH III

1, 6	Gallis concessit	G. [ad hiemandum] concessit
8, 2	Velanii, quod	V. et siquos intercipere potuerunt, quod
3	consilio ⟨sese⟩ acturos	consilio acturos
9, 6	posse, Romanos	posse, [quam] Romanos
10, 1	tamen multa Caesarem	multa Caesarem tamen
3	libertati studere	libertatis studio incendi
12, 1	quod accidit	quod bis ⟨die⟩ accidit
13, 6	confectae, sive relictae	c., [hae] sive reiectae
15, 1	circumsteterant	circumsteterent
16, 2	in unum locum	unum in locum
17, 5	omnibus rebus	rebus omnibus
18, 6	cui rei	cui re
8	fossas compleant	fossas [Romanorum] compleant
19, 4	quos integris	quos impeditos integris
22, 1	in ea⟨m⟩ re⟨m⟩	in ea re
24, 3	inferiore⟨s aequo⟩ animo (Seel)	inferiores animo
26, 4	[im]pugnare	impugnare
5	eicere	deicere
	contenderunt	intenderunt

BUCH IV

1, 4	ex finibus	suis ex finibus
2	C	sescenta
3, 3	propinquitatem Gallicis	propinquitatem [quod] G.
7, 4	eos tenere	tenere eos
2	Batavorum neque longius	B. [in Oceanum influit] neque l.
10, 3	Nantuatium	Nemetum
13, 5	sui purgandi	purgandi sui
16, 2	commemoravi	commemoravi⟨mus⟩
7	opinione amicitiae	opinione et amicitia
17, 1	commemoravi	commemoravi⟨mus⟩
20, 2	tempus [anni]	tempus anni
21, 1	navi longa	longa nave
6	proximis navibus	pr. [primis] navibus
27, 2	demonstraveram	demonstraveramu⟨s⟩
30, 1	ad Caesarem convenerant	ad ea quae iusserat Caesar facienda c.
3	[rursus coniuratione facta]	rursus coniuratione facta
34, 1	[novitate pugnae]	novitate pugnae
4	complures dies	dies complures
36, 4	eosdem, quos reliquae portus	eosdem portus, quos reliquae

BUCH V

3, 5	privatis	privatim
6, 4	remanerent: non	remanerent; metu territare: non

tribuebat	tribuerat
2 statuebat ⟨et⟩, quod	statuebat, quod
3 ut	uti
8, 4 adaequaverint	adaequaverunt
9, 4 belli, ut videbatur, causa	belli causa, ut videbatur
11, 3 deligi	deligit
13, 1 hoc latus pertinet	hoc pertinet
6 eius angulus alter	eius angulus lateris
18, 3 praefixis	praefixisque
19, 2 effuderat	effunderet
24, 6 ⟨rei⟩	⟨re⟩
27, 1 eos C. Arpinius	eos conloquendi causa C. A.
5 alteri	alterae
28, 4 quantasvis [magnas] copias, etiam Germanorum	q. ⟨Gallorum⟩, magnas etiam copias Germanorum
31, 5 quare nec	quare * * * nec
38, 4 ad eam rem se	se ad eam rem
39, 2 huic	hic
42, 2 a nobis	a nostris
4 munitionem	munitionem [pedum XV]
43, 1 ferventes ex argilla glandes et fervefacta iacula	fusiles ferventi ex a. gl. fundis et iacula fervefacta
44, 3 tuae probandae virtutis	probandae virtutis tuae
8 impeditum	impeditumque
47, 5 equitatus peditatusque	peditatus equitatusque
49, 6 cum tantis	tantulis
54, 4 ⟨ac⟩ tantum	tantum
56, 5 iturum	iter facturum
57, 2 nuntios mittit	circummittit

BUCH VI

1, 3 sarciri	sarcire
8, 5 missis	dimissis
8, 6 impetum ferre	impetum [modo] ferre
9, 2 quod ⟨Germani⟩ auxilia	quod auxilia
10, 1 sint	sunt
11, 5 divisae sunt in duas partes	in partes divisae sunt duae
13, 1 nulli	nullae
2 dicant nobilibus, ⟨quibus⟩ in	dicant. nobilibus in
9 plures pares	pares plures
17, 3 superaverunt	superaverint
reliquas	reliquasque
5 capta occultare	capta apud se occultare
32, 2 explorata re	re explorata
34, 4 [qua ... pertinebat]	qua ... pertinebat
35, 7 palu⟨de⟩s	palus
38, 3 sequuntur	consequuntur
42, 1 [statione et]	statione et

43, 1	civitatibus ⟨hos⟩ in	civitatibus in
2	incendebantur; praeda	incendebantur, pecora interficiebantur, praeda
4	dimisso	diviso
5	latebris occultatus	l. aut silvis aut saltibus se eriperet et noctu occultatus
44, 1	deducit	reducit
3	exercitui	exercitu

BUCH VII

1, 6	eius ⟨rei⟩	eius
8, 3	et quam	ut quam
11, 1	relinqueret ⟨et⟩ quo	relinqueret, quo
4	[tuendi causa]	tuendi causa
14, 5	[a Boia]	a via
17, 1	[a]	a
3	ex iis vox est	vox est ab iis
6	reliquisse[n]t	reliquissent
19, 2	⟨transitus⟩ (Fuchs)	saltus
4	edocet	docet
20, 3	ipse ⟨sine⟩ munitione	ipsa munitione
4	sint	essent
24, 1	tempore frigore	tempore soluto frigore
26, 2	quae perpetua	perpetua quae
3	hoc	haec
28, 2	abiectis armis	armis abiectis
5	silentio sic ex	silentio ex
29, 6	consensui	consensu
30, 4	erant	sunt
32, 3	annum	annuam
34, 1	⟨al⟩iis (Fuchs)	iis
35, 1	⟨Vercingetorix⟩ castra (Fuchs)	castra ⟨Vercingetorix⟩
37, 2	hortaturque, ut	hortaturque eos, ut
38, 8	eranr	ierant
40, 7	profugit	perfugit
43, 2	recuperandorum	reciperandorum
46, 1	mille CC	mille
3	qui ... tardaret	quo ... tardarent
47, 2	audito	exaudito
51, 4	milites paulo ... sunt	milites sunt paulo
53, 1	[oratione]	oratione
54, 4	copiis	sociis
	duxisset	eduxisset
55, 2	[suorum ... partem]	suorum ... partem
59, 2	qui ⟨iam⟩ ante	qui ante
5	altera ex parte	ex altera parte
61, 1	subito erat	erat subito
62, 6	in sinistro	sinistro

63, 4 re impetrata	et re impetrata
5 ⟨ea⟩ re	re
67, 5 fugientes	fugientesque
68, 2 secutus hostes	secutus
milibus ex	milibus hostium ex
3 ad laborem milites	milites ad laborem
69, 5 in altitudinem sex	sex in altitudinem
70, 4 sequuntur	persequuntur
73, 1 tueri	fieri
5 in altitudinem trium pedum	tres i. a. pedes
75, 2 [Blannoviis]	Blannoviis
3 sen⟨a Suessi⟩onibus	Suessionibus
76, 1 pro quibus meritis	quibus ille pro meritis
77, 1 concilio	consilio
2 ac variis	apud quos variis
9 subicere	addicere
80, 1 munitionum	munitionis
5 aut	ac
se stimulis	se ipsi stimulis
84, 1 subsidium submittit	submittit
85, 4 [iniquum ... momentum]	iniquum ... momentum
86, 4 praerupta atque ex⟨celsa⟩ (Fuchs)	pr. ⟨petunt⟩ atque ex ascensu
87, 3 un[a]de⟨cim⟩	una de XL
89, 5 toti	toto

BUCH VIII

4, 1 singula(?) milia	tota milia
5, 2 coniectis	conlatis
7, 5 Commium	Atrebatem Commium
9, 1 cum repente .. legiones accedere	quas legiones repente ... accedere
5 for⟨tio⟩res	fores
10, 2 eadem	eandem
12, 2 nostros, deinde	nostros in insidias, deinde
13, 4 secundis minimis[que]	secundis parvulis
19, 7 amissa consternati	amissa quo fors tulerat consternat
23, 2 obsides dant	dant obsides
36, 3 at	ad ⟨ea⟩
38, 3 timore	metu
5 accepta	a Gutuatro ⟨concitati⟩ accepta
39, 2 se vindicarent	vindicarent se
40, 2 praeruptum ... oppidum	[praeruptum oppidum]
3 in infimis enim sic	sic enim imis
46, 6 fuisset animo in totius Galliae	quali quisque animo in populum Romanum fuisset totius G.
48, 2 odium Commii	C. odii
7 graviter vulneratus	graviter adeo vulneratus
50, 4 gratia suffragiisque	gratia suffragii

DAS HEERWESEN ZUR ZEIT CAESARS

ZUSAMMENSETZUNG DES HEERES

Legionen: Kerntruppe des Heeres aus römischen Bürgern (allgemeine Dienstpflicht; Werbung von Freiwilligen). Die Legionen hatten Nummern (Caesar lobt seine „Zehnte" besonders oft).

Hilfstruppen (auxilia): Leichtbewaffnete (Bogenschützen, Schleuderer[1]), Reiterei. Sie wurden in den Provinzen ausgehoben oder von den Bundesgenossen gestellt oder von freien Völkern angeworben.

ZUSAMMENSETZUNG EINER LEGION

Die Stärke schwankte außerordentlich (zwischen 3500 und 6000 Mann). Im Durchschnitt waren Caesars Legionen 3600 Mann stark. Diese Zahl ist in der folgenden Aufstellung zugrunde gelegt.[2]

Centuria = 60 Mann (die Bezeichnung wird beibehalten, auch wenn die Zahl ‚centum' nicht mehr erfüllt ist).

Manipulus = 2 Centurien = 120 Mann.

Cohors = 3 Manipeln = 360 Mann. Seit Marius werden drei Manipeln zu der neuen taktischen Einheit der Kohorte zusammengefaßt.

Legio = 10 Kohorten = 3600 Mann.

DIENSTGRADE

Dux: Feldherr (Liktoren, *ius imperii, ius auspiciorum*), meist im Range eines Konsuls oder eines Prätors (Ehrentitel des siegreichen Feldherrn: imperator).

Quaestor: Der „Intendant" (Verpflegung, Kriegskasse, Verkauf der Beute, leichte Rechtsfälle). Vertreter des Feldherrn. Es konnten ihm aber auch militärische Aufgaben übertragen werden. Dem Statthalter einer Provinz stand ein Quästor zu (vgl. I 52,1).

Legatus: Der oberste militärische Gehilfe des Feldherrn, oft von ihm mit selbständigen Aufgaben, z. B. der Führung einer Legion, betraut. Vom Senat meist auf Vorschlag des Feldherrn ernannt. Caesar durfte sich auf Grund der lex Vatiniana vom Jahre 59 seine Legaten selbst wählen. *Legatus pro praetore:* Legat, dem in Abwesenheit des Feldherrn das Kommando übertragen wurde.

Tribunus militum: Offizier. Jede Legion hatte sechs tr. m. Sie wurden teils vom Volk gewählt *(comitiati)*, teils von Feldherrn ernannt *(rufuli)*, oft auf Empfehlung von „Freunden" (vgl. Cicero, ad fam. VII 5—8).

---

[1] Am berühmtesten waren die Balearischen Schleuderer (vgl. Charles-Picard, So lebten die Karthager, Stuttgart 1959, S. 199).

[2] Als Caesar gegen Pharnaces zieht, beträgt die Stärke seiner 6. Leg. *minus mille hominibus* (B.Afr., 69, 1; vgl. Polybios VI 20).

So konnten sie unerfahrene junge Leute aus vornehmen Familien sein, die nach halbjähriger Dienstzeit *(tribunatus semestris)* als Vorbereitung ihrer politischen Laufbahn ins Privatleben zurückkehrten, oder erfahrene Beamte, bzw. Offiziere, die mit einem verantwortlichen Kommando betraut wurden (vgl. Caesar, B. G. I 39,2; Livius, 41, 1, 6; 42, 49, 9). Ein tr. m. hat also keinen bestimmten „Dienstgrad" in unserem Sinne (vgl. G. Walter, Caesar, Stuttgart 1955, S. 42; E. Meyer, Röm. Staat und Staatsgedanke, Darmstadt 1961).

Praefectus (z. B. *pr. equitum, fabrum, navis, castrorum*): Offizier, der eine Spezialtruppe führte, technische Offiziere.

Centurio: Ein Centurio ist kein Offizier im heutigen Sinne. Centurionen entsprechen mit ihren mannigfaltigen Rangabstufungen (jede Legion hatte 60 Centurionen, 2 für jeden Manipel) den heutigen Unteroffizieren. Es waren Soldaten, die sich durch ihre Tüchtigkeit hochgedient hatten.[1] Der *primipilus* war der besonders angesehene erste Centurio der ersten Kohorte in einer Legion. Er hatte im Kampf den Legionsadler *(aquila)* zu schützen. Die erfahrensten und rangältesten Centurionen *(primi ordines)* wurden oft zum Kriegsrat herangezogen.

Principalis: Stellvertreter der Centurionen, „Ordonnanzen" der Offiziere, Träger des Legionsadlers oder der Manipelzeichen, vom Schanz- und Wachdienst befreit.

Evocatus: Soldat, der nach Ablauf seiner Dienstzeit weiterdient.

Faber: Techniker (Pionier, Artillerist, Handwerker).

Miles (gregarius): einfacher Soldat. *Tiro*: Rekrut. *Calo*: Troß-, Pferdeknecht.

KLEIDUNG

Der Soldat trug über der „zivilen" *tunica* einen wollenen Mantel *(sagum)*, der durch eine Spange *(fibula)* auf der rechten Schulter zusammengehalten wurde. Fußbekleidung: Lederstiefel *(caligae)*. Der Feldherr trug einen weißen oder purpurnen Mantel *(paludamentum)*.

BEWAFFNUNG [2]

a) *Schutzwaffen (arma, armatura)*

Lorica: Brustpanzer aus Leder oder Metall.

Galea: Helm aus Leder mit Nacken- und Wangenschutz.

Cassis: Helm aus Metall.

Clipeus: Rundschild; später allgemein durch den Langschild ersetzt.

Scutum: Langschild, 1,25 × 0,75 m, halbzylindrisch, Holz mit Leder

---

[1] Die Verhältnisse in der Kaiserzeit, wo ein Centurio in der Tat Offiziersrang hatte, muß man beiseite lassen (Kahrstedt, Kulturgesch. d. Kaiserzeit, 34).

[2] Vgl. die ausführliche Beschreibung Polybios VI 22 u. 23.

überzogen, die Mitte durch einen eisernen Buckel *(umbo)* verstärkt, während des Marsches in einer Hülle *(tegimentum)* an einem Riemen auf dem Rücken oder an der linken Seite getragen.

b) *Angriffswaffen*:

Pilum: Lanze, ca. 2 m lang (Holzschaft ca. 100—140 cm, Eisenspitze ca. 60—100 cm), Gewicht ca. 1200 g, Höchstwurfweite ca. 30 m (mit Hilfe eines die Lanze in rotierende Bewegung setzenden Wurfriemens ca. 60 m). Jeder Soldat trug zwei *pila*.

Pila muralia: Wurfgeschosse, die man aus einer belagerten Stadt von der Mauer aus auf die Belagerer schleuderte (V 40,6; VII 82,1).

Gladius: Zweischneidiges Kurzschwert, Klingenlänge 50 cm; das Schwert steckte in einer Scheide aus Holz *(vagina)*. Es wurde im allgemeinen wohl rechts, nach manchen bildlichen Darstellungen aber auch links getragen.

Contus (Stange): langer Wurfspeer der Reiter.

Parma: Rundschild der Reiter und Leichtbewaffneten.

Arcus: Bogen der Leichtbewaffneten.

Sagitta: Pfeil (ca. 60 cm lang).

Funda: Schleuder (Reichweite ca. 180 m).

Tragula: Mit einem Wurfriemen versehener Speer der Gallier und Spanier, Reichweite bis 80 m (Weltrekord heute mit normalem Speer über 90 m).

DIENST

Die Rekruten wurden von den Centurionen unter Aufsicht der Kriegstribunen ausgebildet: Laufen, Springen, Schwimmen, Gleichschritt, Marschieren unter Gepäck *(sarcinae)*, Waffenexerzieren, Schanzarbeiten, Lager- und Straßenbau. Strenge Disziplin. *Strafen*: Soldabzug, Nichtanrechnung einer bestimmten Dienstzeit, Degradierung, „Pranger", körperliche Züchtigung (selbst von Offizieren), Hinrichtung. *Belohnungen* und *Auszeichnungen*: Belobigung *(laudes)*, Geldgeschenke, Orden und andere Auszeichnungen (Armreifen: *armillae*; Spangen: *fibulae*; Halsketten: *torques*; Medaillen: *phalerae*; Ehrenwaffen: *hastae purae*; Ehrenkränze: *corona civica* für die Rettung eines Bürgers in der Schlacht; *corona muralis* für den, der zuerst die Mauer einer feindlichen Stadt erstieg; *corona navalis* für den, der zuerst auf einem feindlichen Schiff Fuß faßte[1].

---

[1] Gute Abbildungen von Phalerae bei Schoppa, Die Kunst der Römerzeit, München 1957, Taf. 44. Vgl. Taf. 40: Grabmal des M. Caelius: „Über den Schultern hängt je ein Torques, an einem Ledergürtel sind die Phalerae befestigt: getriebene Metallscheiben... Auf dem Kopf trägt er den Eichenkranz, die corona civilis" (a. a. O., S. 51 zu Abb. 40/41).

VERPFLEGUNG, SOLD

Der Soldat mußte seine Verpflegung selbst zubereiten. Der einfache Soldat erhielt für den Tag 850 g Getreide für Brot und Brei (Polenta!), 100 g Fett bzw. Fleisch, 30 g Käse, ½ Liter Wein. Als gewöhnliches Getränk diente ein Gemisch aus Wasser und Essig (die römischen „Kriegsknechte" reichten Jesus am Kreuz also ihr übliches Getränk!). 1957 fand man bei Toulon in einem Schiff Caesars (?) 500 Amphoren mit Fischkonserven: Thunfisch in Öl, eingesalzene Anchovis[1].

Zur Zeit Caesars erhielt der einfache Soldat jährlich etwa 200 Denare Sold, der Centurio die doppelte Summe. Dazu kamen Belohnungen und Geschenke des Feldherrn und Anteile an der Beute. Einen Teil seiner Einkünfte mußte der Soldat bei der bei jeder Kohorte eingerichteten Sparkasse sparen. Nach Beendigung seiner Dienstzeit (20 Jahre) hatte er Anspruch auf zivile Versorgung (Landzuteilung oder Geldabfindung).

LAGER

Ein römisches Heer verbrachte die Nacht immer in einem nach einem bestimmten Plan angelegten, mit Graben (3 bis 5 m breit, ca. 3,50 m tief), Wall (ca. 4 m hoch) und Palisaden befestigten Lager. Bei einer Truppe im Vormarsch entsprach also die Zahl der Lager der Zahl der Marschtage, und aus der Sorgfalt, mit der ein Lager angelegt war, konnte man Schlüsse ziehen auf die Verfassung der Truppe (vgl. Tacitus, ann. I 61, 2). Blieb eine Truppe länger an einem Ort, so errichtete man ein befestigtes Standlager *(castra stativa)*. Dabei wurde zwischen Sommer- und Winterlager *(c. aestiva* und *c. hiberna)* unterschieden. Die Größe des Lagers richtete sich nach der Größe des Heeres[2].

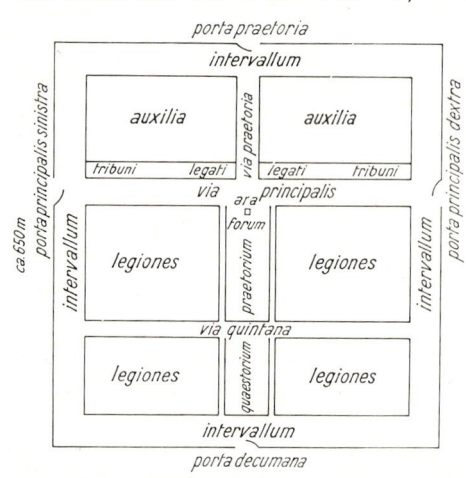

Vereinfachte Darstellung von Caesars Lager an der Axona (II,5). Nach Stolle, Das Lager und Heer der Römer, Straßburg 1912

[1] Hacquard, Guide Romain Antique, Paris 1958, S. 66.
[2] Wie genau die quadratische Grundform des Lagers eingehalten wurde, hing natürlich auch vom Gelände ab; die Abmessungen des Lagers bei Gergovia betrugen 630/560 m. Spätere Lager wie Xanten, Haltern oder Aquincum

Jeder Truppenteil hatte im Lager seinen festen Platz. Caesars Lager an der Axona bot 8 Legionen Platz. Von den beiden Haupttoren lag die *porta praetoria* stets auf der dem Feind zugewandten Seite (vorn), die *p. decumana* entgegengesetzt (hinten). Den Mittelpunkt des Lagers bildete das *praetorium* (Feldherrnzelt); davor der Altar *(ara)*, dahinter der Versammlungsplatz *(forum!)* der Soldaten und der erhöhte Platz *(suggestus, tribunal)*, von dem aus der Feldherr zu den Soldaten sprach (vgl. die anschauliche Beschreibung bei Polybios VI 27—32).

Bewachung des Lagers: custodiae, excubiae : Wachtposten allgemein; *vigiliae* : Nachtwachen, kleinere Postenstellungen; *stationes* : Postenstellungen ganzer Abteilungen; *praesidium*: Postenabteilungen zum Schutz des Trosses, des Lagers, Besatzung einer Stadt.

DAS HEER AUF DEM MARSCH

Der Aufbruch *(castra movere)* wurde durch drei Trompetensignale angekündigt: Abbruch der Zelte *(vasa colligere)*, Verladen des schweren Gepäcks *(impedimenta)*, Abmarsch *(signa movere)*.

Marschordnung (ordo agminis): Vorhut *(primum agmen)*, Haupttruppe *(agmen)*, Nachhut *(novissimum agmen)*. Die Stärke von Vorhut und Nachhut richtete sich ebenso wie die Plazierung des Trosses nach den Verhältnissen. Bei Feindnähe wurde der Troß in die Mitte genommen und nach allen Seiten gesichert (agmen quadratum), oder es marschierten $3/4$ der Legionen vor dem Troß und $1/4$ hinter ihm (b. G. VIII 8; vgl. II 17, 2 und II 19, 2).

Während des Marsches wurde der Troß (Proviant, Zelte, Ersatz an Waffen, Ausrüstung und Bekleidung) auf Wagen und Packtieren befördert. Das persönliche Gepäck *(sarcinae)*, Waffen, Proviant für 3 bis 14 Tage, Kochgeschirr, Schanzpfähle, Werkzeug im Gewicht von 20 kg und mehr mußte der Soldat selbst tragen (vgl. Cicero, Tusc. II 37 f.). Das zu einem Bündel *(sarcina)* geschnürte Gepäck wurde an einer Stange (scherzhaft ‚*mulus Marianus*' genannt) über der Schulter getragen. Marschiert der Soldat unter bestimmten Umständen ohne Gepäck oder legt er es wie üblich vor dem Kampf ab, dann ist er *expeditus*.

Marschleistung: Normalleistung *(iter iustum)* : ca. 20—25 km; Eilmarsch *(iter magnum)* : 30 km und mehr. Eine Marschleistung, wie Caesar sie VII 40 f. erwähnt (74 km in etwa 26 Stunden bei drei Stunden Pause), ist natürlich eine Ausnahme, außerdem marschierten die Soldaten ohne Gepäck. Ein Marsch wurde beendet mit dem Kommando: „*signifer, statue signum!*"

(Budapest) waren etwa $1/3$ länger als breit (vgl. für beide möglichen Formen das ältere, quadratische Erdkastell auf dem Gelände der Saalburg mit ihrer späteren, rechteckigen Anlage).

KAMPF IN DER SCHLACHT

Seit Marius drei Manipeln zur neuen taktischen Einheit der Kohorte zusammengeschlossen hatte, ergaben sich auch Veränderungen für die Gefechtsaufstellung einer Legion. Früher bildeten in der *acies triplex* die Manipeln die kleinste taktische Einheit; sie wurden in jedem Glied *(acies)* vom rechten Flügel an von 1—10 durchnumeriert. Im ersten Glied standen die *hastati*, im zweiten die *principes*, im dritten die *triarii* (die ältesten und kampferfahrensten Soldaten). Bei der Gliederung der Legion nach Kohorten ergab sich für die Aufstellung der zehn Kohorten folgendes Grundschema, das natürlich je nach den Umständen abgewandelt wurde:

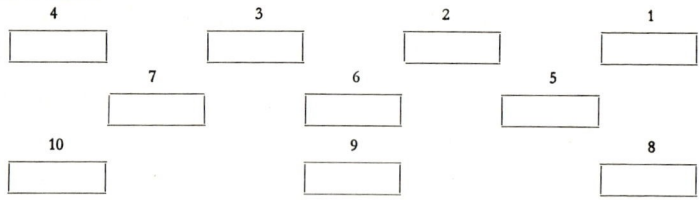

```
   4          3          2          1
 [   ]      [   ]      [   ]      [   ]

       7          6          5
     [   ]      [   ]      [   ]

  10          9                     8
 [   ]      [   ]                 [   ]
```

Der Vorteil einer solchen Gliederung nach Kohorten als kleinsten taktischen Einheiten liegt auf der Hand: Diese Abteilungen waren klein genug, um wendig und beweglich zu sein; sie waren aber auch groß genug, um kleinere Aufgaben selbständig lösen und sich unter Umständen wirksam zur Wehr setzen zu können[1].

Jede Kohorte wurde gleichmäßig aus je einem Manipel *hastati*, *principes*, *triarii* gebildet[2]. Diese drei Manipeln standen jetzt also nebeneinander. Sie waren sechs Mann tief gegliedert. Der *Kampf* wurde auf ein Signal (Trompeten- bzw. Hornsignale: Horn: Manipel; Tuba: Legion; Trompete: Reiter) hin in der Regel durch die Leichtbewaffneten eröffnet. Wenn sie auf Widerstand stießen, zogen sie sich wieder hinter die Legionssoldaten zurück. Wie die Lücken des ersten Gliedes (s. Grundschema) im Kampf geschlossen wurden — denn daß sie geschlossen werden mußten, um nicht dem Gegner natürliche Einbruchstellen

---

[1] „Die Bildung kleiner Haufen, die so fest zusammenhalten, daß sie taktische Körper bilden, war unendlich schwer. Eine Jahrhunderte lange Entwicklung und die römische Disziplin gehörte dazu; nur dieser *eine* Staat des Altertums hat sie wirklich durchgeführt und hat dadurch die Herrschaft über alle anderen gewonnen." (Delbrück, Geschichte der Kriegskunst im Rahmen der politischen Geschichte, Bd. I, 3. Aufl. Berlin 1920, S. 447.)

[2] Diese alten Bezeichnungen wurden beibehalten, obwohl sie weder nach der Bewaffnung (die hastati trugen keine hasta mehr), noch nach der Aufstellung (die triarii standen nicht mehr ausschließlich im dritten Glied) für die Kohortenordnung stimmten.

zu bieten, ist selbstverständlich —, wird auch von der jeweiligen Situation abhängig gewesen sein. Theoretisch ist es möglich, daß entweder die einzelnen Kohorten des ersten Gliedes sofort oder während des Kampfes nahe genug aneinanderrückten oder die Kohorten aus dem zweiten Glied in das erste Glied einrückten. Das dritte Glied bildete in der Regel die Reserve. Die Truppe rückte im Gleichschritt *(certo gradu)* in Reih und Glied *(ordines servant)* vor. In Feindnähe ging sie zum Laufschritt über *(incitato cursu)*. War man genügend herangekommen, wurden auf Kommando die Pilen geworfen *(infestis pilis)*, dann ging der Legionssoldat mit dem Schwert *(gladiis destrictis)* zum Nahkampf *(comminus)*, zum Kampf Mann gegen Mann *(manus conserunt)* über. Wurde der Angriff abgeschlagen, griff die Reserve ein *(res ad triarios rediit*[1]*)*. Wenn man sich gar zurückziehen mußte, galt es Ordnung zu halten, also im Kohorten- und Manipelverband zu bleiben *(ordines servare)*. Bei einer Umzingelung durch den Feind versuchte man einen Keil *(cuneus)* zu bilden, um durchzubrechen[2]. Die Bildung einer „Igelstellung" war gefährlich, weil man dabei meistens auf Entsatz von außen angewiesen war. Kam es zur Flucht *(terga vertere)*, büßte der Soldat durch die nachdrängenden Feinde oft sein Leben ein.

Feldzeichen (signa): aquila: Legionszeichen, von Marius eingeführt, aus Silber oder Gold an einer Lanze: Adler mit ausgebreiteten Flügeln und einem Blitzbündel in den Fängen. Das Zeichen wurde von einem besonders tüchtigen Soldaten *(aquilifer)* getragen. Es hatte seinen Platz bei der 1. Kohorte und stand unter dem Schutz des *primipilus*, des rangältesten Centurio. Im Lager hatten die Legionsadler ihren Platz am Altar vor dem *praetorium*.

Die Kohorten scheinen trotz II 25 im allgemeinen kein *signum* gehabt zu haben. Jeder Manipel hatte dagegen seit jeher sein besonderes signum: eine Stange, an der oben eine von einem Kranz umgebene Hand (oder als deren Nachbildung einfach eine Lanzenspitze) oder Tierbilder angebracht waren; darunter waren oft Ehrenscheiben aus Metall als Auszeichnung für die ganze Einheit angebracht.

Diese *signa* gaben dem Soldaten seinen Standort und im Kampf auch die Bewegungsrichtung an: *signa tollere*: aufbrechen; *s. proferre*: vorrücken; *s. inferre*: angreifen; *s. statuere, constituere*: halten; *s. convertere*:

---

[1] Weder diese Wendung noch der Ausdruck triarii kommen bei Caesar vor. vgl. Livius VIII 8, 8—14; Seneca, de tranqu. animi 4, 5.

[2] Es ist selbstverständlich, daß eine solche Keilform mehr ein Notbehelf war und nur von kleinen Abteilungen angewendet werden konnte. Caesar erwähnt diese Formation nur einmal von römischen Abteilungen (VI 40, 2), aber wiederholt von den Gegnern (VII 82,1: *cuneatim;* VIII 14,5: *cuneos*).

kehrtmachen; *s. referre* : sich zurückziehen; *a signis discedere* : fliehen; *s. conferre* : sich sammeln oder kämpfen).

Vexilla: Tuchfähnchen in verschiedenen Farben, mit einer Querstange an einer Lanze befestigt, Zeichen der Reiterabteilungen, aber auch anderer besonderer Abteilungen (VI 36, 6). Ein rotes *vexillum* auf dem Feldherrnzelt war das Zeichen zum Ausrücken in die Schlacht.

Beim Angriff hatten die Feldzeichen ihren Platz vor dem 1. Glied. Sie galten als heilig. Der *signifer* wurde hingerichtet, wenn das signum durch seine Schuld verlorenging.

BELAGERUNG FESTER PLÄTZE

Oppidum: Befestigter, zur Verteidigung eingerichteter Platz; es handelt sich dabei keineswegs immer um eine Stadt in unserem Sinne.

Oppugnatio ex itinere (repentina): Der Versuch, den Platz im ersten Ansturm zu nehmen, nachdem man Gräben und Gruben mit Erde *(agger)* und Faschinen *(crates)* ausgefüllt hatte.

Obsidio, obsessio: Blockade; der Platz wurde ringsum eingeschlossen und von jeglicher Zufuhr abgeschnitten.

Oppugnatio: Regelrechte Belagerung, wenn ein Platz sich hartnäckig verteidigte. Sie erforderte viele Schanzarbeiten und künstliche Anlagen *(agger, turris, fossa, circumvallatio, munitiones, castella)*; sie sollten teils den Ausbruch des Feindes aus der Stadt verhindern, teils den Sturm auf die Stadt vorbereiten. Unter Umständen war noch eine Sicherung nach rückwärts *(contravallatio)* gegen ein Entsatzheer (Alesia) notwendig.

Der *agger* diente dazu, eine ebene ansteigende Bahn für die Belagerungstürme bis an die Stadtmauer heran zu schaffen. Seine Höhe richtete sich nach dem Gelände und der Höhe der Stadtmauer. Er wurde aus Erde, Stämmen und Flechtwerk gebaut. Angestrebt war eine Höhe, die es ermöglichte, die Stadt von oben zu beschießen (wie die Verteidiger sich dagegen wehren, zeigt VII 22, 4). Auf der ebenen Fläche des „Dammes" wurde der Turm *(turris)* an die Mauer herangeschoben. Die Zahl seiner Stockwerke *(tabulatum,* bei Caesar bis zu 10!) richtete sich nach den örtlichen Verhältnissen. In seinem untersten Stockwerk konnte sich ein Mauerbrecher *(aries)* befinden, die oberen Stockwerke nahmen Geschütze *(tormenta)* auf, mit deren Geschossen man die Verteidiger während der Belagerungsarbeiten oder während des Angriffs von der Mauer zu vertreiben suchte.

Plutei: Schutzwände aus Weidengeflecht, mit Häuten bespannt. Mit ihnen schützen sich die Soldaten bei den Belagerungsarbeiten und gegen Angriffe bei der Verteidigung des Lagers.

Vineae: („Weinlauben" nach der Art, wie man in Italien auch heute noch die Weinreben zieht), Hütten aus Holz oder Flechtwerk, bei denen auch die Seiten geschützt waren; sie liefen auf Rädern; unter ihrem Schutz rückte man auch gegen die Stadtmauer vor *(vineas agere)*.

Testudo (eigentl. Schildkröte) hölzernes Schutzdach, unter dem man sich bei der Belagerung einer Stadt an die Mauer heranschob.

Musculus: Ein stärkeres Schutzdach, dessen sich die Soldaten bei allen möglichen Belagerungsarbeiten bedienten.

Aries: „Widder", Mauerbrecher: ein kräftiger, langer Balken mit eisernem Kopf; horizontal aufgehängt und von hinten in Bewegung gesetzt, stieß er mit seinem „Kopf" gegen die Mauer, bis sie gegebenenfalls nachgab[1].

Falx muralis: Starke Stange mit eisernem sichelförmigen Ende; damit versuchte man, Teile aus der Mauer herauszubrechen.

Scala: Sturmleiter; unentbehrlich beim Angriff auf die von Mauern geschützte Stadt.

Tormenta: Unter diesem Namen werden die verschiedensten Arten von „Geschützen" zusammengefaßt. Sie heißen so, „weil die Triebkraft durch Torsion gewonnen wird, d. h. durch das feste Zusammendrehen von Strähnen aus Tiersehnen, die, wieder freigelassen mit gewaltiger Kraft in ihre anfängliche Lage zurückspringen[2]". Die Spannkraft wird also nicht wie bei einem Bogen oder einer Armbrust durch die Spannung des Holzes erzeugt; deshalb ist auch der Vergleich solcher tormenta mit einer Armbrust von daher gesehen nicht richtig. Es ist vielmehr das Prinzip, das auch heute noch zur Spannung einer Tischlersäge angewendet wird. Solche Geschütze waren entweder als Schleuder gebaut oder zum Abschuß von starken Pfeilen eingerichtet. Mit Rekonstruktionen, wie sie in der Saalburg zu sehen sind, erreichte man mit einer vierpfündigen Steinkugel eine Weite von 300 m, mit einem 88 cm langen Pfeil 370 m. Solche Pfeile durch-

---

[1] „Die Karthager galten als Erfinder des Sturmbocks (Tertullian, De Pallio I). In Wirklichkeit war dieser schon den Assyrern bekannt ... Der Magonide Hannibal eroberte Selinunt und Himera 409 v. Chr. mit Hilfe dieser Maschine mit beweglichen Türmen und Minen." (Charles-Picard, So lebten die Karthager, Stuttgart 1959, S. 201).

[2] Schneider, Das römische Kriegswesen zu Caesars Zeit, Anhang zu Caesaris commentarii, ed. Meusel, Berlin, 2. Aufl. 1908, S. 281.

schlugen bei Versuchen einen eisenbeschlagenen 30 mm starken Schild so, daß der Pfeil ihn mit seiner halben Länge (44 cm) durchdrang[1]. Man hatte auch Mehrlader, mit denen mehrere Pfeile rasch hintereinander abgeschossen werden konnten. Möglicherweise handelt es sich bei Avaricum (VII 25) um ein solches Geschütz, von Caesar „Skorpion" genannt[2]. Ebenso sprechend wie der Name „Skorpion" ist der des abgebildeten Geschützes „Onager", d. h. „Wildesel", der mit den Hinterhufen Steine auf seine Verfolger schleudert. An diesem Geschütz kann man sich das Prinzip des antiken Torsionsgeschützes am besten klarmachen. „Sein Untergestell bilden zwei starke Schlittenkufen (a), fest miteinander verbunden, die in der Mitte sich buckelartig erheben, um in den Durchbohrungen das horizontal durchgezogene Spannervenbündel (b) aufzunehmen. Mitten aus diesem Bündel erhebt sich ein starker Arm aus Holz (c), der für gewöhnlich schräg emporsteht, aber nach vorn und hinten bewegt werden kann. An diesem Arm ist oben die Schleuder befestigt, in die der Stein gelegt wird (d). Zieht man nun den Schleuderarm mittels einer Winde (e) zurück, so wird das Spannervenbündel überspannt, das Geschütz ist schußfertig. Wird dann der Schleuderarm losgelassen, indem man den vorgeschobenen Riegel zurückschlägt, so reißt das Spannervenbündel den Arm nach oben, er schlägt an das Widerlager (f) an, das durch ein starkes Kissen gegen den gewaltigen Anprall geschützt ist, und in diesem Moment saust der Stein aus der Schleuder im Bogenschusse auf sein Ziel[3]."

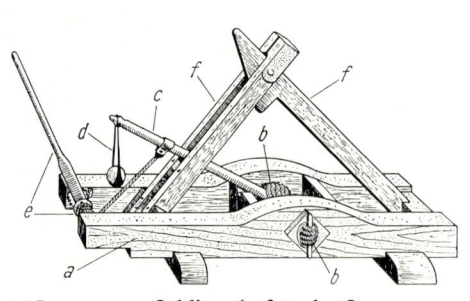

Onager. a: Schlittenkufen; b: Spannervenbündel; c: Schleuderarm; d: Schleuder mit Stein; e: Winde; f: Widerlager.

[1] Schneider, Die antiken Geschütze der Saalburg, Veröffentlichungen des Saalburg-Museums, Berlin, 2. Aufl. 1910; ders. R.-E.: unter „Geschütze". Schramm, Die antiken Geschütze auf der Saalburg, Berlin 1918.
[2] Die Bezeichnungen für die antiken Geschütze schwanken; vgl. Schneider, Die antiken Geschütze der Saalburg, S. 21.
[3] Schneider, a. a. O. S. 22; vgl. B. Afr. 31, 7! — Alle von den Römern gebrauchten Geschützkonstruktionen sind griechische Erfindungen. Die Römer haben sie übernommen, aber soweit wir sehen, nicht weiterentwickelt oder durch neuartige Konstruktionen ersetzt. Die griechische Erfindung

DIE REITEREI

Equites Romani im eigentlichen Sinn gab es z. Z. Caesars nicht mehr. Caesars Reiterei setzte sich aus Kontingenten der *socii* und aus nichtitalischen Söldnern, Galliern, Spaniern (V 26,3), Germanen (VII 13,1; 65), zusammen. Die angeworbene Reiterei wurde von römischen Offizieren *(praefecti equitum)* geführt. Die Reiterabteilungen *(alae)* gliederten sich in *turmae* (der zehnte Teil einer *ala*) und *decuriae* (ihr Anführer: *decurio*) ohne bestimmte Größenordnung.

Turma: etwa 30 Mann; der zehnte Teil einer *ala*.

DIE FLOTTE

Die Römer haben zwar verhältnismäßig früh außer Handelsschiffen auch Kriegsschiffe gehabt (zuerst im zweiten Samniterkrieg, Anfang des 4. Jahrh.), aber eine Kriegsflotte haben sie eigentlich immer nur unter Zwang gebaut. Wie stolz sie waren, auch zur See erfolgreich gewesen zu sein, zeigt nichts deutlicher als die „*rostra*" auf dem Forum in Rom, die ihren Namen nach den *rostra* hatten, die 338 v. Chr. den Einwohnern von Antium abgenommen wurden (Livius VIII 14, 12), als Siegeszeichen auf dem Forum an der Rednerbühne angebracht wurden und dieser Stelle ihren Namen gaben. Auf Seesiege war man in Rom immer besonders stolz, eben weil man lieber auf dem Lande kämpfte. In welcher Verlegenheit z. B. zunächst Caesars „Kapitäne" gegenüber den ungewöhnlich hohen Schiffen der Veneter waren, zeigt deutlich III 14f. So fiel ihnen denn auch nichts anderes ein, als die Mittel des Landkrieges auf die Seeschlacht zu übertragen (vgl. die Anwendung von „Enterbrücken" in der Seeschlacht von Mylae i. J. 260 v. Chr.).

Navis longa: Kriegsschiff (ca. 35—50 m lang; daher der Name!), gewöhnlich Dreiruderer *(triremes)*, d. h. mit drei Ruderdecks übereinander, aber auch Fünfruderer *(quinqueremes)*.

Navis oneraria: „Transporter".

Navis constrata: Mit Verdeck versehenes Kriegsschiff.

Navigium: Jedes beliebige Schiff.

Scapha: Kahn, Beiboot.

Rostrum: Eiserner Schiffsschnabel zum Rammen der feindlichen Schiffe.

Magister navis: Kapitän, in der Regel kein Römer. Kommandant des Schiffes war dagegen ein römischer Offizier.

Gubernator: Steuermann. *Nauta:* Matrose.

wurde nicht zuletzt von den Karthagern weiterentwickelt und viel benützt. „Die Römer ließen sich i. J. 149 v. Chr. nicht weniger als 20000 ausliefern, die als Reserve in den Arsenalen lagen." (Charles-Picard, a. a. O., S. 202.)

NAMENVERZEICHNIS

Acco, Senonenfürst, 53 a. Chr. von Caesar hingerichtet. VI 4. 44. VII 1
Adiatuanus, s. III 22, 1. 4
Agedincum (Sens), Stadt der Senonen. VI 44. VII 10. 57. 59. 62
Alesia (Alise-Sainte-Reine), westlich Dijon. VII 68–89. VIII 14. 34
Alexandria, Stadt in Ägypten. VIII praef.
Allobrŏges, keltischer Stamm zwischen Rhône, Isère und Genfer See. I 6. 10. 11. 14. 28. 44. III 1. 6. VII 64. 65
Ambarri, Kelten am Unterlauf der Saône, Klienten der Häduer. I 11. 14
Ambiāni, Belger an der Mündung der Somme (Amiens). II 4. 15. VII 75. VIII 7
Ambibarrii, Kelten in der Normandie. VII 75
Ambiliati, Kelten, Verbündete der Veneter. VII 75
Ambiŏrix, Eburonenfürst, erbitterter Gegner der Römer, vernichtet 15 Kohorten des Titurius Sabinus und Aurunculeius Cotta. V 24. 26–41. VI 2. 5. 6. 9. 29–43. VIII 24. 25
Ambivarĕti, Kelten, Klienten der Häduer, Wohnsitze nicht genau bekannt. VII 75. 90
Ambivarīti, Belger, zwischen Schelde und Maas (?). IV 9
Anartes, Volk am östl. Ende des Hercynischen Waldes an der Theiß. VI 25
Ancalītes, Britannier keltischen Ursprungs nördl. der Grafschaft Berkshire (?). V 21
Andebrogius, vornehmer Remer. II 3
Andes, Kelten nördl. der Loire (Anjou). II 35. III 7. VII 4. 75. VIII 26
C. Antistius Reginus, Legat Caesars in den Jahren 53 und 52. VI 1. VII 83. 90
M. Antonius, der spätere Triumvir, 54 und 52–50 bei Caesar in Gallien. VII 81. VIII 2. 24. 38. 46–48. 50
Aquilēia, Stadt in Gallia Transpadana, seit 181 röm. Kolonie. I 10
Aquitania, Einwohner *Aquitani*, zwischen Garonne, Pyrenäen und Atlantik. I 1. III 11. 20. 21. 23. 26. 27. VII 31. VIII 46
Arar, Saône. I 12. 13. 16. VII 90. VIII 4
Arduenna silva, die Ardennen. V 3. VI 29. 31. 33
Arecomĭci, s. *Volcae*
Aremorīcae civitates, Küstenstämme in der Bretagne und der Normandie, zwischen Loire und Seine. V 53. VII 75. VIII 31
Ariovistus, Suebenkönig, 58 von Caesar im Oberelsaß geschlagen. I 31–53. IV 16. V 29. 55. VI 12
M. Aristius, Kriegstribun Caesars. VII 42. 43
C. Arpinius, eques Romanus, Freund des Titurius Sabinus. V 27. 28
Arverni, Kelten nördl. der Cevennen in der Auvergne, Hauptort Gergovia. I 31. 45. VII 3. 5. 7–9. 34. 37. 38. 64. 66. 75. 77. 89. 90. VIII 46
Q. Atius Varus, Reiterführer Caesars. VIII 28
Atrebātes, Belger im Artois, Hauptstadt Nemetocenna (Arras). II 4. 16. 23. IV 21. V 46. VII 75. VIII 7. 47
Q. Atrius, Offizier Caesars im Jahre 53. V 9. 10
Atuatŭca, 1. befestigter Platz der Eburonen (nordöstl. v. Tongres); 2. Stadt der Atuatuker. VI 32. 35–42
Atuatŭci, germanischer Stamm in der Gegend von Lüttich; II 4. 16. 29–33. V 27. 38–51. 56. VI 2. 33

Aulerci, Kelten zwischen Loire und Seine. II 34. III 29. VII 4. VIII 7: 1. Aulerci Brannovices (zwischen Saône und Loire, Klienten der Häduer), VII 75. 2. A. Cenomăni (Département Sarthe), VII 75. 3. A. Diablintes (n.-w. der A. Cenomăni) III 9, 4. A. Eburovīces (n.-o. der A. Diablintes). III 17. VII 75
L. Aurunculeius Cotta, Legat Caesars, II 11. IV 22. 38. V 24. 26. 28–31. 33. 35–37. 52. VI 32. 37
Ausci, Iberer in Aquitanien. III 27
Avarĭcum (Bourges), befestigter Platz der Biturigen, damals eine der reichsten Städte Galliens. VII 13–32. 47. 52
Axona, die Aisne. II 5. 9. 10

Bacēnis silva, waldiges Bergland in Germanien, Grenze zwischen Sueben und Cheruskern (Hessen?). VI 10
Baculus, s. P. Sextius.
L. Cornelius Balbus, Spanier, erhält von Pompeius das röm. Bürgerrecht, treuer Gefolgsmann Caesars, an ihn richtet Hirtius die Vorrede zum 8. Buch des b. G.
Basilus, s. Minucius
Batāvi, Germanen auf einer Insel an der Rheinmündung. IV 10
Belgae, Bewohner des nördl. Teils von Gallien, nach Caesar Germanen, weil sie vom r. Rheinufer kamen, in Wirklichkeit wohl keltischen Ursprungs. I 1–3. 5. 6. II 1–33. III 7. 11. IV 38. VIII 6. 38. 54
Belgium, offenbar das Zentrum des von den Belgern bewohnten Landes, das Gebiet der Bellovaker, Ambianer und Atrebater. V 12. 24. 25. VIII 46. 49. 54
Bellovăci, Belger in der Gegend von Beauvais. II 4. 5. 10. 13 ff. V 46. VII 59. 75. 90. VIII 6 f. 14 ff. 20 ff. 38
Bibracte, Hauptstadt der Häduer, etwa 23 km westl. von Autun (Mont-Beuvray), 1867 ausgegraben. I 23. VII 55. 63. 90. VIII 2. 4
Bibrax, befestigter Platz der Remer, an der Aisne bei Berry-au-Bac (?). II 6. 7
Bibrŏci, Kelten in Britannien in der Gegend von Hampshire und Berkshire. V 21
Bigerriōnes, Aquitanier am Rande der Pyrenäen (Bigorre). III 27
Biturīges, Kelten in der Landschaft Berry mit der Hauptstadt Avaricum (Bourges); (vgl. Liv. V, 34 f.). I 18. VII 5. 8. 9. 11–13. 15–29. 75. 90. VIII 2–4. 11
Blannovii, Kelten, Klienten der Häduer. VII 75
Boduognatus, Nervierführer. II 23
Boii, Kelten, zusammen mit den Helvetiern von Caesar besiegt, im Gebiet der Häduer angesiedelt. I 5. 25. 28. 29. VII 9. 10. 17. 75
Brannovīces, s. Aulerci
Bratuspantium, befestigter Platz der Bellovaker (in der Nähe von Beauvais). II 13–15
Britannia, England und Schottland; *Britanni*, die Einwohner, meistens Kelten II 14 III 8. 9. IV 20–38. V 2. 6. 8–23. VI 13. VII 76
D. Brutus, Sohn des Konsuls vom Jahre 77 und der Sempronia (Sall., Catil. 25 u. 40, 5), Offizier Caesars in Gallien, nicht der Caesarmörder, aber Mitglied der Verschwörung gegen Caesar. III 11. 14. VII 9. 87

Cabūrus, s. Valerius
Cadurci, Kelten, Klienten der Arverner, ostwärts der Garonne, nördlich von den Tolosaten (Cahors). VII 4. 64. 75. VIII 32. 34

Caerosi, Belger in der Eifel. II 4
L. Iulius Caesar, Verwandter des C. Caesar, 52 Legat in Gallien. VII 65
Q. Fufius Calēnus, Prätor im Jahre 59, Offizier Caesars in Gallien, nach Caesars Tod auf der Seite des Antonius. VIII 39
Calĕti(-tes), Belger an der Mündung der Seine. II 4. VII 75. VIII 7
Calpurnius, s. Piso
Camulogĕnus, Edelmann aus dem Volk der Aulerker. VII 57. 59. 62
C. Caninius Rebĭlus, Legat Caesars in Gallien. VII 83. 90. VIII 24. 26. 27. 30. 32–37. 39. 44
Cantăbri, Volk an der Küste Nordspaniens, erst zur Zeit des Augustus vollständig unterworfen. III 26
Cantium, Landschaft in Britannien (Kent). V 13. 14. 22
Carcăso, Stadt westl. Narbo (Carcassonne). III 20
Carnūtes, Kelten zwischen Loire und Seine mit der Hauptstadt Cēnăbum (Orléans), nach ihnen trägt Chartres seinen Namen; in ihrem Land kamen alljährlich die Druiden zusammen. II 35. V 25. 29. 56. VI 2–4. 13. 44. VII 2. 3. 11. 75. VIII 4. 5. 31. 38. 46
Carvilius, einer der vier Könige in Kent. V 22
Cassi, Volk in Britannien. V 21
L. Cassius, als Konsul i. J. 107 von den Tigurinern geschlagen und getötet (*Cassianum bellum*). I. 7. 12. 13
Cassivellaunus, Führer der Britannier gegen Caesar im Jahre 54. V 11. 18–22
Castĭcus, vornehmer Sequaner, Sohn des Catamantaloēdis. I 3
Catamantaloēdis, angesehener Fürst der Sequaner („amicus populi Romani"). I 3
Caturīges, Kelten in der „Provinz" an der oberen Durance. I 10
Catuvolcus, zusammen mit Ambiorix Führer der Eburonen. V 24. 26. VI 31
Cavarillus, Führer der Häduer, nach dem Abfall der Häduer i. J. 52 von Caesar gefangengenommen. VII 67
Cavarīnus, Senonenfürst, Günstling Caesars. V 54. VI 5
Cavillōnum (Chalons-sur-Saône), Stadt der Häduer. VII 42. 90
Cebenna, die Cevennen. VII 8. 56
Celtae, Kelten, Gesamtname eines großen indogermanischen Stammes, der zur Zeit Caesars große Teile Britanniens und Galliens bewohnte, Caesar bezeichnet damit die Bewohner zwischen Belgien und Aquitanien. I 1
Celtillus, Arvernerfürst, Vater des Vercingetorix. VII 4
Cēnăbum, Hauptstadt der Carnuten (Orléans oder Gien) an der Loire. VII 3. 11. 14. 17. VIII 5. 6
Cenimagni, Kelten im Südosten von Britannien. V 21
Cenomăni, s. Aulerci
Ceutrŏnes, 1. Alpenbewohner im Tal der Isère (Savoyen) I 10; 2. kleines belgisches Volk, Klienten der Nervier, V 39
Cherusci, Germanen zwischen Elbe und Weser. VI 10
Cicero, s. Tullius
Cimberius, Suebenfürst. I 37
Cimbri, Germanen aus dem Nordwesten Jütlands, auf ihrem Zug nach dem Süden von Marius i. J. 101 bei Vercellae geschlagen. I 33. 40. II 4. VII 77
Cingĕtŏrix, 1. vornehmer Treverer, Freund der Römer, V 3. 4. 56. 57. VI 8; 2. britannischer Häuptling in Cantium (Kent). V 22
Ap. Claudius Pulcher, Konsul des Jahres 54 v. Chr. V 1

C. Claudius Marcellus, s. u. *Marcellus*
P. Clodius Pulcher, übler Demagoge, Gegner Ciceros, i. J. 52 bei einem Zusammenstoß von Milo erschlagen. VII 1
Cocosātes, Volk in Aquitanien. III 27
Commius, Atrebaterfürst, von Caesar eingesetzt, fällt i. J. 52 während des Aufstandes von Caesar ab. IV 21. 27. 35. V 22. VI 6. VII 75. 76. 79. VIII 6. 7. 10. 21. 23. 47. 48
Conconnetodumnus, Häuptling der Carnuten. VII 3
Condrūsi, Belger(?) bei Lüttich am rechten Maasufer. II 4. IV 6. VI 32
P. Considius, altgedienter Offizier im Heere Caesars. I 21. 22
Convictolitāvis, vornehmer Häduer, von Caesar begünstigt, fällt i. J. 52 von Caesar ab. VII 32. 33. 37. 39. 42. 55. 67
Coriosolītes, Kelten an der bretonischen Küste. II 34. III 7. 11. VII 75
L. Cornelius Sulla Felix, der Diktator (138–78). I 21
Corrĕus, Bellovakerhäuptling, Gegner Caesars. VIII 6. 7. 17–20
Cotta, s. Aurunculeius
Cotuātus, Carnutenhäuptling. VII 3
Cotus, vornehmer Häduer, Rivale des Convictolitavis. VII 32. 33. 39. 67
Crassus, s. Licinius
Crētes, Einwohner von Kreta, besonders tüchtige Bogenschützen. II 7
Critognatus, vornehmer Arverner, fanatischer Verteidiger von Alesia. VII 77. 78
Curio, C. Scribonius Curio, trib. pl. i. J. 50, läßt sich von Caesar bestechen. VIII 52

Dāci, thrakisches Volk in Rumänien (Siebenbürgen). VI 25
Danuvius, die Donau. VI 25
Decetia, Stadt der Häduer an der Loire (Decize). VII 33
Diablintes, s. Aulerci
Dis pater, Pluto, interpretatio Romana einer keltischen Gottheit. VI 18
Diviciācus, 1. vornehmer Häduer, Römerfreund, führt i. J. 63 in Rom Verhandlungen, um die Hilfe der Römer gegen die Sequaner zu erlangen, Bruder des Dumnorix I 3. 16. 18. 19. 20. 31. 32. 41. II 5. 10. 14. 15. VI 12; 2. Suessionenfürst. II 4
Divĭco, vornehmer Helvetier, besiegt den Konsul L. Cassius Longinus i. J. 107. I 13. 14
L. Domitius Ahenobarbus, Konsul von 54 v. Chr., Gegner Caesars im Bürgerkrieg. V 1, i. J. 49 zu Caesars „Nachfolger" in Gallien ernannt.
Domnotaurus, s. Valerius
Drappes, Führer der Senonen, Gegner der Römer, stirbt i. J. 51 in römischer Gefangenschaft den freiwilligen Hungertod. VIII 30. 32. 34–36. 39. 44
Dūbis, der Doubs, Nebenfluß der Saône. I 38
Dumnācus, Führer der Anden im Gallieraufstand des Jahres 51. VIII 26. 27. 29. 31
Dumnŏrix, vornehmer Häduer, im Gegensatz zu seinem Bruder Diviciacus ein Feind der Römer, i. J. 54 von Reitern Caesars getötet. I 3. 9. 18. 19. 20. V 6. 7
Duratius, Piktonenfürst, Freund der Römer. VIII 26. 27
Durocortŏrum (Reims), Hauptort der Remer. VI 44

Eburōnes, Belger an der Maas zwischen Lüttich und Aachen. II 4. IV 6. V 24. 28. 29. 39. 47. 58. VI 5. 31. 32. 34. 35
Eburovīces, s. Aulerci

Eläver, Allier, Nebenfluß der Loire. VII 34. 35. 53
Eleuteti, Kelten, Klienten der Arverner. VII 75
Elusātes, Volk in Aquitanien. III 27
Epasnactus, vornehmer Arverner, Freund der Römer. VIII 44
Eporēdŏrix, 1. vornehmer Häduer, Führer im Kampf der Häduer gegen die Sequaner. VII 67. 2. Führer der Häduer, fällt während des Gallieraufstandes i. J. 52 von Caesar ab. VII 38. 39. 40. 54. 55. 63. 64. 76
Eratosthĕnes, Grieche aus Kyrene (etwa 275–195), Dichter, Gelehrter und Bibliothekar in Alexandria. VI 24
Essuvii, Kelten in der Normandie. II 34. III 7. V 24

C. Fabius, Legat Caesars in Gallien. V 24. 46. 47. 53. VI 6. VII 40. 41. 87. 90. VIII 6. 24. 27. 28. 31. 37. 54
L. Fabius, Centurio der 7. Legion. VII 47. 50
Q. Fabius Maximus Allobrogicus, Konsul i. J. 121, Sieger über die Allobroger, Arverner, Rutener. I 45
Flaccus, s. Valerius
C. Fufius Cita, römischer Ritter. VII 3

Gabăli, Kelten in den Cevennen, Klienten der Arverner. VII 7. 64. 75
A. Gabinius, tr. pl. i. J. 67, Konsul i. J. 58, stellt den Antrag, Pompeius den Oberbefehl im Seeräuberkrieg zu übertragen, betreibt zusammen mit Clodius i. J. 58 die Verbannung Ciceros. I 6
Galba, König der Suessionen. II 4. 13
S. Sulpicius Galba, Legat Caesars, trotz der ihm von Caesar erwiesenen Freundschaft gehört er später zum Kreis der Caesarmörder. III 1. 3. 5. 6. VIII 50
Gallia, das Land jenseits der Alpen zwischen Pyrenäen, Ozean, Rhein und Alpen (Gallia comata = Aquitania, Gallia Celtica, G. Belgica; provincia Narbonensis, (jetzige Provence); die von Kelten bewohnte Poebene (Gallia citerior oder cisalpina.) I 1 usw.
Gallia togata = Gallia citerior. VIII 24. 52
M. Trebius Gallus, s. Trebius
Garunna, Garonne. I 1
Garunni, Volk in Aquitanien im Quellgebiet der Garonne. III 27
Gates, Volk in Aquitanien am Zusammenfluß von Gers und Garonne (?). III 27
Geidumni, Belger, Klienten der Nervier. V 39
Genăva, Genf, Stadt der Allobroger. I 6. 7
Gergovia, gut gesicherter Platz der Arverner, 6 km südl. der Stadt Clermont-Ferrand auf einem Hochplateau gelegen. Caesar versucht i. J. 52 vergeblich, die Stadt zu erobern. VII 4. 34. 36. 37. 38. 40. 41. 42. 43. 45. 59
Germani, Germania, Caesar versteht darunter vor allem Land und Leute auf dem rechten Rheinufer, er kennt aber auch linksrheinische Germanenstämme (VI 2). I 1 usw. Caesar hat germanische Reiter angeworben, er hebt VII 13 ihre Tüchtigkeit hervor
Gobannitio, Arvernerfürst. VII 4
Gorgobīna, Ort der Boier am Zusammenfluß von Allier und Loire (?). VII 9
Graeci, Griechen. VI 24. *Graecae litterae*, griech. Schrift. I 29. V 48. VI 14

Graioceli, Gallier in der Nähe des Mont-Cenis (Graische Alpen). I 10
Grudii, Belger, Klienten der Nervier. V 39
Gutuatrus (Gutruatus?), Führer (oder Oberpriester?) der Carnuten. VII 3. VIII 38.
Haedui, Kelten, angesehenes Volk zwischen Loire und Saône; Hauptstadt Bibracte. I 10 usw.
Harūdes, Germanen, ursprüngliche Wohnsitze in der Gegend von Hamburg. I 31. 37. 51
Helvetii, Kelten zwischen Rhein, Jura, Rhône, Genfer See. I 1 usw.
Helvii, Kelten in der Provinz zwischen Cevennen und Rhône. VII 7. 8. 64. 65
Hercynia silva, Sammelname für die Gebirge vom Schwarzwald bis zu den Karpaten. VI 24. 25
Hibernia, Irland. V 13
Hispania, Spanien, seit 201 röm. Provinz. I 1. V 1. 13. 27. VII 55
Hispania citerior, das Gebiet „diesseits" des Ebro. III 23

Iccius, Remerfürst. II 3. 6. 7
Illyricum, Dalmatien und Istrien, Caesars „Provinz" zugehörig. II 35. III 7. V 1
Indutiomārus, Tevererfürst, Gegner der Römer. V 3. 4. 26. 53. 55. 57. 58. VI 2. 8
Italia, in älterer Zeit das Land südl. des Apennin und des Rubico, seit Caesar wird auch die Poebene mit einbeschlossen. I 10 usw.
portus Itius (Boulogne?), Hafen der Moriner am Kanal. V 2. 5
L. Iulius Caesar, Verwandter von C. Iulius Caesar, 50–52 dessen Legat in Gallien. VII 65
Q. Iunius, Spanier im Dienste Caesars. V 27. 28
Iuppiter, interpretatio Romana für eine keltische Gottheit. VI 17
mons Iura, der Jura zwischen Helvetiern und Sequanern. I 2. 6. 8
Q. Laberius Durus, trib. mil. Caesars. V 15

T. Atius Labienus, der beste Legat Caesars in Gallien, von ihm oft mit selbständigen Kommandos betraut; fällt i. J. 50 von Caesar ab, kämpft auf der Seite des Pompeius, fällt 45 bei Munda. I 10. 21. 22. 54. II 26. III 11. IV 38. V 8. 11. 23. 24. 27. 37. 46. 47. 53. 56–58. VI 5. 7. 8. 33. VII 34. 56–59. 61. 62. 86. 87. 90. VIII 6. 23–25. 45. 52
Latobrīgi (*Latovici*), Germanen (?), Nachbarn der Helvetier. I 5. 28. 29
lacus Lēmannus, Genfer See. I 2. 8. III 1
Lemōnum (Poitiers), befestigter Platz der Piktonen. VIII 26
Lemovīces, Kelten westl. von den Arvernern. VII 4. 75. 88. VIII 26
L. Cornelius Lentulus, Konsul des Jahres 49 zusammen mit C. Claudius Marcellus, Gegner Caesars, kämpft auf der Seite des Pompeius; er wird nach dem Tode des Pompeius in Ägypten gefangen gesetzt und getötet. VIII 50
Lepontii, Alpenvolk. IV 10
Leuci, Kelten in der Gegend von Toul (Lothringen). I 40
Levāci, Kelten, Klienten der Nervier. V 39
Lexovii, Kelten an der Mündung der Seine. III 9. 11. 17. 29. VII 75
M. Licinius Crassus (der Vater), der Triumvir, i. J. 55 zum 2. Mal Konsul, fällt i. J. 53 im Partherkrieg bei Carrhae. I 21. IV 1. VIII 53. (der Sohn), unter Caesar Quästor in Gallien, verwaltet später Gallia cisalpina. V 24. 46. 47. VI 6
P. Licinius Crassus, der jüngere Bruder des vorhergehenden, Reiterführer Caesars, fällt wie sein Vater im Partherkrieg. I 52. II 34. III 7–9. 11. 20–27. VIII 46

Līger, die Loire. III 9. VII 5. 11. 55. 56. 59. VIII 27
Lingŏnes, Kelten in der Gegend von Langres. I 26. 40. IV 10. VI 44. VII 9. 63. VIII 11
Liscus, vornehmer Häduer. I 16. 18
Litaviccus, vornehmer Häduer, bewegt die Häduer zum Abfall von Caesar. VII 37–40. 42. 43. 54. 55. 67
Q. *Lucianus*, bewährter Centurio. V 35
Lucterius, Führer der Cadurcen, Gegner Caesars. VII 5. 7. 8. VIII 30. 32. 34. 35. 39. 44
Lugotŏrix, vornehmer Britannier. V 22
Luna, interpretatio Romana für eine germanische Gottheit. VI 21
Lutecia (Paris), Stadt der Parisier auf einer Insel der Seine (la Cité). VI 3. VII 57. 58

Magetobrĭga, Stadt der Sequaner. I 31
Mandubii, Kelten zwischen Lingonen und Häduern, sie bewohnen Alesia. VII 68. 71. 78
Mandubracius, vornehmer junger Britannier, Anhänger Caesars. V 20. 22
L. *Manlius*, zog i. J. 78 als Proconsul von Gallia ulterior mit drei Legionen nach Spanien, um Q. Metellus Pius im Kampf gegen Sertorius Hilfe zu bringen, er wurde aber von dem Quästor L. Hirtuleius geschlagen und verlor bei der Rückkehr nach Gallien in Aquitanien durch einen Überfall den Rest seiner Truppen. III 20
C. *Claudius Marcellus*, 1. Konsul i. J. 50. VIII 48. 55. 2. Konsul i. J. 49, Vetter des vorigen, Gegner Caesars. VIII 50
M. *Claudius Marcellus*, Konsul i. J. 51, Bruder von Nr. 2., Gegner Caesars. VIII 53
Marcomani, Germanen, zu den Sueben gehörig, zur Zeit Caesars noch am Main, später in Böhmen wohnend. I 51
C. *Marius*, der Gegner Sullas, gest. i. J. 86 während seines 7. Konsulats. I 40
Mars, interpretatio Romana für einen keltischen Kriegsgott. VI 17
Matisco (Mâcon), Stadt der Häduer. VII 90
Matrŏna, die Marne. I 1
Maximus, s. Fabius
Mediomatrĭci, Kelten bei Metz. IV 10. VII 75
Meldi, kleines gallisches Volk zwischen Seine und Marne bei Meaux. V 5
Menapii, Belger an Rhein- und Scheldemündung. II 4. III 9. 28. IV 4. 22. 38. VI 2. 5. 6. 9. 33.
Mercurius, interpretatio Romana für eine keltische Gottheit. VI 17
Messāla, s. Valerius
M. *Metius*, Gastfreund des Ariovist. I 47. 53
Metlosedum (Melun), befestigter Platz der Senonen auf einer Seineinsel. VII 58. 60. 61
Minerva, interpretatio Romana für eine keltische Gottheit. VI 17
L. *Minucius Basilus*, Legat Caesars in Gallien, gehörte zu seinen Mördern, i. J. 43 selbst ermordet. VI 29. 30. VII 90
Mŏna, Caesars Beschreibung nach ist darunter die Insel Man zu verstehen; Plinius und Tacitus bezeichnen damit wohl die Insel Anglesey. V 13
Morīni, Belger an der Küste westl. der Schelde. II 4. III 9. 28. IV 21. 22. 37. 38. V 24. VII 75. 76
Moritasgus, Senonenfürst. V 54

Mŏsa, die Maas. IV 9. 10. 12. 15. 16. V 24. VI 33

L. Munatius Plancus, stammt aus vornehmer plebeischer Familie, Offizier Caesars in Gallien und während des Bürgerkrieges, nach Caesars Ermordung geht er schließlich zu Antonius über, aber vor der Schlacht von Actium verläßt er ihn und schließt sich Octavian an. Er verstand es, die Fahne stets nach dem Winde zu hängen. V 24. 25

Nammēius, vornehmer Häduer. I 7
Namnĕtes, Kelten in der Gegend von Nantes. III 9
Nantuātes, Kelten am Oberlauf der Rhône. III 1. 6. IV 10
Narbo (Narbonne), seit 118 römische Kolonie, Hauptstadt von Gallia Narbonensis. Großer Ausfuhrhafen für spanische und italische Weine und Öle und gallische Fischkonserven. III 20. VII 7. VIII 46
Nasua, Suebenfürst. I 37
Nemĕtes, linksrheinische Germanen bei Speyer. I 51. VI 25
Nemetocenna (Arras?), Stadt der Atrebaten. VIII 46. 52
Nervii, Belger an der Sambre. II 4. 15–17. 19. 23. 28. 29. 32. V 24. 38. 39. 41. 42. 46. 48. 56. 58. VI 2. 3. 29. VII 75
Nitiobrŏges, Kelten an der mittleren Garonne. VII 7. 31. 46. 75
Norēia (Neumarkt in der Steiermark?), dort besiegten i. J. 113 die Kimbern ein römisches Heer unter dem Konsul C. Carbo. I 5
Noviodūnum, 1. Stadt der Biturigen, südsüdostw. Orléans, VII 12. 14; 2. Stadt der Häduer an der Loire (Nevers?), VII 55; 3. Stadt der Suessionen an der Aisne (Soissons), II 12
Numĭdae, Volk im Nordosten von Afrika, Leichtbewaffnete im Heer Caesars. II 7. 10. 24

Oceănus, zur Zeit Caesars der Atlantische Ozean. I 1. II 34. III 7. 9. 13. IV 10. 29. VI 31. 33. VII 4. 75. VIII 31. 46
Ocĕlum, Stadt der Graioceli (Gallia cisalpina). I 10
Octodūrus (Martigny), Alpenort an der Rhône. III 1
Ollovico, König der Nitiobroger. VII 31
Orcynia silva, s. Hercynia s.
Orgĕtŏrix, vornehmer Helvetier. I 2–4. 9. 26
Osismi, Kelten in der Bretagne (am Kap Finistère). II 34. III 9. VII 75

Pădus, der Po. V 24
Paemani, Belger bei Lüttich. II 4
Parisii, Kelten am Zusammenfluß von Seine und Marne, Hauptstadt Lutecia. VI 3. VII 4. 34. 57. 75
Parthicum bellum, dieser langwierigste Krieg, den die Römer je zu führen hatten, sollte vor Ausbruch des Bürgerkrieges dazu helfen, den Zusammenstoß zwischen Caesar und Pompeius zu vermeiden. Einer von beiden – nach Lage der Dinge kam nur Pompeius in Frage – sollte den Oberbefehl übernehmen, jeder aber sollte dafür i. J. 50 eine Legion aus seinem Heere abgeben. VIII 54
L. Aemilius Paulus, Konsul des Jahres 50 zusammen mit C. Claudius Marcellus. VIII 48
Q. Pedius, Sohn von Caesars Schwester Julia, Legat Caesars in Gallien. II 2. 11
Petrocorii, Kelten am rechten Ufer der Garonne, Landschaft Périgord. VII 75

M. Petronius, Centurio der 8. Legion. VII 50
L. Petrosidius, Adlerträger. V 37
Pictŏnes, Kelten bei Poitiers. III 11. VII 4. 75. VIII 26. 27
Pirustae, Illyrier im Norden v. Epirus (Albanien). V 1
L. Calpurnius Piso, 1. Konsul des Jahres 58, Schwiegervater Caesars. I 6. 12. 2. Legat des Cassius Longinus, fällt i. J. 107 im Kampf gegen die Tiguriner, Großvater von Nr. 1. I 12
M. Pupius Piso, Konsul des Jahres 61. I 2. 35
Piso, vornehmer Aquitane, vom römischen Senat mit dem Titel ‚amicus' ausgezeichnet, seinem Namen nach auch ‚civis Romanus'. IV 12
Plancus, s. Munatius
Pleumoxii, Belger, Klienten der Nervier. V 39
Cn. Pompeius, geb. 106, i. J. 70 zum ersten Mal Konsul, 60 Triumvirat mit Caesar und Crassus, 55 zweites Konsulat (erhält Spanien als Provinz), 52 alleiniger Konsul, 48 im Bürgerkrieg von Caesar bei Pharsalus besiegt und im selben Jahr in Ägypten ermordet. IV 1. VI 1. VII 6. VIII 52–55
Cn. Pompeius, Gallier, ‚civis Romanus', Dolmetscher des Q. Titurius Sabinus. V 36
Praeconinus, s. Valerius
Ptianii, Volk in Aquitanien. III 27
T. Pullo, Centurio. V 44
Pyrenaei montes, die Pyrenäen. I 1

Quadratus, s. Volusenus

Rauraci, Kelten bei Basel. I 5. 29. VI 25. VII 75
Rebilus, s. Caninius
Redŏnes, Kelten in der Bretagne bei Rennes. II 34. VII 75
Rēmi, Kelten bei Reims. II 3–7. 9. 12. III 11. V 3. 24. 53. 54. 56. VI 4. 12. 44. VII 63. 90. VIII 6. 11. 12. *Rēmus*, II 6
Rhēnus, der Rhein. I 1. 2. 5. 27. 28. 31. 33. 35. 37. 43. 44. 53. 54. II 3. 4. 29. 35. III 11. IV 1. 3. 4. 6. 10. 14–17. 19. V 3. 24. 27. 29. 41. 55. VI 9. 24. 29. 32. 35. 41. 42. VII 65 VIII 13
Rhŏdănus, die Rhône. I 1. 2. 6. 8. 10–12. 33. III 1. VII 65
Roma, Rom. I 31. VI 12. VII 90
Romani, die Römer. I 17 usw.
L. Roscius, Legat Caesars in Gallien, sucht i. J. 49 zwischen Caesar und Pompeius zu vermitteln, fällt i. J. 43 bei Mutina. V 24. 53
Rufus, s. Sulpicius
Rutēni, Kelten im Grenzgebiet von Aquitanien und der ‚Provinz'. I 45. VII 5. 7. 64. 75. 90
Rutilius, s. Sempronius

Sabinus, s. Titurius
Sabis, die Sambre. II 16. 18
Samarobrīva (Amiens), Hauptort der Ambianer. V 24. 47. 53
Santŏni, Kelten in der Saintonge nördl. der Gironde. I 10. 11. III 11. VII 75
Scaldis, die Schelde. VI 33
Sedullus, Führer der Lemovicer. VII 88
Sedūni, Alpenvolk am Oberlauf der Rhône, Nachbarn der Veragrer. III 1. 2. 7

Sedusii, I 51
Segni, Belger(?), Klienten der Treverer. VI 32
Segontiāci, Kelten in Britannien. V 21
Segŏvax, einer der vier Könige von Kent. V 22
Segusiāvi, Kelten mit der Hauptstadt Lugdunum (Lyon). I 10. VII 64. 75
M. Sempronius Rutilus, Offizier Caesars. VII 90
Sĕnŏnes, Kelten im Süden der Champagne und im Norden der Bourgogne, Hauptort Agedincum (Sens). II 2. V 54. 56. VI 2. 3. 44. VII 4. 11. 34. 56. 58. 75. *Sĕno,* VIII 30
Sequăna, die Seine. I 1. VII 57. 58
Sequăni, Kelten zwischen Saône und Jura, Hauptort Vesontio (Besançon). I 1–3. 6. 8–12. 19. 31–33. 35. 38. 40. 44. 48. 54. IV 10. VI 12. VII 66. 67. 75. 90
Q. Sertorius, Anhänger des Marius, Prätor i. J. 85. gründet in Spanien eigenen Staat, kämpft erfolgreich gegen Metellus und Pompeius, wird 73 von einem seiner Offiziere ermordet. III 23
P. Sextius Baculus, Centurio Caesars, wiederholt wegen seiner Tapferkeit gerühmt. II 25. III 5. VI 38
T. Sextius, Legat Caesars. VI 1. VII 49. 51. 90. VIII 11
Sibulātes (Sibusates), Aquitaner an den Pyrenäen. III 27
M. Silanus, Legat Caesars i. J. 53, im Bürgerkrieg wechselt er nach Caesars Ermordung wiederholt die Seiten, i. J. 25 Mitkonsul des Augustus. VI 1
T. Sillius, Offizier Caesars. III 7. 8
Sol, interpretatio Romana für einen germanischen Gott. VI 21
Sotiātes, Aquitaner an der Garonne. III 20. 21
Suēbi, Germanen, zur Zeit Caesars in Südwestdeutschland und Gallien, unter ihrem Führer Ariovist i. J. 58 im Oberelsaß von Caesar geschlagen. I 37. 51. 54. IV 1. 3. 4. 7. 8. 16. 19. VI 9. 10. 29
Suessiōnes, Belger an der Aisne, Hauptort Noviodunum (Soissons). II 3. 4. 12. 13. VII 75. VIII 6
Sugambri, Germanen zwischen Ruhr und Sieg. IV 16. 18. 19. VI 35
Sulla, s. Cornelius
P. Sulpicius Rufus, Legat Caesars in Gallien, im Bürgerkrieg kämpft er auf der Seite Caesars, i. J. 48 Prätor. IV 22. VII 90
Surus, Führer der Helvetier, Gegner der Römer. VIII 45

Tamĕsis, die Themse. V 11. 18
Tarbelli, Aquitaner. III 27
Tarusātes, Aquitaner. III 23. 27
Tasgetius, einige Zeit König der Carnuten von Caesars Gnaden, i. J. 52 durch einen Volksaufstand beseitigt. V 25. 29
Taximagŭlus, einer der vier Könige von Kent. V 22
Tectosages, s. Volcae
Tencthĕri, Germanen zwischen Lippe und Ruhr, immer mit den Usipetern, ihren nördlichen Nachbarn, zusammen genannt. IV 1. 4. 16. 18. V 55. VI 35
Tergestīni, Bewohner von Tergesta (Triest). VIII 24
T. Terrasidius, Offizier Caesars. III 7. 8
Teutomătus, König der Nitiobroger. VII 31. 46
Teutŏni, Germanen aus Jütland, mit den Kimbern zusammen genannt, von Marius i. J. 102 bei Aquae Sextiae besiegt. I 33. 40. II 4. 29. VII 77

Tigurīni, einer der vier Gaue der Helvetier in der Schweiz, sie besiegen i. J. 107 den Konsul Cassius. I 12
Q. *Titurius Sabinus*, Legat Caesars, fällt im Kampf gegen Ambiorix. II 5. 9. 10. III 11. 17–19. IV 22. 38. V 24. 26. 27. 29. 30. 31. 33. 36. 37. 39. 41. 47. 52. 53. VI 1. 32. 37
Tolōsa, Toulouse. III 20. *Tolosātes*, Einwohner von T. I 10. VII 7
M. *Trebius Gallus*, Offizier Caesars. III 7. 8
C. *Trebonius*, 1. Legat Caesars in Gallien, im Bürgerkrieg zwar auf Caesars Seite, gehört dann aber zu seinen Mördern. V 17. 24. VI 33. VII 11. 81. VIII 6. 11. 14. 46. 54. 2. Römischer Ritter. VI 40
Trēvĕri, Kelten an der Mosel bei Trier (Castra Treverorum) I 37. II 24. III 11 IV 6. 10. V 2–4. 24. 47. 53. 55. 58. VI 2. 3. 5. 6. 8. 9. 29. 32. 44. VII 63. VIII 25. 45
Tribŏci, Germanen bei Straßburg. I 51. IV 10
Trinovantes, Kelten in Britannien (Essex). V 20–22
Troucillus, s. Valerius
Tulingi, Germanen (?), Nachbarn der Helvetier. I 5. 25. 28. 29
Q. *Tullius Cicero*, Bruder des berühmten M. Cicero, 62 Prätor, 54–52 Legat Caesars in Gallien, 43 von Antonius getötet. V 24. 27. 38–41. 45. 48. 49. 52. 53. VI 32. 36. VII 90
Tullus, Legat Caesars. VIII 46
Tullus, s. Volcacius
Turŏni, Kelten an der Loire bei Tours, Landschaft Touraine. II 35. VII 4. 75. VIII 46

Ubii, Germanen am rechten Rheinufer zwischen Lahn und Sieg, römerfreundlich, i. J. 38. v. Chr. auf dem linken Ufer des Rheins angesiedelt (Köln). IV 3. 8. 11. 16. 19. VI 9. 10. 29
Usipĕtes, Germanen nördlich der Lippe. IV 1. 4. 16. 18. VI 35
Uxellodūnum, befestigter Platz der Cadurcen an der Dordogne (Puy d'Issolu?). VIII 32. 40

Vacălus, der Waal, einer der Mündungsarme des Rheins. IV 10
C. *Valerius Cabūrus*, vornehmer Gallier, von dem Proprätor C. Valerius Flaccus mit dem Bürgerrecht ausgezeichnet. I 47. VII 65. Seine Söhne sind C. Valerius Domnotaurus (VII 65) und C. Valerius Procillus (I 47. 53)
C. *Valerius Flaccus*, Proprätor in Gallien i. J. 83. I 47
L. *Valerius Praeconīnus*, Legat, um das Jahr 80 von den Aquitanern besiegt und getötet. III 20
C. *Valerius Procillus* s. u. C. *Valerius Cabūrus*.
C. *Valerius Troucillus*, vornehmer Gallier, von Caesar als Dolmetscher verwendet. I 19
M. *Valerius Messala*, Konsul i. J. 61. I 2. 35
Valetiăcus, vornehmer Häduer, Bruder des Cotus. VII 32
Vangiŏnes, Germanen bei Worms. I 51
Varus, s. Atius
P. *Vatinius*, Legat Caesars in Gallien und im Bürgerkrieg. VIII 46
Q. *Velanius*, Offizier Caesars. III 7. 8
Veliocasses, Belger (?) am Unterlauf der Seine bei Rouen. II 4. VII 75. VIII 7
Vellaunodūnum (Montargis?), Stadt der Senonen. VII 11. 14
Vellavii, Kelten in den Cevennen, Klienten der Arverner. VII 75
Venelli, Kelten in der Normandie. II 34. III 11. 17. VII 75

Venĕti, Kelten in der Bretagne. II 34. III 7. 9. 11. 16–18. VII 75
Venĕtia, Land der Veneter. III 9
Verăgri, Gallier an der oberen Rhône. III 1. 2
Verbigĕnus pagus, einer der vier Gaue der Helvetier. I 27
Vercassivellaunus, vornehmer Arverne, Verwandter des Vercingetorix. VII 76. 83. 85. 88
Vercingĕtŏrix, Führer der Arverner, der bedeutendste und erbittertste Gegner Caesars und der Römer, Führer des Gallieraufstandes i. J. 52, fällt in Alesia in Caesars Hand, wird von diesem i. J. 46 im Triumph mitgeführt und anschließend hingerichtet. VII 4. 8. 9. 12. 14–16. 18. 20. 21. 26. 28. 31. 33–36. 44. 51. 53. 55. 63. 66–68. 70. 71. 75. 76. 81–84. 89
Vertĭco, vornehmer Nervier, Freund der Römer. V 45. 49
Vertiscus, Führer der Remer. VIII 12
Verucloetius, vornehmer Helvetier. I 7
Vesontio (Besançon), Hauptstadt der Sequaner. I 38. 39
Vienna (Vienne an der Rhône), Hauptort der Allobroger. VII 9
Viridomārus, vornehmer Häduer, Schützling Caesars, schlägt sich im Gallieraufstand des Jahres 52 auf die Seite des Vercingetorix. VII 38–40. 54. 55. 63. 76
Viridŏvix, Führer der Veneller, Gegner Caesars. III 17. 18
Viromandui, Belger bei St. Quentin in der Landschaft Vermandois. II 4. 16. 23
Vocātes, kleiner Stamm in Aquitanien. III 23. 27
Voccio, König in Noricum. I 53
Vocontii, Kelten am linken Rhôneufer in der „Provinz". I 10
C. Volcacius Tullus, Offizier Caesars. VI 29
Volcae Arecomĭci, Kelten mit dem Hauptort Nemausus (Nîmes). VII 7. 64
Volcae Tectosages, Kelten mit dem Hauptort Tolosa (Toulouse). VI 24
C. Volusēnus Quadratus, tüchtiger Offizier Caesars. III 5. IV 21. 23. VI 41. VIII 23. 48
L. Vorēnus, Centurio. V 44
mons Vosĕgus, die Vogesen. IV 10
Vulcānus, interpretatio Romana für einen germanischen Gott. VI 21

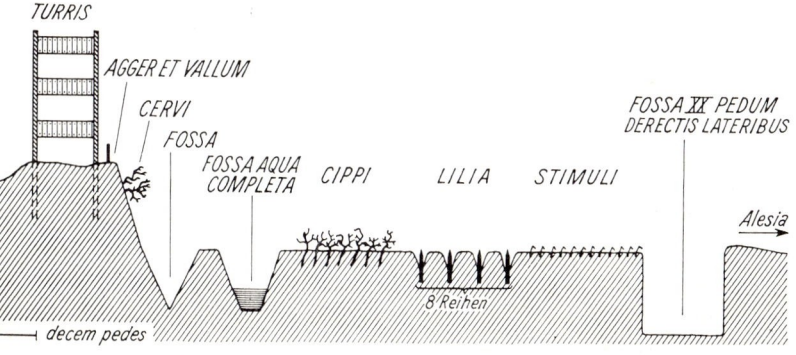

Befestigungen Caesars vor Alesia (VII 72/73)

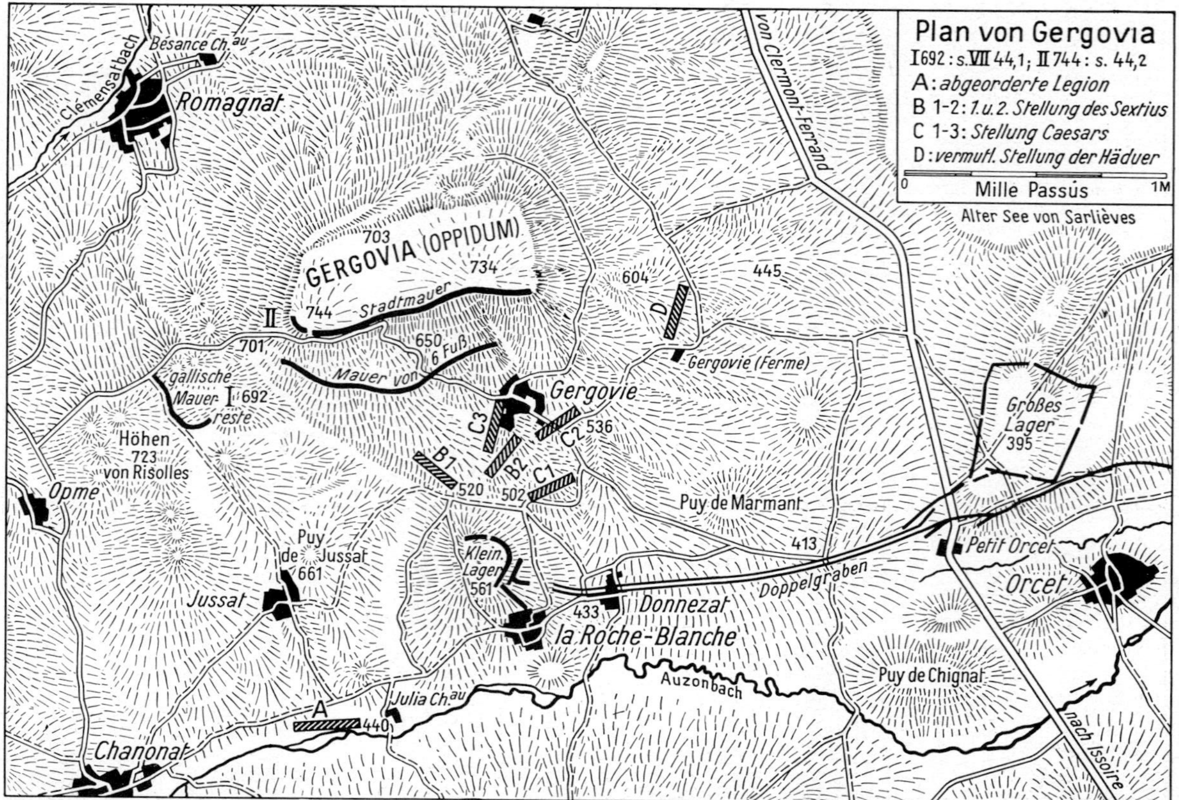
Plan von Gergovia
I 692 : s. VII 44,1; II 744 : s. 44,2
A: abgeorderte Legion
B 1-2: 1. u. 2. Stellung des Sextius
C 1-3: Stellung Caesars
D: vermutl. Stellung der Häduer
0
Mille Passus
1M
Alter See von Sarlièves
von Clermont-Ferrand
Clémensatbach
Besance Ch.au
Romagnat
703
GERGOVIA (OPPIDUM)
734
744
Stadtmauer
II
701
650
6 Fuß
Mauer von
gallische
Mauer
I 692
reste
Höhen
723
von Risolles
Opme
604
445
D
Gergovie (Ferme)
Gergovie
C3
C2 536
B1
B2
C1
520
502
Puy de Marmant
Großes
Lager
395
Puy
de Jussat
661
Jussat
Klein.
Lager
561
413
Petit Orcet
Orcet
Doppelgraben
433
Donnezat
la Roche-Blanche
Auzonbach
Puy de Chignat
A
440
Julia Ch.au
Chanonat
nach Issoire

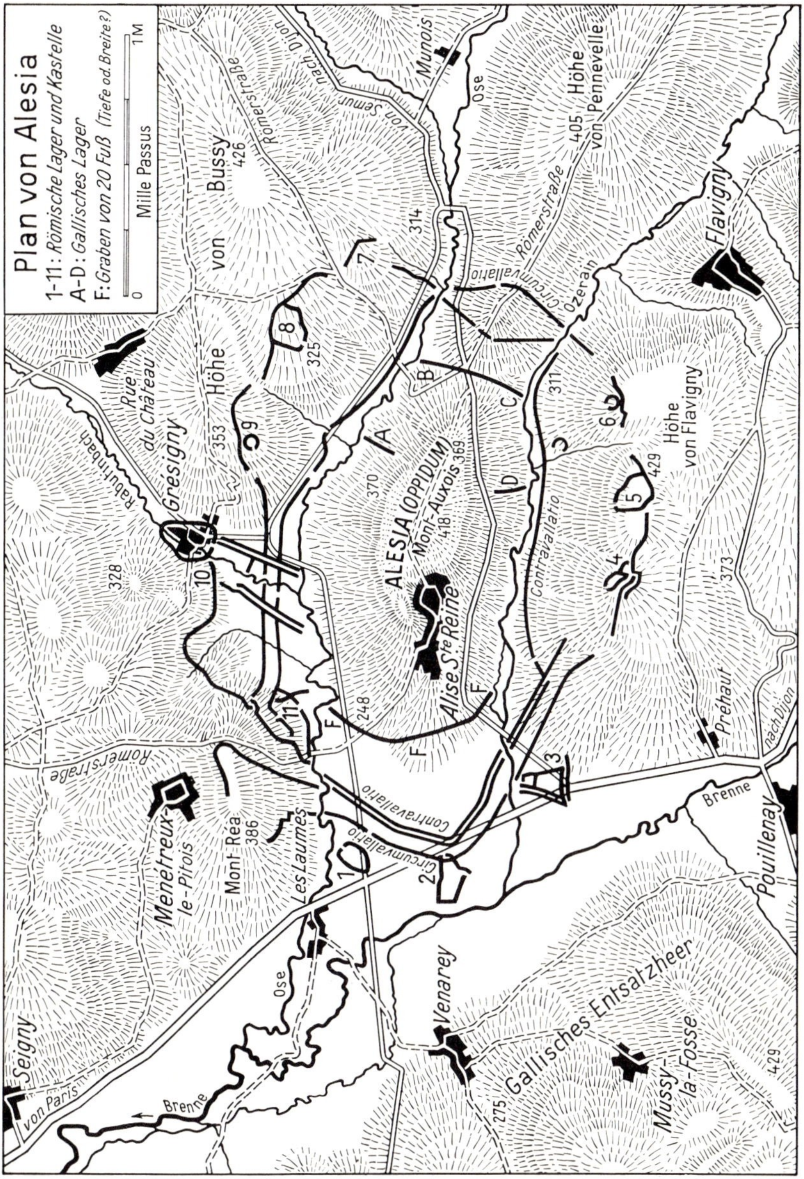
Plan von Alesia
1-11: Römische Lager und Kastelle
A-D: Gallisches Lager
F: Graben von 20 Fuß (Tiefe od. Breite?)
0
Mille Passus
1M
Höhe von Bussy
426
Römerstraße
von Semur
nach Dijon
Munois
Ose
314
405
Höhe von Pennevelle
Römerstraße
Circumvallatio
Ozerain
Flavigny
Rue du Château
Grésigny
353
Höhe
325
Rabutinbach
328
370
ALESIA (OPPIDUM)
Mont-Auxois
418
369
Alise Ste Reine
Contravallatio
311
Höhe von Flavigny
429
373
Préhaut
nach Dijon
248
Römerstraße
Ménétreux le-Pitois
Mont-Réa
386
Les Laumes
Contravallatio
Circumvallatio
Brenne
Pouillenay
Venarey
Gallisches Entsatzheer
Mussy-la-Fosse
275
429
Ose
Seigny
von Paris
Brenne

Die Karten von *Gergovia* und *Alesia* wurden nach Kartenvorlagen der französischen Ausgabe César, La Guerre des Gaules, Text établi et traduit par L. A. Constans, Société d'édition „Les Belles Lettres", Paris 1958, gezeichnet; die *Gallienkarte* geht auf die Karte „Gallia a Caesare descripta" zurück, welche beigegeben ist der Ausgabe Commentarii Belli Gallici, edidit Harald Fuchs, Editiones Helveticae, Series Latina I, Verlag Huber & Co., Frauenfeld 1959.

Beide Verlage gestatteten freundlicherweise, die erwähnten Karten zu benützen.

Gallien
zur Zeit Caesars

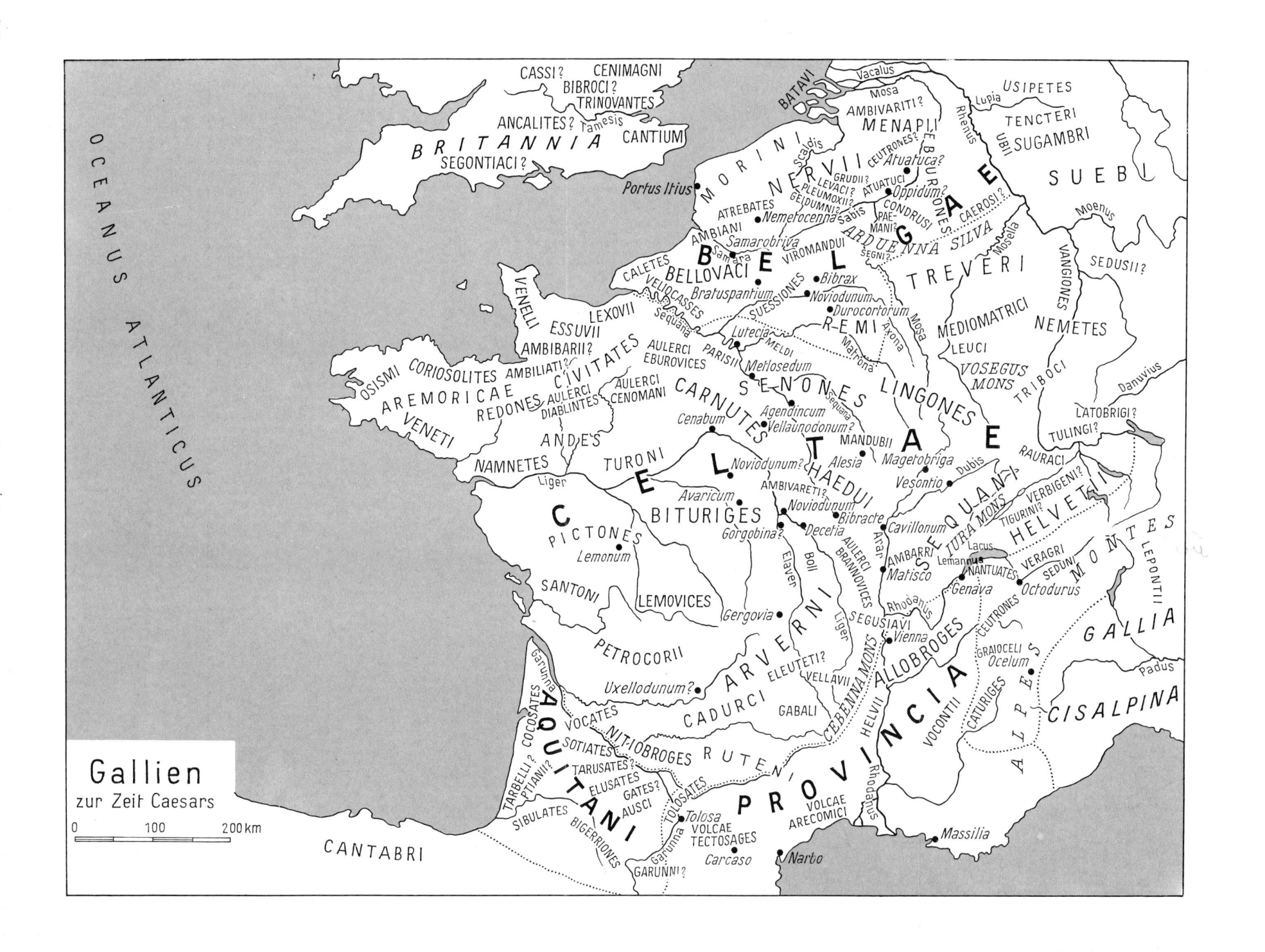